SERENA McLEEN

Il peso della vergogna

VALLARDI

Antonio Vallardi Editore s.u.r.l.
Gruppo editoriale Mauri Spagnol
www.vallardi.it

Per essere informato sulle novità del Gruppo editoriale Mauri Spagnol visita:
www.illibraio.it

Impaginazione di Alice d'Agostino

Ristampe: 9 8 7 6 5 4 3 2 1 0
2028 2027 2026 2025 2024

ISBN 978-88-5505-987-9

A mio padre.
La vita, che mi ha privato prematuramente
della tua presenza fisica, non mi ha mai impedito di sentirti vicino
nei momenti cruciali del mio percorso.
Ovunque tu sia, spero di averti reso orgoglioso di me.

Luglio 1993, Villa Magnolia

Il giardino era immerso in una quiete quasi surreale. La città, Torino, si presentava silenziosa come non mai. Il solito rumore incessante prodotto dal traffico, che si udiva sempre in sottofondo, pareva essersi dissolto. Molti erano partiti per le vacanze estive e l'area urbana in pochi giorni si era quasi svuotata. Quel brusio costante sembrava non fare più parte del quotidiano.

Annabella aveva sette anni e si dondolava sull'altalena appesa a un ramo di una delle due magnolie che ornavano il giardino della casa della nonna, Angela Bramante. La bambina teneva sulle ginocchia una bambola di pezza con i lunghi e folti capelli rossi, fatti di grossi fili di lana, e canticchiava la sigla di un cartone animato che aveva guardato poco prima. Quando vide la nonna raggiungerla, la salutò con una mano.

«Non staccare le mani dalle corde. Per carità! Se cadi ti fai male!» si preoccupò la donna, affrettando il passo.

«Va bene, nonna!» urlò Annabella di rimando, aggrappandosi forte. «Giochi con me?» le chiese subito dopo sorridendo.

Nonna Angela si avvicinò e la spinse verso l'alto. «Certo. A cosa vuoi giocare?»

«A prendere il tè in giardino. Come *Alice nel Paese delle Meraviglie*. Ti ricordi, nonna? Me l'hai raccontata tu, la storia. Io voglio fare il Bianconiglio! Mi dai l'orologio del nonno? Così me lo metto in tasca e dico sempre che ho fretta e che è tardi!» le chiese infine, sentendo l'aria calda infilarsi tra i capelli che le ricadevano sulle spalle.

«Va bene, poi andiamo a prenderlo.»

«Spingimi ancora!» gridò entusiasta Annabella.

La nonna la fece arrivare ancora più in alto e lei, per un attimo, girò la testa per osservarla. Notò che la fissava con un'espressione triste. Qualcosa di non ben definito le aveva velato lo sguardo.

«Nonna, di più, di più!»

«Sempre più in alto, piccola!» gridò Angela. «Ma tu guarda in avanti se non vuoi cadere» si raccomandò.

La bambola di pezza scivolò dalle ginocchia di Annabella e finì per terra. «No, no! Ferma, ferma, nonna, si è fatta male!»

La nonna la bloccò subito e, come intontita, la osservò scendere svelta dall'altalena e prendere in braccio la bambola. Mentre la cullava con amore, d'un tratto Annabella vide la donna abbassare gli occhi.

«Nonna, che ti succede?» le chiese stringendole la mano.

«Nulla, tesoro, stavo solo pensando» rispose, riscuotendosi.

«Sei triste?»

«Certo che no. Perché dovrei esserlo… Ci sei tu a farmi compagnia!» le rispose sorridendo e si avviarono insieme verso casa. «Prepariamo il necessario per il tè. Cosa ne dici?»

«Io vorrei tanto un fratello tutto mio da coccolare» esordì all'improvviso Annabella.

«Davvero? Devi dirlo alla mamma e al papà, allora…» la esortò Angela, accarezzandole la mano con il pollice.

«Dicono che non lo vogliono un altro bimbo» rispose Annabella alzando le spalle. «Gli adulti sono strani» concluse poi.

Angela ridacchiò. «Avranno le loro ragioni. Adesso però pensiamo alla merenda.»

«E tu, avresti voluto un fratello?» le chiese cullando e consolando la sua bambola.

Angela sospirò e, con un gesto veloce della mano, si asciugò una lacrima comparsa su una guancia. «Sì, bambina mia… lo avrei voluto…» le rispose in un sussurro.

«Piangi per quello?» le domandò Annabella stupita. Non era abituata a vedere la nonna triste e quello stato d'animo la confondeva.

La nonna si aprì in un sorriso spontaneo, la prese in braccio e la strinse a sé. «No, Annabella, non piango per quello. Piango perché ho ricordato una persona…»

Annabella si lasciò abbracciare senza capire. «Chi?» chiese curiosa.

«Nessuno, tesoro. Nessuno… Un giorno, quando sarai più grande, ti racconterò… Adesso però torniamo a casa.»

1

2015, Torino

In quell'appartamento, al sesto piano di un palazzo storico dei primi del Novecento, non c'è più nessuna traccia del mobilio antico e lucido che fino a qualche settimana prima riempiva le sale. I tappeti soffici e lavorati che sua madre, Marina Ferri, aveva comprato negli anni passati, durante gli svariati viaggi in compagnia del marito, sono stati arrotolati, messi in grandi sacchetti di plastica trasparente e caricati su uno dei tre furgoni della ditta Longhi, che Annabella ha contattato perché si occupassero del trasloco.

In piedi, guardandosi attorno, Annabella ripensa al momento in cui aveva rivelato ai genitori il desiderio di intraprendere la strada difficile e incerta della fotografia. Era lì a casa, in un tardo pomeriggio di metà settembre. Filippo Falconieri era rientrato dall'ufficio in anticipo rispetto al solito. Quando aveva vuotato il sacco, con aria sconsolata lui si era seduto sul divano del salotto, mentre la madre, in piedi davanti alla finestra, pallida in viso, si era versata un bicchiere di liquore. Annabella aveva preso coraggio e detto loro che voleva stare il più lontana possibile dallo studio legale del padre, che non aveva alcuna intenzione di fare un lavoro di quel genere. Si era laureata in giurisprudenza solo per far piacere a loro due, ma subito dopo, davanti alle sue aspirazioni che spingevano con forza, aveva capito che quel pezzo di carta non valeva nulla per il suo futuro. Dopo quel pomeriggio, i genitori ci avevano messo un po' di anni ad accettare la sua passione artistica e solo quando aveva cominciato a guadagnare abbastanza soldi per mantenersi si erano ricreduti, avevano accettato e infine appoggiato in pieno la scelta della figlia.

Ora invece sono settimane che non prende in mano la macchina fotografica. Dopo l'ennesimo colpo del destino, la creatività si è come spenta, assopita in un angolo della sua personalità. *Non importa, prima o poi mi ritornerà. Mi devo dare il tempo di metabolizzare il tutto*, pensa, incrociando le braccia. Rassegnata a questo stato d'animo, con un sospiro alza lo sguardo verso l'alto. I soffitti affrescati con leggiadre figure femminili, putti e cesti di frutta sono lì, immobili a osservarla. Pensierosa, si chiede quante persone, quante famiglie, bambini o domestici questi soffitti hanno visto passare, quante storie hanno ascoltato durante lo scorrere imperterrito degli anni; in quanti poi hanno camminato su quei pavimenti lisci e lucidi di marmo che ora lei attraversa.

Si dirige alla finestra e l'apre. L'aria fredda che scende dalle montagne le punge il viso e, rabbrividendo, si stringe nel cappotto. Le strade sono coperte da un finissimo strato di neve luccicante. Il cielo è grigio e plumbeo, mentre sulla strada i tram scivolano sulle rotaie e le macchine si muovono lente in mezzo al traffico. Richiude i serramenti e accarezza con la punta delle dita il vetro lucido. Ricorda quando da piccina ci alitava sopra e poi vi disegnava un fiore o una casetta. Quando la madre la sorprendeva a farlo, invece di sgridarla, le si avvicinava e faceva lo stesso. Luisa, la domestica che si occupava della famiglia da anni, non appena si accorgeva del loro gioco complice, storceva il naso e senza dire nemmeno una parola faceva capire che dovevano smettere. Tutte e due vedendo la reazione di Luisa ridevano di nascosto, spensierate. Sua madre era una donna sempre con il sorriso sulle labbra e una parola gentile per tutti. Era l'unica figlia di sua nonna Angela.

«È ora di uscire da qui…» sussurra Annabella, mettendosi le mani in tasca.

Sta per incamminarsi verso la porta, ma poi si ferma un attimo, si gira e osserva per l'ultima volta le alte pareti, le luminose finestre del salotto, la carta da parati decorata a finissimi fiorellini bianchi e l'imponente lampadario di cristallo al centro del soffitto. «Mi pare tutto surreale. Senza senso...» ripete tra sé, alzando le spalle.

È arrivato il momento che, fino a tre mesi prima, non avrebbe mai pensato di dover affrontare. Lasciare la casa in cui era nata e in cui aveva vissuto. Era rimasta a vivere lì solo per i genitori che avevano tanto insistito che non se ne andasse.

«Di spazio qui ce n'è in abbondanza per tutti... e potrai fare quello che vuoi. Sei sempre in viaggio per lavoro e la casa rimarrebbe vuota per la maggior parte del tempo. Che senso ha spendere soldi per l'affitto? Resta, Annabella... Lo so che arriverà il giorno in cui te ne andrai, però a me e tuo padre farebbe davvero piacere se non lasciassi questa casa» le aveva detto sua madre speranzosa quando le aveva comunicato che stava cercando un appartamento in cui trasferirsi grazie all'indipendenza economica che con tanta fatica si era conquistata.

E così gli anni erano passati e lei non aveva più fatto il grande passo di andarsene. In fondo al suo cuore conosceva il motivo: nonostante il loro appoggio, sapeva di aver dato un dispiacere ai genitori disattendendo le loro aspettative lavorative. E sentendosi in colpa, li aveva assecondati sulla scelta di vivere insieme.

Ma adesso era tempo di prendere la propria strada, di lasciarsi alle spalle quelle mura, anche se non immaginava di farlo in queste circostanze tristi. Annabella sospira ancora e si volta, mentre fa scivolare fuori dalle tasche i guanti neri di pelle.

Con le spalle curve e un peso sullo stomaco, percorre il lungo corridoio sul quale si affacciano svariate porte dalla foggia antica, decorate con ghirigori dorati. *La mia casa*, pensa, ricordando il signore di mezza età, raffinato nei modi e nei gesti, a cui l'ha venduta solo pochi giorni prima. Appoggia la mano sulla maniglia di ottone, l'abbassa e le lacrime cominciano a inumidirle gli occhi. Sente il desiderio di dare un'ultima occhiata prima di andarsene per sempre. Lascia la presa e si appoggia con la schiena alla porta. Davanti a lei c'è tutto il suo mondo, la sua infanzia e quello che avrebbe voluto fosse per sempre un rifugio nel momento del bisogno. *Come farò da oggi in poi? La vita non sarà più la stessa*, riflette mordendosi il labbro inferiore. Si volta in fretta. Per lei è troppo doloroso. Di sfuggita scorge il suo riflesso nello specchio incastonato nella parete. Si osserva, smarrita e confusa, per qualche secondo, e cerca di trovare un briciolo di se stessa tra le macchie brune della lastra antica. I capelli scuri le ricadono mossi sulle spalle e gli occhi azzurri, che ha tentato di truccare per camuffare il dispiacere che le lacera il petto, sembrano spenti, appannati dagli eventi che la vita le ha riservato. Cinque mesi prima i genitori erano morti in un tragico incidente stradale e, come se non bastasse, da meno di un mese era mancata anche la sua amata nonna. Addolorata, Annabella distoglie lo sguardo dallo specchio, non riconoscendosi nel volto che la osserva, e si precipita fuori da quel luogo che l'aveva a lungo protetta e fatta sentire al sicuro. La casa in cui avrebbe voluto vedere i suoi genitori invecchiare. La casa da cui non era mai riuscita ad andarsene.

* * *

Due ore più tardi, alla reception dell'Hotel Villa Savoia, Annabella chiede la chiave della stanza, la 304. Ha deciso di prendersi una pausa, il tempo necessario per sfuggire al fato che pare non darle tregua, e da una decina di giorni soggiorna nell'hotel in centro città.

Un ragazzo in abito nero, cravatta e dal volto ben rasato, in piedi dall'altra parte del banco di mogano, che poche ore prima l'aveva vista uscire, la saluta con un sorriso radioso. «Bentornata, signorina. Volevo avvisarla che il notaio Castelli la sta aspettando al bar» e le indica la grande sala dall'altra parte dell'atrio, arredato con tappeti dai colori caldi e lussureggianti piante.

«La ringrazio» gli dice, sbirciando svelta la targhetta di riconoscimento appuntata sul taschino della giacca, «...Luca» ricambiando il sorriso.

Il bar è caldo e accogliente: tavolini rotondi con comode poltrone di velluto blu riempiono uno spazio lungo e rettangolare; tendaggi di broccato scendono ai lati delle finestre, e un bancone, che sembra uscito da un film degli anni Trenta, occupa gran parte della sala. Qua e là uomini seduti leggono dei quotidiani, mentre un gruppo di donne sulla cinquantina beve del tè in tazze di porcellana bianca.

Annabella scruta velocemente con gli occhi la sala, quando a un tratto vede il notaio, un vecchio amico di famiglia che i genitori stimavano molto. Si è accomodato in disparte, a un tavolino defilato. È immerso in un fascicolo che tiene aperto sulle gambe accavallate. Ad Annabella sembra molto concentrato, e la cosa la inquieta. Esitante si sfila il cappotto e si avvicina a lui.

«Ciao, Giorgio.»

Lui alza la testa, chiude l'incartamento e si alza. «Ben arrivata! Come stai?» le chiede facendole segno di accomodarsi.

«Direi bene, tutto sommato. Vendere la casa in cui sono cresciuta non è stato semplice, ma è stata la scelta migliore. Non potevo gestire un immobile così impegnativo» gli risponde, sedendosi e appoggiando il cappotto sopra a un'altra poltrona.

«Lo so... Mi spiace tanto per i tuoi genitori. Erano buoni amici...»

«Sono convinta che ci vedano da lassù» gli dice in un maldestro tentativo di consolarsi.

«Credo anch'io... E per questo, sarò sempre a tua disposizione. Per qualsiasi cosa. Ricordatelo. Tuo padre per me era come un fratello» precisa Giorgio, abbassando lo sguardo.

Per un lungo istante rimangono in silenzio, ognuno perso nei propri ricordi. Poi Giorgio si schiarisce la voce e infila il fascicolo che tiene ancora in mano nella sua valigetta appoggiata per terra. È un uomo alto, snello, con i capelli e il pizzetto grigi, con occhi scuri che gli conferiscono uno sguardo arguto e intelligente.

«Dimmi, come ti trovi qui in hotel?» le chiede nel tentativo di stemperare l'atmosfera.

«Bene. Non è casa mia, ma avevo bisogno di allontanarmi dalla villa della nonna. Rimarrò fino alla lettura del testamento. Poi dovrò affrontare il lutto. Non posso stare qui per sempre. Devo accettare la sua morte e il fatto che non la vedrò più aggirarsi per casa...»

Quella villa era stata la sua casa negli ultimi tre mesi, ci si era trasferita mentre svuotava e metteva in vendita l'abitazione dei genitori. Non solo: voleva stare vicina alla nonna, con la speranza di risollevarle il morale...

«Capisco, fai bene... Annabella, prima di tutto ti ho chiesto di incontrarci qui perché volevo vederti di persona, accertarmi che tu stessi bene. Sei sempre nei miei pensieri...»

«Grazie per la premura, Giorgio. In qualche modo me la caverò. Però intuisco che c'è dell'altro...»

«Sì, c'è dell'altro. Sono venuto qui per informarti che la lettura del testamento sarà dopodomani alle dieci del mattino» le dice, sporgendosi in avanti con espressione preoccupata. «Stai bene?» si accerta poi. «Sei pallida...»

Annabella tremante si passa una mano tra i capelli. «Sì, credo di sì. Solo non mi aspettavo fosse così presto. Sono passate tre settimane da quando la nonna se ne è andata e forse non sono ancora pronta... Sai, il testamento rende la sua morte ancora più reale e dolorosa.»

Giorgio le prende le mani. «Ti ordino un tè caldo da bere e una bella fetta di torta. Hai bisogno di mangiare qualcosa.»

Chiusa nel silenzio, acconsente con un leggero cenno della testa. Giorgio si allontana e lei si appoggia allo schienale, trattenendo con tutte le forze la voglia di piangere. Non ha ancora metabolizzato il modo brusco e imprevedibile in cui le è stata strappata via la famiglia.

Giorgio ritorna con un vassoio su cui sono sistemati un piatto colmo di biscotti, una fetta di torta al cioccolato, una teiera piena di acqua bollente, una tazza e delle fette di limone. «Ecco qui» dice posandolo al centro del tavolo. «Adesso pensa solo a mangiare. Del resto ci possiamo occupare più tardi» si raccomanda mettendo la bustina di tè in infusione.

Toccata da tanta premura, Annabella crolla. Si scioglie in un pianto silenzioso e discreto. Cerca in tutti i modi di nascondersi per non farsi vedere da nessuno dei presenti e sfila un fazzoletto dalla tasca della giacca nera.

«Lo so che è dura. Ma vedrai che ci riusciremo. Io ti starò vicino per tutto il tempo di cui avrai bisogno. Voglio che questo ti sia chiaro» la consola Giorgio, allungandole i biscotti.

Lei si asciuga le lacrime e ne assaggia uno. «Non mi ero resa conto di avere tanta fame» confessa stupita.

«Brava, così mi piaci!»

Mangia e beve in silenzio, in una sorta di torpore che sembra non darle tregua. Giorgio intanto recupera un fascicolo dalla valigetta e la lascia tranquilla. Annabella apprezza la sua presenza discreta che le permette di avere il tempo di respirare, di mettere ordine. «Grazie di tutto, Giorgio. Io non so come sdebitarmi...»

«Non dire sciocchezze. Non devi ringraziarmi di nulla» e le sfodera un sorriso sincero e aperto. «Tu pensa a rimetterti. Adesso devo andare... Ho un appuntamento in studio tra venti minuti. Mi spiace non poter stare qui con te, ti chiamo stasera. Ti manda un bacio anche Marta.»

«Marta è sempre così carina con me. Tua moglie è un angelo» risponde ripensando alle lunghe chiacchierate che lei e la madre facevano nel salotto di casa. «Non preoccuparti, io sono troppo stanca oggi, non riuscirei a fare altro. Ci vediamo in studio dopodomani» gli fa presente controllando l'orologio.

Tutti e due si alzano e si abbracciano. «Se dovessi avere bisogno, chiamami» le ricorda Giorgio, per l'ennesima volta. Poi con passo elegante si allontana verso l'uscita.

* * *

La mattina della lettura del testamento, Annabella suona il campanello dello studio notarile di Giorgio. La porta si apre e una donna di circa cinquant'anni la saluta e la fa entrare nella sala d'attesa.

«Grazie» le dice Annabella accomodandosi su una poltroncina. *Perché deve essere così difficile la vita? Ho solo ventinove anni*, pensa sfilandosi il cappotto e appoggiandolo sul bracciolo.

Senza un vero interesse, prende una rivista dal tavolino in mezzo alla stanza. La copertina è piena di titoli a caratteri cubitali che parlano di un presunto tradimento di un famoso attore italiano. Disinteressata, la rimette a posto. Apre la borsa e sfila il cellulare da una delle tasche interne per controllare le e-mail. Quasi tutte sono di colleghi di lavoro e amici.

La segretaria si affaccia alla porta e la invita a seguirla. Annabella, svelta, rimette a posto il telefono e la segue. È la seconda volta in pochi mesi che il destino la porta nello studio di Giorgio.

«Si accomodi pure, il notaio arriverà subito da lei» le dice l'assistente, prima di ritornare alla sua postazione.

Annabella si siede su un divanetto di pelle e guarda fuori da una delle ampie finestre dell'ufficio. Qualche leggero fiocco di neve scende silenzioso verso la strada. Le previsioni meteorologiche hanno annunciato un netto calo delle temperature durante la notte, con nevicate abbondanti su tutto il territorio. *Spero si sbaglino. Dopo la lettura del testamento vorrei ritornare alla villa*, pensa.

La porta dello studio si apre e Giorgio, vestito con un abito grigio scuro e una cravatta color vinaccia, le va incontro con un grande sorriso stampato sulla bocca.

«Come stai oggi?» chiede dandole un bacio sulle guance.

«Meglio. Grazie ancora per l'altro giorno...» bisbiglia Annabella.

«Figurati. Per te questo e altro. Adesso credo sia arrivato il momento di affrontare la questione» dice, facendole segno di riaccomodarsi.

Annabella obbedisce come una bambina mentre lo guarda prendere il fascicolo poggiato sopra la scrivania. Giorgio si accomoda accanto a lei ed estrae una busta sigillata sulla quale c'è scritto il nome di Annabella.

«Non potrei mai confondere con nessun'altra grafia il modo in cui la nonna scriveva, così armonioso e inclinato. Era stata lei a insegnarmi da piccola a usare il corsivo. Sosteneva che una bella grafia era un *obbligo* femminile. 'Una ragazza che sa scrivere con grazia è come un musicista che compone una musica melodiosa' mi ripeteva spesso per spronarmi a fare del mio meglio» confessa imitando la voce della nonna.

Giorgio prende una mano di Annabella tra le sue. «Mi è stato chiesto di darti prima questa lettera, che dovrai leggere quando sarai sola» la informa allungandogliela.

Annabella, titubante, la prende e l'accarezza. «Mi ha lasciata anche lei. Non ho più nessuno...» sussurra con le lacrime agli occhi.

«Ti faccio portare un caffè? Qualcosa da bere?»

«No, non prendo niente, grazie. Tutto quello che vorrei non può essermi restituito, purtroppo.»

Giorgio sospira e continua. «Ti devo comunicare le sue volontà.» E con calma apre la cartellina, ne estrae un foglio e lentamente comincia a leggerlo.

Io, Angela Bramante, in possesso delle mie facoltà mentali, dispongo quanto segue e che tutti i miei beni vengano assegnati ad Annabella Falconieri, mia nipote:

1. Villa Magnolia sita a Torino in via San Giorgio al numero civico 47.

2. Villa dei Conti Bramante sita a Fontana a Po in provincia di Rovigo al numero civico 8. Con annessi 100 ettari di terreno che circondano la proprietà.

Le lascio inoltre tutti i soldi che ho depositato sul mio conto corrente personale presso la Banca di Torino.

Firmato,

Angela Bramante

Annabella sbalordita aggrotta le sopracciglia. «Non capisco... Villa dei Conti Bramante?» chiede confusa. «Non ero a conoscenza di questa proprietà. La nonna non mi ha mai detto di possedere una villa al di fuori di Torino. In realtà...» e si prende un lungo attimo per riflettere.

«Sì?»

Annabella all'improvviso alza la testa e capisce quello che le è sfuggito per tutta la vita. «In realtà solo ora mi rendo conto che non mi ha mai raccontato nulla della sua infanzia, della sua storia...» dichiara lasciando la frase sospesa a mezz'aria. «Perché?»

«Mi dispiace, ma non posso aiutarti. Il mio compito è quello di leggere le volontà della defunta. Il resto... spetta a te» precisa Giorgio, rammaricato.

«Credo di non avere scelta. Leggerò la lettera e poi vedremo il da farsi. Lei è stata importante per me. L'ultima cosa che voglio è deludere le sue aspettative» ammette Annabella rigirandosi la busta tra le mani.

«Vuoi un consiglio?»

«Certo.»

«Segui le istruzioni della nonna e vedrai che tutto acquisterà un senso. Era una donna saggia e generosa.»

«Spero sia così, perché per il momento mi sento molto sola, abbandonata, nonostante abbia un lavoro, degli amici e una vita» gli confessa infilando la busta nella borsa. «Prima ho perso i miei genitori, e adesso la nonna. E tutto in soli sei mesi. Lo so che aveva quasi ottantotto anni, però... mi era rimasta solo lei» confessa con un nodo alla gola.

Giorgio l'abbraccia, mentre il viso di Annabella si riga di calde lacrime.

2

Villa Magnolia

La villa color crema, dalle alte finestre e gli scuri verde salvia, si staglia davanti ad Annabella in tutta la sua magnificenza. La robusta cancellata in ferro che circonda la proprietà fa sembrare l'edificio in stile Liberty ancora più imponente. Nel giardino anteriore si intravedono diversi alberi secolari e vari cespugli curati dal giardiniere di fiducia che la nonna aveva assunto molti anni prima, e che ora continua a occuparsi della villa. Tutto è come l'ultima volta in cui è stata lì, dieci giorni prima, cristallizzato in una sorta di immobilismo spazio-temporale. Nell'aria, Annabella percepisce ancora la presenza della nonna. Stupidamente si aspetta che scosti le tende per salutarla con la mano prima di aprire la porta. Ma la casa è buia. Buia come la sua tristezza.

Ha freddo ed è stanca. Si era ripromessa di ritornare alla villa subito dopo la lettura del testamento, ma poi si era ritrovata a camminare per ore pensando a tutto quello che le era successo, e si erano fatte le sei del pomeriggio senza che se ne accorgesse. Solo quando la città aveva cominciato a diventare buia e le persone si affrettavano a tornare a casa aveva finalmente trovato il coraggio di incamminarsi verso la villa. *Forse non è stata una buona idea venire oggi. Avrei dovuto attendere domani*, pensa. *La lettera e il testamento erano più che sufficienti.* Nonostante i pensieri negativi, non demorde e con fatica scaccia la voglia di rifugiarsi ancora in albergo. Con mano incerta, apre il cancello e si avvia verso gli scalini dell'ingresso. Davanti al portone, fa girare la chiave nella serratura e finalmente entra. Preme l'interruttore della luce e si guarda attorno. Il lampadario a forma di lanterna, con i vetri opachi, scende dal soffitto alto più di nove metri illuminando l'atrio in tutta la sua eleganza. Con la sua meravigliosa e arzigogolata ringhiera in ferro nero, la scala occupa il lato destro della sala: è la parte della casa che Annabella preferisce. Da piccola passava ore a ripercorrere con il dito i fiori e le foglie che si articolavano e si intrecciavano tra loro fino al terzo piano. Nelle fredde giornate invernali correva su e giù immaginando di trovarsi in un bellissimo giardino fiorito.

Annabella si dirige poi nella stanza accanto, un ampio salotto con una libreria fitta di volumi con i dorsi ben allineati. *La nonna amava l'ordine*, pensa, mentre la sua attenzione viene catturata dalla coperta piegata e appoggiata sul bracciolo della poltrona dove Angela era solita sedersi. Era il posto che preferiva in assoluto della casa. Diceva sempre che non c'era niente di meglio di quella morbida poltrona e di un buon libro. «Loro» le ripeteva spesso, indicandole gli scaffali, «sono in grado di farti viaggiare rimanendo comodamente a casa. Sono il nostro futuro. Senza di loro l'umanità è destinata alla stupidità, bambina mia.»

«Ah, nonna, che vuoto che hai lasciato… spero che tu sia in un posto migliore, magari in compagnia della mamma e del papà…» si sorprende a dire Annabella nel silenzio della villa.

Nell'aria riesce ancora a distinguere il profumo di violette che Angela si metteva. Era una signora minuta, portava i capelli bianchi sempre acconciati in una raffinata crocchia: scrutandoti con i suoi penetranti occhi azzurri, ripeteva che le donne, tutte quante, hanno l'obbligo di *tenersi bene*. Di curarsi fino alla fine. Vestiva sempre con abiti eleganti e metteva tutte le mattine un rossetto rosso. «Il segreto per essere belle» le aveva detto una volta, quando da piccola Annabella si sedeva sul suo lettone e la guardava acconciarsi i capelli, «*è avere il sorriso negli occhi*. Una donna può truccarsi e sistemarsi i capelli quanto vuole: ma, se non ha il sorriso nello sguardo, non sarà mai bella. È l'essere felici che dona armonia, pace e bellezza. Sai, bambina mia, io ho imparato con il tempo a esserlo. Almeno ho tentato con tutte le mie forze...» aveva poi bisbigliato.

Cosa volevi dirmi, nonna?, si domanda Annabella, togliendosi il cappotto. La casa è calda e profuma di pulito; Giuseppina, la governante che si occupa della villa da oltre vent'anni, durante la sua assenza si è presa cura dell'abitazione, come se lei e nonna Angela ancora fossero lì.

Varca la cucina, un ambiente elegante e al contempo funzionale, con un grande tavolo rivestito da una lastra di marmo. Le foglie delle piante scendono a cascata dalla credenza, colma di piatti fiorati e bicchieri. Nonna Angela aveva indiscutibilmente il pollice verde, ma soprattutto era una cuoca provetta. Era capace di cucinare per giorni, prima delle feste comandate, e pretendeva che tutti i componenti della famiglia fossero presenti. Alla figlia Marina diceva che al di fuori degli affetti famigliari non esiste niente. «I nostri cari sono la cosa più importante. Non bisognerebbe mai abbandonare nessuno di loro. Nemmeno quando sono in difficoltà...» le ripeteva con un velo di tristezza negli occhi. Così tutti loro erano 'obbligati' a presenziare. Da che ne ha memoria Annabella, le festività venivano festeggiate tutte lì, dalla nonna. Il nonno, Alberto Ferri, un uomo dalle spalle grandi, occhi azzurri, affabile e gentile, le dava sempre ragione al riguardo. Lui l'adorava. Annabella ricorderà sempre il modo in cui la osservava e l'aiutava, aveva lo sguardo colmo di un sentimento forte e pieno, saldo nel tempo. I suoi nonni sono e resteranno un modello per lei da seguire. Ma ancora non ha trovato un amore del genere. Ora ha bisogno di stare sola e rimettere insieme i cocci della propria vita...

Prende un bicchiere d'acqua e si sistema su una delle sedie che circondano il tavolo, quando lo stomaco le brontola all'improvviso. Solleva lo sguardo e l'orologio appeso al muro sopra la porta segna le otto di sera. Prima che sia troppo tardi, Annabella prende il cellulare e digita il numero di telefono di Giuseppina. Vuole informarla che è ritornata a casa della nonna, che la villa è diventata di sua proprietà, ma che non ha alcuna intenzione di venderla, per il momento.

«Io vorrei che tu continuassi a occuparti della casa come hai fatto sempre» le dice con voce spezzata. «Se sei d'accordo non cambierei nulla. Ti pagherò il tuo compenso ogni settimana. L'importante è che tu mi aiuti, per favore...»

Giuseppina, una donna energica e piena di vita di quasi settant'anni, la rassicura dicendole che non la lascerebbe mai e che farà di tutto per sostenerla. Rincuorata dalle sue parole colme di affetto, Annabella la saluta e riattacca.

Dalla credenza della cucina recupera qualcosa da mangiare, senza badare al gusto; poi si sposta in salotto e seduta sulla poltrona della nonna estrae finalmente la lettera dalla borsa. Si butta addosso la coperta e accarezza di nuovo il foglio. *Quando l'hai scritta? Dopo la morte della mamma, la tua unica figlia?* Apre la busta e sfila la lettera. La grafia è tremolante. Ha l'impressione che la nonna abbia fatto fatica a scriverla.

Torino, 25 gennaio 2015

Annabella, se stai leggendo questa lettera vuol dire che non sono più a questo mondo, faticoso e pieno di difficoltà. La morte di mia figlia mi ha annientata, e sono certa che tu, quale donna intelligente e sveglia che sei, te ne fossi accorta già da tempo.

Ho cercato in tutti i modi di farmi forza per te, ma il peso dei miei prossimi ottantotto anni non mi è stato d'aiuto. Anzi, ha remato contro di me dal momento in cui mi hai dato la notizia del decesso della mia bambina. Ti sembrerà strano sentire chiamare tua madre «bambina», ma lei, per me, lo sarà sempre. Lei è stata la persona che, senza saperlo, mi ha aiutata a uscire dal baratro in cui ero sprofondata prima ancora di venire a vivere qui, a Torino. Lei sola mi ha dato la forza di costruire, insieme al nonno, una nuova vita. Un nuovo inizio.

È molto probabile che, se non fossi rimasta incinta di lei, con il tempo mi sarei lasciata morire dal dolore e dall'angoscia che ancora oggi, nel profondo dell'anima, mi scavano dentro.

Non voglio spiegarti in questa lettera le motivazioni del mio fragile stato emotivo. Sarebbero troppo complicati i fatti, e ricordarli sarebbe come riviverli. Meglio lasciarli nascosti nel passato, per il momento…

Nel percorso che mi ha portata fino a qui, ho fatto molti sbagli ed errori ai quali ho cercato giorno dopo giorno di porre rimedio. Forse sono state solo pezze che mi hanno aiutata ad andare avanti. Eppure, in un modo o nell'altro, hanno sempre funzionato. Arrivata alla mia importante età, posso solo ritenermi fortunata per quello che ho avuto. Chissà se ci sono persone a questo mondo che possono dire la stessa cosa. Io so solo che ho fatto del mio meglio per dare amore e affetto a tutti quanti voi.

Se stai leggendo queste parole, vuol dire che il notaio ti ha già informata dell'eredità che ti ho lasciato. E qui arrivo al nocciolo della questione. Mi piacerebbe che tu tenessi Villa Magnolia, è stata la casa di tutti quanti noi. È diventata lo scrigno delle nostre risate, dei giochi, delle cene e degli innumerevoli pranzi che ho organizzato. Tutti noi abbiamo, in qualche modo, segnato e impresso i nostri ricordi sui muri che in questo momento mi circondano e che mi hanno sempre dato un senso di protezione, nel tempo. Finanziariamente sei più che stabile, la tua posizione economica ti permetterà di fare quello che vuoi d'ora in avanti, quindi, ricapitolando, se non in caso di stretta necessità, mi piacerebbe che tu la tenessi. Potrebbe trasformarsi nel tuo personale rifugio in caso di bisogno.

Riguardo all'altra proprietà, Villa dei Conti Bramante, in cui sono nata e cresciuta e della quale nessuno sapeva nulla, sarebbe mio desiderio che tu la vedessi e decidessi in seguito cosa farne. Sono fuggita da quella casa da ragazza con la speranza di rimettere a posto, in seguito, tutti i pezzi che mi ero lasciata alle spalle. Senza però riuscirci. Credo che i chilometri e la distanza che in tutti questi decenni mi hanno divisa da essa siano diventati muri invalicabili e inespugnabili. Il tempo mi ha messo troppe priorità davanti agli occhi, così il passato si è assottigliato e offuscato. Ha gradatamente preso distanza da me, si è confuso con il presente e poi, a un certo punto della mia vita, mi è sembrato non appartenermi più. È in quel momento che ho deciso di accantonarlo e congelarlo a tempo indeterminato.

Forse avrei dovuto sistemare tutto prima di morire... Ma, come dico sempre, le cose non avvengono mai per caso. Se il destino ha voluto questo, un motivo ci sarà.

Adesso è tutto nelle tue mani. Spero di essere stata una donna sorridente e positiva, e di averti lasciato dei bei ricordi che ti scaldino il cuore quando non sarò più lì con te. La vita ti ha dato un duro colpo ma ricordati che hai la forza e la determinazione per uscirne. Fai tutto quello che ti fa stare bene e recupera al più presto il tuo equilibrio. Sorridi, bambina mia, perché te lo meriti.

Con tanto amore.
Nonna Angela

Annabella trattiene a stento le lacrime, deglutisce e si rigira tra le mani la lettera. Poi la rilegge ancora una volta. La nonna parlava di fatti dolorosi che per il momento era bene non ricordare. *Cosa significa 'per il momento'?* si domanda alzando la testa verso il soffitto singhiozzando. *Non capisco più niente...*

Le lacrime scendono calde sulle sue guance e vorrebbe che la nonna fosse lì con lei. Ha l'impressione che tutto il mondo le stia crollando addosso. Fino a sei mesi prima aveva tutta la famiglia a sostenerla e incoraggiarla. Adesso non ha più nessuno. Possiede un conto bancario più che invidiabile, e due ville, di una delle quali si dovrà occupare, senza sapere bene quando e come. È confusa, ha la testa piena di domande e interrogativi.

No, non ce la faccio. Ho bisogno di qualcosa di forte, e si alza gettando la lettera sulla poltrona. Cerca ovunque qualcosa di forte. Ribalta la cucina, controlla nei mobili del salotto, quando finalmente trova una bottiglia di liquore. *Meglio di niente*, pensa. *Voglio solo dimenticare, almeno fino a domani mattina...* E corre in camera sua.

* * *

Una musica fastidiosa e incessante risuona nella villa. Con fatica Annabella cerca di aprire gli occhi e di mettere a fuoco dove si trova: è a letto e la bottiglia di liquore giace vuota di fianco a lei. Realizza che la sera prima si è ubriacata al punto da addormentarsi vestita. Intanto la suoneria del suo cellulare non smette di squillare. Con la testa che le pulsa per il dolore recupera il telefono dal pavimento e legge il nome sul display.

«Ale? Ciao, dimmi» risponde con la voce impastata.

«Ti cerco da mezz'ora. Stai bene?»

«Direi di sì. Anche se credo di avere fatto una cavolata stanotte...» replica sconsolata, sedendosi sul bordo del letto.

«Del tipo?»

«Mi sono ubriacata con una bottiglia di liquore e sono crollata come un sacco di patate. Proprio adesso che dovrei mantenermi lucida...» dice sputando fuori le parole con rabbia.

Dall'altro capo Alessandra sospira. «È un periodo difficile. Non flagellarti. Può capitare. Forse volevi solo sfuggire alla realtà... non distruggerti per una cosa simile.»

Annabella sorride. «Forse hai ragione tu... sto esagerando.»

«Fatti una risata, An, ne hai bisogno...»

«Ci proverò...»

All'improvviso ricorda la lettera della nonna... I postumi della sbornia per un attimo le avevano annebbiato la mente. «Posso chiamarti più tardi? Mi rimetto in sesto e poi faccio una passeggiata per schiarirmi le idee.»

«Come vuoi. Chiamami però...»

«Okay, a dopo» le dice riattaccando.

Annabella si abbandona a una lunga doccia, si veste e controlla in velocità le e-mail sul portatile. Varie proposte di lavoro per servizi fotografici aspettano una sua risposta, ma non vuole pensarci per il momento. Risponde a tutti dicendo che, per motivi personali, nei prossimi giorni non sarà rintracciabile... Sa di non avere altra scelta. Adesso non sarebbe capace di scattare nessun tipo di fotografia. Chiude il computer, indossa il cappotto e si avvia per una lunga passeggiata.

* * *

Al rientro dalla passeggiata, che l'ha portata per le vie della città fino a pomeriggio inoltrato, Giuseppina le apre la porta ancora prima che Annabella infili la chiave nella serratura.

«Ciao, tesoro. Come stai?» le chiede abbracciandola.

Per Annabella Giuseppina è una di famiglia. «Tiro avanti, per ora. Non è facile ma vedrai che me la caverò...» le risponde, ricambiando la sua stretta calorosa.

Si staccano e si guardano negli occhi. Tutte e due sanno benissimo che non ci sono più parole da dire e pensieri da esternare. «Mentre eri fuori ti ho sistemato la camera e preparato qualche cosa da scaldarti stasera. Però...» e si interrompe per un breve istante, «la *sua* camera ancora non l'ho toccata...»

«Oh, ci penseremo nei prossimi giorni. Non c'è fretta...» le dice Annabella appoggiandole una mano sulla spalla.

Giuseppina abbassa la testa e si allontana. «Vado a chiudere le finestre di sopra» e singhiozzando silenziosamente si allontana.

Annabella si toglie il cappotto e torna in salotto; la lettera è ancora dove l'ha lasciata la sera prima. Se la mette in tasca e svelta sale le scale diretta alla sua stanza. Si chiude la porta alle spalle e poi, finalmente sola, si siede a letto e la riapre. Vorrebbe capire cosa si nasconde tra le righe. Tra gli spazi bianchi. Tra una parola e l'altra.

Chiude gli occhi e senza accorgersene scivola in un sonno pesante.

3

La luce che entra dalle finestre affacciate sul grande giardino sveglia Annabella. Sbadigliando si rende conto di avere perso la nozione del tempo. Ancora assonnata, scosta la coperta che Giuseppina deve averle adagiato sopra mentre dormiva. Controlla l'orologio da polso: quasi le otto! *Oh mio Dio, ho dormito tutte queste ore?*

Con un balzo si dirige in bagno, si fa una lunga doccia, infila un paio di pantaloni neri e un maglione a collo alto e scende rapida in cucina. Giuseppina è indaffarata a prepararle la colazione.

«Ben alzata. Sei riuscita a riposare?»

«Sì, era un bel po' di tempo che non dormivo così bene...»

«Ecco qui. Una bella tazza di caffellatte e dei biscotti fatti in casa» le serve Giuseppina, orgogliosa del suo operato.

«Ora mi spiego questo delizioso profumino... Sei sempre così carina. Grazie!»

Mentre la donna le sorride e comincia a riassettare la cucina, Annabella fa il punto della situazione. Per prima cosa deve verificare che il mobilio dell'appartamento dei genitori sia arrivato sano e salvo a casa della nonna. Così, terminata la colazione, si sposta in cantina, uno spazio basso e buio, nel seminterrato, grande quanto tutta la casa. Da piccola era l'unica parte della villa che la terrorizzava. Non si avvicinava nemmeno alla porta dalla paura che aveva. Poi una volta, in un pomeriggio afoso d'estate, la nonna la chiamò dalla cantina perché la aiutasse: si era fatta male inciampando in un vecchio mobile. All'epoca Annabella aveva dieci anni e, tremante, era scesa in suo soccorso. Mentre la nonna si appoggiava a lei per salire le scale, aveva pregato che nessun mostro sbucasse da un angolo buio.

I mobili e i tappeti dell'appartamento dei genitori sono stati sistemati in un'ala della cantina. *In attesa di chissà quale destinazione...*, pensa Annabella controllando che non siano stati ammaccati o rovinati in nessun modo. *Per il momento starete qui. Al sicuro. Poi, vedremo...* Attorno a lei lo spazio è invaso da vecchie suppellettili della nonna, cassettiere e bauli antichi. Quadri con nature morte contornati da pesanti cornici dorate e animali impagliati su piedistalli di ferro che sembrano fissarla e prendere vita. *Cosa ne farò di tutte queste cose?*, si chiede con un sospiro. *Una cosa alla volta...*

Presa dalla curiosità, si avvicina a un comò e apre il primo cassetto. Dentro ci trova dei vecchi abiti che, a vederli, ipotizza risalgano agli anni Sessanta. Camicie da donna, da uomo, vecchi guanti di raso ingialliti, e dei graziosi sacchettini oramai senza profumo, contenenti un tempo forse della lavanda. Annabella ricorda che la nonna li preparava ogni estate. Si metteva in giardino e raccoglieva i fiori dal cespuglio vicino alla porta sul retro; poi riempiva i sacchettini di cotone, li chiudeva con un fiocchetto di raso viola e li sistemava in tutti i cassetti della casa. A pensarci, le sembra di percepire ancora quel profumo inebriante.

Sfiora con la punta delle dita gli abiti e si chiede in quali occasioni siano stati indossati. Estrae dei guanti e prova a infilarseli. Le sono piccoli e stretti. La nonna era molto più bassa e minuta di lei. Mentre tasta quelle stoffe, Annabella la immagina vestita di tutto punto, ancora giovane e con le mani coperte, passeggiare per le vie della città a braccetto con il nonno. Sorride e sente una strana nostalgia di qualcosa che non ha vissuto e che non le è stato raccontato. Perché la nonna non le aveva mai detto niente riguardo alla sua giovinezza? Dell'incontro con il nonno, solo qualche volta vinta dalla sua insistenza di bambina, le aveva accennato un dettaglio frettoloso, dicendole che si erano conosciuti dopo la guerra, senza mai spingersi oltre. Perché era sempre stata così vaga? Per quel poco che rammentava i racconti della nonna partivano sempre dalla nascita di sua figlia. Ma di quello che le era successo prima aveva detto poco o niente. Anzi, a pensarci bene, non si era mai lasciata sfuggire nulla di preciso, solo pezzetti scheggiati di ricordi poco chiari pronunciati a labbra strette. E Annabella non riesce proprio a capirne il motivo.

Spinta dalla curiosità, comincia ad aprire anche gli altri cassetti: sono tutti pieni di capi d'abbigliamento. Perché la nonna ha tenuto tutte quelle cose? La sua attenzione viene catturata da un baule mezzo nascosto da una credenza rovinata. Si avvicina, si infila faticosamente tra i mobili. *È così malandato che il legno sembra sbriciolarsi solo a guardarlo*, pensa. Con delicatezza solleva il coperchio e una densa nuvola di polvere si alza, facendola tossire. I fasci di luce che entrano dalle finestrelle in alto illuminano appena il contenuto. Prende il cellulare e con la torcia rischiara l'interno: ci sono scatole di latta, fascicoli di carta, album fotografici in pelle e molti vecchi libri. Prende un raccoglitore in cima alla pila e lo appoggia su una consolle divorata dai tarli. Sulla copertina ci sono dei buchi, ma gli angoli sono ancora coperti da decorazioni dorate. Al centro, sopra a una targhetta di ottone, si legge FAMIGLIA BRAMANTE. In silenzio e con gesti cauti, Annabella apre il frontespizio e sfoglia le pagine ricoperte da fotografie sgranate e ingiallite dallo scorrere dei decenni. In origine dovevano avere dei colori seppiati molto più autentici e caratteristici, ma ora il giallo ocra ricopre come un velo ogni scatto.

Nella prima foto una villa enorme, circondata da alberi secolari e una grande magnolia, fa bella mostra di sé dietro a un folto gruppo di persone. *I domestici della villa*, pensa Annabella: donne e uomini vestiti con le divise da lavoro. Hanno una posa artificiale, statica, quasi priva di espressione. *Ordinatagli di sicuro da un fotografo dell'epoca…*, ipotizza Annabella. I loro visi sono il riflesso di un'epoca, di un altro modo di vivere. Le sembrano scatti e attimi portatori di segreti e vicende che lei non ha conosciuto e forse non conoscerà mai…

La nonna non le ha mai raccontato nulla della sua infanzia.

Quella villa è forse la proprietà che ha ereditato, la Villa dei Conti Bramante? *Non può che essere così*, pensa Annabella. Deve essere la casa in cui la nonna era nata e cresciuta. La sua lettera e il fatto che sull'album c'è il nome della famiglia Bramante sembrano portare a questa conclusione. Forse i pochi tasselli di un passato lontano iniziano a incastrarsi? Annabella non ha una risposta certa. Ma il suo sesto senso le suggerisce di essere sulla strada giusta.

Sospirando, gira le pagine dell'album. Una fotografia ritrae quella che crede sia la famiglia della nonna. C'è un uomo con panciotto e giacca, tiene le mani in tasca e ha una posa severa e rigida. Due folti baffi gli coprono gran parte del labbro superiore. Accanto a lui, su una sedia di ferro c'è una donna con un abito che le arriva appena sopra la caviglia, abbottonato fino al collo. Ha un'aria triste, quasi infelice, evidenziata dalle spalle leggermente incurvate. I suoi capelli sono acconciati verso l'alto e tiene le mani giunte in grembo. Accanto a lei, in braccio a quella che sembra una balia, siede una bambina di circa due anni. Indossa un vestito dalla gonna ampia e le maniche a sbuffo. Tra i sottili capelli, ha un nastro annodato a fiocco. Guarda decisa verso l'obiettivo. *Sembra fissarmi dal passato*, pensa Annabella. *Dovrebbe essere la nonna.* Le fa uno strano effetto vederla così piccola, abituata ad averla sempre considerata una signora anziana. Accucciato, ai piedi della famiglia, completa la fotografia un cucciolo di cane.

All'improvviso il cellulare vibra e suona. Annabella sobbalza per lo spavento.

«Pronto?» chiede con il fiato corto senza nemmeno avere guardato chi la sta chiamando.

«Annabella, sono Giorgio.»

«Giorgio, ciao... dimmi.»

«Stai bene? Hai una strana voce...»

«Sì, hai ragione... È che ero concentrata e il telefono mi ha spaventata.»

«Se ti disturbo, posso richiamarti...»

«Oh, no, spiegami tutto.»

«Marta mi ha detto di chiederti se vuoi passare da noi per cena» le propone entusiasta.

«Penso che si possa fare, grazie. Non ho impegni e se non ti spiace, ne approfitterei per farti delle domande...»

«Va bene, sono contento che tu venga. Allora a stasera!»

«A dopo!»

Annabella riattacca, riprende in mano l'album e lo sfoglia fino all'ultima pagina: c'è una foto della nonna, ma è strappata e ne rimane solo una metà. È in piedi, indossa un abitino leggero a fiori, con dei calzini che le arrivano alle caviglie e dei sandali scuri. A vederla pare un'adolescente, forse poco più grande. È difficile stabilirlo, pensa Annabella mordendosi il labbro superiore. Poi però, ricordando l'anno di nascita della nonna, il 1927, e ricorrendo alle sue conoscenze di storia e di cinema in costume, riconduce la fotografia agli anni della Seconda guerra mondiale. Mentre analizza tutti gli aspetti in cerca di qualche indizio sul passato della nonna, si rende conto che in nessuna fotografia i soggetti sorridono. Ricontrolla l'ultima, quella strappata, e avvicinandosi scopre che è l'unica dove la nonna abbozza un sorriso incerto, timido. Quasi soffocato. Prende l'immagine e se la mette in tasca.

* * *

In una via fitta di alberi e grandi dimore storiche, Annabella preme il campanello della casa di Giorgio. La nevicata si è fermata, ma il cielo buio e pesante non promette niente di buono.

Il cancello automatico si spalanca, Annabella lo chiude e, infreddolita, percorre il breve tragitto verso l'ingresso di casa.

«Eccoti qui. Ben arrivata» la accoglie Marta, aprendo la porta e allargando le braccia.

«Grazie di avermi invitata. Mi fa piacere rivederti» le confessa commossa, abbracciandola. «In questo periodo purtroppo ci vediamo solo in circostanze più che tristi...»

Marta la stringe ancora e poi la lascia andare. È emozionata e ha gli occhi umidi di lacrime. «Vieni dai, che fuori fa freddo...» le dice chiudendo la porta. «Dammi il cappotto.»

«Oh, sei arrivata! Vieni, accomodati» la invita Giorgio, comparendo dalla stanza accanto.

Lei si avvicina e lo saluta con due baci sulle guance. «La vostra casa è sempre così accogliente» si complimenta osservando il caminetto acceso, i mobili di legno scuro e le composizioni floreali nei vasi sotto la finestra.

«Faccio del mio meglio. Ma ti posso assicurare che non è semplice gestirla. Per fortuna abbiamo la nostra Lucia... Senza di lei avrei già venduto tutto!» le confessa Marta. «Accomodati. Prendi qualcosa da bere?»

«No, grazie. Mi basta un bicchiere d'acqua» risponde, ripensando alla sbornia della sera precedente.

Giorgio si prepara un gin, mentre Marta si accomoda vicino al caminetto; Annabella prende allora la palla al balzo e, per evitare che l'argomento cada sui genitori, decide di prendere lei la parola. «Sai Giorgio, prima, quando mi hai chiamata, stavo rovistando in cantina... Mi è capitato di trovare delle fotografie della famiglia di nonna Angela.»

«Davvero?» dice lui porgendole il bicchiere con l'acqua.

Annabella fa una pausa, beve due sorsi prima di rispondere. «Sì, ho trovato un album e in fondo nell'ultima pagina c'era una fotografia strappata a metà. Non è strano? Perché strapparla?»

Giorgio alza le sopracciglia sorpreso. «Non lo so. Forse...»

«Tu sai qualcosa della nonna...» lo incalza Annabella, raddrizzando la schiena. «Magari prima di morire ti ha raccontato qualche particolare di cui non sono stata messa al corrente...»

«Che io sappia, no. E, se anche fosse, lo sai, non potrei dirtelo. Il segreto professionale mi impedisce di divulgare le conversazioni con i miei clienti. Però, lasciando da parte il lavoro, non so nulla su tua nonna, davvero...»

«Va bene. Scusami se sono stata invadente... Questo periodo

è duro e adesso sono costretta a occuparmi di una proprietà che nemmeno sapevo appartenesse alla nonna. Ho le idee decisamente confuse.»

«Non ti devi scusare. Lo so che per te è difficile. Ma credimi, tua nonna, che conoscevo da tempo, si è solo raccomandata che tu avessi tutto quello di cui potevi avere bisogno...» le dice lui bevendo un lungo sorso di gin. «Alloggi ancora all'Hotel Villa Savoia?»

«No, sono tornata a casa della nonna.»

«Bene, è un peccato tenere Villa Magnolia chiusa. È uno splendore.»

«Concordo con te. Adesso è diventata casa mia, anche se stento ancora a crederci... Vorrei anche andare a Villa Bramante... Prima o poi devo dare un'occhiata alla mia eredità» precisa sorridendo. «La nonna mi ha fatto davvero una bella sorpresa.»

«E per il resto, come va con il lavoro?» le domanda Marta.

«Non troppo bene. Sono in crisi e ho rifiutato ottimi ingaggi. Non sono in grado di lavorare in questo periodo. Devo pensare e metabolizzare tutto quello che è successo...»

«Certo. Hai la fortuna di avere una buona posizione economica. Quindi prenditi tutto il tempo che ti serve. Ma adesso, cosa ne dite di cenare?»

Annabella acconsente con un cenno del capo e si avvia verso la sala da pranzo, dove il tavolo è già apparecchiato con piatti di porcellana e calici per il vino.

Cenano e insieme rievocano i bei tempi, quando Giorgio e Marta andavano in vacanza con i genitori di Annabella. Aneddoti divertenti che adesso invece le sembrano troppo dolorosi anche solo a raccontarli. Dopo un dolce dall'aspetto sublime, ma del quale non ha nemmeno sentito il sapore – il dolore del lutto le ha anestetizzato ogni percezione sensoriale – beve un caffè e li saluta. Prima di lasciarla andare, Marta la abbraccia dicendole di riguardarsi.

Arrivata a casa, Annabella scorge sul tavolo della cucina un biglietto. È di Giuseppina, la informa che la mattina dopo arriverà più tardi, ha una visita medica per il rinnovo della patente. Con una tazza di tè caldo in mano, si accomoda sulla poltrona di Angela. Sotto la coperta di lana, comincia a sfogliare il libro lasciato dalla nonna sul tavolino: Il *vecchio e il mare* di Hemingway, nell'edizione del 1952, come scopre dalle prime pagine del volume. Ricorda che lei glielo aveva prestato quando aveva dodici anni. *Come mai ti è venuta voglia di leggerlo ancora?*, si chiede bevendo una sorsata di tè. La nonna era una divoratrice di romanzi, e spesso ritornava più e più volte sullo stesso libro: voleva essere sicura di non perdersi nessun dettaglio.

Annabella comincia a leggere e, senza nemmeno accorgersene, resta impigliata nella trama. Ha l'impressione di essere ritornata quella bambina timida che era stata tanti anni prima, seduta sull'erba in giardino, quando in una tiepida giornata di primavera gustava ogni parola di Hemingway.

È piacevole la sensazione di staccarsi da tutto…

4

La vibrazione insistente del telefono sul comodino costringe Annabella a rispondere.

«Lo so! Mi sono dimenticata di chiamarti ieri sera...» si giustifica subito picchiandosi una mano sulla fronte.

«Immaginavo. Non preoccuparti... So da troppo tempo come sei fatta per arrabbiarmi» le dice Alessandra, ridacchiando divertita.

Lei è l'unica che riesce a risollevarle il morale e a farla sorridere anche nei momenti peggiori. La conosce dalle scuole elementari e per lei è la sorella che non ha mai avuto.

«Senti, ti andrebbe di passare da me? Oggi pensavo di mettere via gli effetti personali della nonna e mi servirebbe il tuo aiuto, se sei libera. Sola con Giuseppina ho paura di non reggere il carico emotivo» le chiede, sedendosi sul letto sfatto.

«Per te questo e altro. È il mio giorno libero, quindi non ci sono problemi. Ci vediamo tra poco.» Annabella la ringrazia e riattacca.

A colazione trova Giuseppina indaffarata come sempre nelle faccende domestiche.

«Come è andata la visita per il rinnovo della patente?» le domanda.

«Bene, grazie! A quanto pare non sono poi così vecchia per guidare...» le risponde ridendo mentre passa uno straccio sul vetro della finestra.

«Non ho mai pensato che tu lo fossi!» precisa Annabella alzando le mani in alto. Giuseppina ride e si rimette a pulire i vetri. «Tra poco arriverà Alessandra. Le ho chiesto di darci una mano con la stanza della nonna. Spero non ti spiaccia...»

Giuseppina si ferma e la guarda. «Certo che no. Hai bisogno di tutto l'aiuto possibile. E una mano in più è sempre gradita.»

«Ti ringrazio.»

Per ingannare l'attesa Annabella si infila il cappotto e si concede una passeggiata in giardino. Mentre osserva le due grandi magnolie, con i loro rami intrecciati che danno l'impressione di tenersi per mano, dal cielo cadono i primi fiocchi leggeri. Annabella li sente sul viso e apre la bocca, quasi a volerli mangiare. Quando era piccola, alla prima nevicata, la nonna la portava sempre in giardino e tutte e due cercavano di mangiare più fiocchi di neve possibile.

«Portano fortuna!» le sussurrava all'orecchio.

Adesso una lacrima amara le scende lungo la guancia. Per lei Angela è stata una seconda madre, ed è certa che la sua perdita le lascerà sempre un grande vuoto dentro.

«Ehi, sono qui!» grida una voce alle sue spalle.

Annabella si gira e vede Alessandra, con i suoi folti capelli ricci, salutarla con le mani in alto, come una bambina. *È sempre la solita...*, pensa ridendo, asciugandosi il viso.

«Sei stata un fulmine!»

«Mi trovavo in zona ed eccomi qui! Veloce come il vento!»

«Ti ho mai detto che sei pazza?»

«Sì, credo un miliardo di volte da quando ci conosciamo! Dai, andiamo dentro. Qui fuori si gela!» le dice Alessandra spingendola verso la porta. «Allora, come ti senti?» le chiede l'amica, togliendosi il giaccone e accomodandosi in salotto.

«Abbastanza bene, anche se parecchio spaesata. Sì, insomma, cerco di venirne fuori. Più che altro ho avuto una bella sorpresa dalla nonna...»

«In che senso?»

Annabella le racconta dell'incontro con il notaio e dell'eredità che le ha lasciato Angela.

«Che bello! Così avrai l'occasione di fuggire da qui. Potrai rilassarti in qualche hotel, o appartamento, e magari riprendere a fotografare. Prendila come una fortunata occasione. Credo che Angela la vedrebbe così.»

«Ma, chi può dirlo... Tu sei davvero brava a trovare il lato positivo in ogni cosa. Ma come fai?»

«Non lo so. L'unica cosa di cui sono certa è che è una dote innata, come mi ripete mia mamma. Che ci vuoi fare?» le dice alzando i palmi delle mani verso l'alto, sorridente.

«Già. Vorrei essere come te...»

«Ma tu lo sei! Perlomeno, lo eri prima di tutto questo... Concediti del tempo e vedrai che ritornerai quella di prima. Dammi retta. Nel frattempo, qualsiasi cosa io possa fare per aiutarti, dimmela. Io sono qui per te.»

L'idea le arriva così, all'improvviso. «Ti andrebbe di venire con me? A Villa dei Conti Bramante?»

«Quando vorresti andarci di preciso? Hai già stabilito il periodo?»

«Pensavo di farlo tra un paio di settimane.»

«Vedo se riesco a organizzarmi al lavoro e poi ti faccio sapere.»

«Mi farebbe piacere, anche se so che per te non è facile. Come vanno le cose con tuo padre?»

«Benone. Sembra avere accettato il fatto che abbia preso il suo posto in direzione. Il ristorante pare essersi risollevato e la ristrutturazione è stata certo un bel modo di ripartire. Ti confesso che oggi mi sono presa una mattinata di riposo, non ne potevo più... Ma adesso pensiamo a noi. Come posso aiutarti? Da dove vuoi iniziare?»

«Direi che possiamo andare al piano superiore...»

Il cellulare di Alessandra suona all'improvviso. Dalla sua espressione Annabella capisce che sono sorti dei problemi. «No, dai» sbotta l'amica, alzandosi e passeggiando nervosa avanti e indietro per la stanza. «Possibile che senza di me non sappiate fare niente?»

Annabella la osserva e pensa che è stata davvero brava a prendere in mano il ristorante più che rinomato del padre, specie dopo quello che è successo. Tempo prima il padre di Alessandra aveva avuto un ictus che lo aveva lasciato rallentato nei movimenti e nella parola. A quel punto Alessandra aveva preso l'iniziativa di portare avanti la tradizione gastronomica di famiglia. *Io invece sono stata la pecora nera della famiglia, quella che non ha voluto saperne di rinchiudersi in uno studio...*, pensa amareggiata. *Forse se lo avessi fatto non mi troverei a combattere con un blocco creativo che mi ha immobilizzata. Forse sarei stata talmente impegnata che non avrei nemmeno avuto il tempo di pensare...*

«Okay, arrivo!» Alessandra chiude la chiamata con la voce carica di rabbia e dispiacere. Guarda l'amica rammaricata. «Mi spiace, An, purtroppo devo andare. Ci sono dei problemi al locale. Sembra che un tubo dell'acqua si sia rotto per il freddo di stanotte» si giustifica abbracciandola.

«Vai, non preoccuparti. Fai quello che devi fare e fammi sapere se riesci a venire con me a Villa dei Conti Bramante. Non sentirti in colpa!» le dice notando la sua espressione imbronciata. «Piuttosto, pensa a risolvere il tuo problema. Io me la caverò. Promesso!» la rassicura.

«Farò il possibile per liberarmi. Scusami ancora...» le ripete mentre si riveste veloce.

Annabella la accompagna alla porta, la saluta e poi torna in cucina. «Giuseppina, io vado in camera della nonna. Quando hai finito, vieni su con gli scatoloni che sono in cantina.»

«Sì, finisco e arrivo da te» le risponde la donna dall'altra stanza.

Annabella sale la lunga scalinata che porta al primo piano affondando i piedi nella morbida moquette. Arrivata davanti alla porta, con un sospiro e un peso nel petto, abbassa la maniglia in ottone ed entra.

Immersa nella penombra, la stanza è arredata con un mobilio in stile Chippendale. Le tende in pesante tessuto oscurante, che nonna Angela aveva fatto confezionare qualche anno prima dalla sua sarta di fiducia, coprono solo la metà della portafinestra che dà sull'unico balcone della casa. Sono rimaste così dall'ultima volta che Annabella ha messo piede nella stanza, quando Angela era morta nel proprio letto, alle tre del mattino, avvolta da una calda coperta e appoggiata su due soffici guanciali che sembravano soffocarla da quanto si era fatta piccola e magra negli ultimi momenti. *Come mi sono sentita inutile quella notte*, pensa Annabella. Era lì, seduta accanto a lei, a tenerle la mano. Impotente aspettava l'inevitabile, mentre un destino che immaginava lontano l'aveva travolta all'improvviso...

Annabella sposta le tende di lato per fare entrare la luce. Fuori, fiocchi grandi e abbondanti cadono dal cielo. Si gira e guarda il letto avvicinandosi a passi lenti. Sospira e passa una mano sul legno della pediera; poi si dirige verso l'armadio: i vestiti sono appesi sulle grucce, proprio come la nonna li aveva messi l'ultima volta. Nel ripiano superiore ci sono dei maglioncini che Angela era solita adagiare sulle spalle, insieme all'immancabile filo di perle al collo. Tutto è in ordine, stirato e immobile.

Richiude le ante e con le lacrime agli occhi toglie le lenzuola e le butta sul pavimento. Poi comincia a camminare avanti e indietro per la stanza. Si ferma, si sfrega le mani e si asciuga il viso con il polsino del maglione, cercando in tutti i modi di riacquistare quel tanto di razionalità che le serve per non crollare. Mentre la specchiera le rimanda il suo riflesso, Annabella si siede sulla sedia imbottita sulla quale Angela spazzolava i suoi lunghi capelli bianchi. Con un leggero tremore delle dita, apre il portagioie d'argento cesellato con rose e foglie. Dentro trova la collana di perle, varie catenine d'oro e molti anelli con pietre verdi, rosse e bianche. La fede nuziale è in un angolino. La indossa un istante, poi la sfila e legge la data di nozze incisa all'interno. *Quanti anni*, pensa. Sopra al tavolino, vicino a una spazzola con il manico di velluto, Annabella si ferma a osservare una fotografia inserita dentro un'elaborata cornice. È Angela nel giorno del suo matrimonio. La foto la ritrae in piedi davanti al portone chiuso di una piccola chiesa, indossa una gonna che le arriva sotto al ginocchio e una giacca blu sfiancata che le cinge perfettamente il vitino di vespa. In testa porta un cappellino con una veletta che le copre appena gli occhi. In mano stringe un modesto mazzolino di fiori, tenuto insieme da un fiocco con lunghe code che svolazzano di lato. Lì, in quell'istantanea dell'epoca, Angela le appare felice, serena. La guerra sembra non averla nemmeno scalfita. Tiene la schiena dritta e fissa l'obiettivo con uno sguardo intenso. *Perché non mi ha mai raccontato di quel periodo? Quando ti chiedevo, sorvolavi e cambiavi argomento...*, pensa dispiaciuta. Accanto a lei Annabella riconosce il nonno, con indosso un completo molto modesto; le conseguenze economiche del conflitto mondiale dovevano aver messo in serie difficoltà anche le finanze della ricca e importante famiglia Ferri.

Con il cuore gonfio di dolore, rimette al suo posto l'anello e richiude il portagioie. *Non ci riesco, non adesso...* Annabella corre fuori dalla stanza, quasi travolgendo Giuseppina che è sul pianerottolo con gli scatoloni vuoti in mano.

«Oh, tesoro...» le sussurra la donna osservandola fuggire via.

* * *

Quando Annabella esce dalla stanza con gli occhi gonfi di pianto è pomeriggio inoltrato. Ancora confusa, scende in cucina. Giuseppina sta versando dell'acqua bollente in una teiera. «Ti stavo preparando una merenda leggera, visto che oggi non hai pranzato.»

«Scusami per prima. Credo sia ancora troppo presto per rimettere ordine dalla nonna... Ci penserò in un altro momento.»

«Ho lavato le lenzuola e riposto alcuni vestiti e altri oggetti negli scatoloni. I suoi gioielli e i suoi effetti personali non li ho nemmeno toccati. Quando sarai pronta, deciderai cosa farne. Adesso prenditi del tempo.»

«Penso che seguirò il tuo consiglio. Ho avuto troppa fretta...»

Giuseppina sorride, le versa un'abbondante dose di tè e la informa che in frigorifero c'è un polpettone e delle patate al forno per cena. «...E mangia! Altrimenti per chi cucino io?»

«Ti prometto che stasera mangerò. Poi credo che organizzerò il mio viaggio a Villa dei Conti Bramante. Allontanarmi da qui mi farà bene.»

«Quale villa?»

«Oh, hai ragione! Non ti ho detto! Ho ereditato la casa dove la nonna ha trascorso la sua infanzia. Il bello è che non ne sapevo niente...»

«Bene, così ti terrai impegnata. Tu vai tranquilla, io penserò a tutto il resto» la rassicura Giuseppina.

Annabella la ringrazia per la gentilezza, mentre la donna si allontana.

5

Il treno per Rovigo, la città della bassa pianura padana più vicina a Fontana a Po, dove sorge Villa dei Conti Bramante, sta entrando lentamente in stazione. Annabella prende il trolley nella cappelliera sopra il sedile e sistema la sua borsa di pelle nera su una spalla. Infila il berretto di lana in testa e, facendosi spazio tra le persone, si appresta verso l'uscita. Sono le tre del pomeriggio e il pallido sole invernale sembra lottare per farsi spazio tra il grigio del cielo.

Quando il treno si arresta del tutto, un uomo alto, con un giaccone gonfio e lungo e un berretto calato sugli occhi, pigia il pulsante di apertura delle porte automatiche e lei lo segue scendendo a sua volta, percorrendo la banchina che porta al sottopassaggio. Dietro di lei, un gruppo di studenti con gli zaini in spalla ride scherzosamente. Alcuni di loro stanno canzonando una professoressa di matematica. Annabella, ascoltandoli, accenna un timido sorriso e pensa a quanto tempo è passato da quando anche lei era convinta che tutti gli insegnanti non la comprendessero. Accelera il passo trascinando il trolley. Il cellulare vibra e suona. Lo sfila dalla tasca e risponde.

«Ciao, Ale. Come stai?»

«Bene, grazie. Volevo sapere come è andato il viaggio.»

«Tutto a posto. Sono un tantino stanca, ma nulla di che.»

Alessandra abbassa il tono della voce e sospira. «Mi spiace di non averti accompagnata. Ma non posso proprio lasciare il ristorante in questo momento. Ti prometto che appena potrò ti raggiungerò.»

«Okay, grazie» le dice Annabella sorridendo. «Nel frattempo, io cercherò di capire la situazione.» Dopo qualche scambio di battute, le due amiche si salutano.

Arrivata nella hall della stazione, Annabella si guarda attorno e poi si avvia fuori. Il piazzale, rialzato rispetto al livello della strada, è abbellito da grandi vasi rotondi di cemento colmi di piante verdi che sembrano reggere più che bene il freddo. Le persone scese insieme a lei si dirigono in varie direzioni: chi prende la bicicletta infilata in una delle rastrelliere, chi va verso le macchine del parcheggio dall'altra parte della strada e chi si allontana a piedi lungo un viale alberato che sembra portare in centro città.

Posteggiati negli appositi spazi ci sono due taxi in attesa di clienti. Annabella si avvicina a uno di questi e si accomoda sul sedile posteriore. Il tassista, un uomo sulla cinquantina stempiato e con spessi occhiali da vista, la saluta con un sorriso e le chiede dove vuole andare. Lei prende il cellulare e gli riferisce l'indirizzo dell'albergo a conduzione famigliare in cui ha prenotato una stanza un paio di settimane prima.

«Ci vorrà circa un quarto d'ora» la informa lui, guardandola dallo specchietto retrovisore.

«Va bene, grazie» gli dice, ricambiando la sua gentilezza.

Fuori dal finestrino vede per la prima volta la città dove la nonna è nata e una sensazione di curiosità si fa largo dentro di lei. *Quante cose che non sappiamo dei nostri cari*, pensa. *E quando vengono a mancare, ti accorgi di non aver mai approfondito. Di te, nonna, ho conosciuto solo quello che hai voluto mostrarmi…*

Annabella apre la borsa ed estrae una busta, dentro la quale, prima di partire, ha infilato qualche fotografia che ha tolto dall'album di famiglia di Angela. *Potrebbero essermi utili. Non si sa mai…*

Le rimette al loro posto e si gode il breve tragitto in macchina. Il tassista prende la tangenziale che divide in due la campagna padana. Prima di partire, Annabella aveva raccolto qualche informazione sul luogo. Le piace visitare posti nuovi ed era tanto che non si sentiva così, alleggerita dai pensieri… Accarezza il trolley che ha appoggiato sul sedile accanto a lei e pensa alla sua Fuji Film XT

100, la sua macchina fotografica, che ha riposto dentro e che aspetta di essere presa in mano e usata. Annabella, cupa in volto, sospira.

«Da dove viene?» le chiede all'improvviso il tassista, sbirciando dallo specchietto retrovisore.

«Da Torino.»

«Anche mio nonno abitava a Torino. Pensi che coincidenza» dice entusiasta. «Purtroppo, dopo l'alluvione del '51, molte persone hanno abbandonato questa città e le campagne limitrofe. Mio padre invece, in seguito, è voluto ritornare... Ed eccomi qua» le racconta sistemandosi meglio gli occhiali sul naso.

«Quindi lei conosce bene Fontana a Po?»

«Sì, certo. È un paese pieno di storia, sa? Vada a vedere la chiesa dei Santi Martino e Severo, se le capita. È un vero gioiello.»

«Lo farò, grazie per il consiglio» gli risponde, togliendosi il berretto. «Posso chiederle se ha mai sentito parlare di Villa dei Conti Bramante?»

«Ma certo!» replica lui, superando un'utilitaria che prosegue a passo di lumaca. «È una proprietà che è andata in rovina, oramai. Abbandonata e lasciata chiusa per decenni. La proprietaria era una donna del posto. Dicono che alcuni teppisti siano riusciti a entrare e a fare dei danni. Però non so altro... Di certo è un vero peccato che l'abbiano lasciata marcire in quella maniera.»

Annabella arriccia il naso e abbozza un mezzo sorriso. «Be' allora sarà interessante vederla...».

«Oh, ma non è aperta al pubblico» precisa l'uomo, uscendo dalla tangenziale per prendere una strada laterale circondata da campi e grappoli di case.

«Credo che per me non sia un problema visto che sono l'erede della signora che la possedeva.»

Il tassista d'un tratto si fa serio e arrossisce. «Mi scusi. Che figuraccia! Mia moglie me lo ripete sempre che parlo troppo. Non volevo offenderla. Davvero...» insiste.

Lei sventola una mano per aria e gli sorride. «Non si preoccupi.

Non poteva certo saperlo» gli dice divertita dalla situazione, che le ricorda una tipica scena da commedia americana.

Lui le fa un timido cenno con la testa, e poi, silenzioso, la porta a destinazione. Arrivata davanti all'alloggio, Annabella paga la corsa e scende dal taxi.

L'albergo è un edificio di tre piani, più stretto che alto, incastrato fra palazzine e case accostate con piccoli spazi esterni grandi quanto un fazzoletto e situato in una via laterale di quella che le pare la strada principale del paese. È colorato di un rosa tenue e delicato. Da ogni davanzale scorge dei vasi colmi di edera che assomigliano a chiome fluenti al vento. Le tende bianche che ricadono dritte e pesanti all'interno le danno la percezione di ordine e pulito. Il nome, Il Rifugio degli Artisti, scritto con un carattere romantico e accogliente, è ben visibile sopra la porta d'ingresso. La strada su cui affaccia l'albergo appare poco trafficata ma ben tenuta. Annabella ha la netta impressione di essere capitata in un posto rilassante, fuori dai ritmi frenetici della città. Lontana da tutto e da tutti. *Forse ci voleva davvero*, riflette accingendosi a entrare.

La reception è piccola e calda, colma di oggetti in stile rustico. Annabella posa la valigia e suona la campanella d'argento sul bancone di legno di un colore bianco sporco, che sembra uscito da una rivista del fai-da-te. Dietro, appeso alla parete, c'è un pannello della stessa tinta con in vista le chiavi delle stanze. Nell'aria aleggia un delicato profumo di gelsomino.

«Arrivo!» grida una voce femminile.

«Sì, non si preoccupi» la rassicura lei, percependo una leggera impazienza nel tono.

Una donna sulla cinquantina, con i capelli corti e le mèches viola, con indosso scarpe sportive bianche e un lungo abito nero dal taglio bizzarro, scende di corsa dalla stretta rampa di scale alla destra della reception. «Mi scusi se l'ho fatta attendere» le dice affannata. «Si è ammalata la ragazza che mi aiuta a pulire le stanze...» si giustifica lasciandole intendere il resto. «Benvenuta al Rifugio degli Artisti. Spero che il viaggio sia andato bene» la accoglie allungandole la mano.

«Grazie, un tantino stancante ma piacevole» le risponde Annabella ricambiando la stretta.

Le piace lo stile alternativo e moderno della signora. A pelle, le sembra una tipa simpatica.

«Ha la prenotazione con sé?» le chiede l'albergatrice.

«Sì» le conferma Annabella sfilando il cellulare dalla tasca. Le mostra l'e-mail di prenotazione e attende che le dia la chiave.

«Eccola, la 203. La camera si affaccia sul giardino interno. Se vuole ci può arrivare anche da qua» la informa indicandole una porta laterale sulla sinistra. Quindi le mostra tutti gli orari dei pasti e altri dettagli utili per il soggiorno.

Annabella la ringrazia e si precipita nella sua stanza. Ha bisogno di una doccia e di riposare. L'ambiente è funzionale e arredato con mobili di fattura originale rivisitati in chiave moderna. *Carino*, pensa. Per sicurezza passa un dito sullo scrittoio che è posizionato sotto alla finestra e sul bordo della testiera del letto, ma non trova nessuna traccia di polvere. Poi controlla il bagno. «Più che pulito» afferma soddisfatta, ricordando le recensioni positive lette prima di prenotare il soggiorno.

Poi si rinfresca e si stende a letto. Qualche tempo dopo scende al piano inferiore, senza rendersene conto si è fatta ora di cena. *Volevo andare a vedere la villa prima*, pensa facendo le scale e rammaricandosi di essersi addormentata.

Alla reception un ragazzo dagli occhi color cioccolato e i capelli tagliati cortissimi la saluta con un cordiale «buonasera».

«Buonasera» ricambia lei, un tantino imbarazzata. «La sala da pranzo è di qua?»

«Sì, qui sulla destra. Si accomodi.»

Annabella entra nella sala ancora deserta, riscaldata dalla fiamma scoppiettante del caminetto in fondo alla stanza. I tavoli sono apparecchiati con tovaglie bianche immacolate e candele accese poste al centro. Appesi alle pareti Annabella riconosce degli strumenti di lavoro agricolo, insieme a setacci di legno, pentole e padelle di ferro, bilance arrugginite e scurite dal tempo; accanto a loro, delle fotografie del paese che danno l'impressione di provenire dal passato. Attratta da esse, Annabella si avvicina per ammirarle. Alcune sono datate ai primi anni del Novecento, altre agli anni della Seconda guerra mondiale e inquadrano i simboli di quella terra: l'argine del Po, la campagna, le barche con i pescatori sulle rive del grande fiume. «Che meraviglia» sussurra tra sé.

«Le piacciono?»

Annabella, spaventata, si porta una mano al petto.

«Non volevo... Mi scusi...» le dice il ragazzo di poco prima costernato.

«Oh, si figuri. Queste foto sono bellissime. Hanno un non so che di magico» gli risponde lei, cercando di assumere un atteggiamento maturo dopo lo spavento iniziale.

«Concordo» afferma lui, avvicinandosi. «Quello è mio nonno» la informa appoggiando il dito sul vetro di una delle fotografie.

Annabella lo osserva e nota che effettivamente tra loro c'è una somiglianza straordinaria. «Vi assomigliate molto!»

Lui si gratta la testa e ride. «Lei dice? Anche la nonna me lo ripete spesso. Soprattutto da quando il nonno è morto... Poveretta, è anziana e quando pensa al passato mi scambia spesso e volentieri per lui.»

Annabella si stringe nel maglione e si dirige verso il fuoco per scaldarsi. «La mia è solo deformazione professionale. Non volevo essere invadente... Non è nel mio carattere» aggiunge deglutendo. «Sì, insomma, sono una fotografa. Anche se è un po' che sono ferma...»

«Oh, lei non c'entra. Sono io che parlo e parlo...» si giustifica il ragazzo tentando di distogliere l'attenzione da sé. «Allora è qui per cercare ispirazione?» ipotizza lui incrociando le braccia al petto.

Annabella abbozza un sorriso e allunga le mani verso la fiamma che crepita. «Può essere, chi lo sa. Per il momento sono venuta per un'eredità, che, le dico la verità, non sapevo nemmeno esistesse.»

«Davvero?»

I suoi occhi color cioccolato adesso la fissano, limpidi e sinceri.

Le dà l'impressione di essere un bravo ragazzo. Non assomiglia lontanamente a nessuno degli uomini immaturi con cui è stata in passato. Storie che si è lasciata alle spalle, che l'avevano ferita e delusa.

«Sì, ho ereditato Villa dei Conti Bramante qualche settimana fa. Mia nonna... Sa...» dice incapace di continuare.

«Oh, le mie condoglianze» le risponde lui un tantino impacciato.

Una voce rompe il silenzio tra loro. «Sei qui?»

«Arrivo, mamma» risponde lui ad alta voce allontanandosi. «Tra poco arriveranno anche gli altri clienti, non resterà sola a lungo, non si preoccupi» aggiunge prima di scomparire oltre la porta.

Annabella si accomoda a un tavolo di fianco al caminetto. Ha freddo e la fiamma calda e avvolgente della legna la rilassa. Attorno a lei alcuni ospiti dell'albergo cominciano ad arrivare e a prendere posto. Vicino al suo tavolo siede una coppia di coniugi dall'aspetto giovanile, poco più in là alcuni signori che deduce essere lì per lavoro: uno di loro infatti ha la testa china sul suo pc e frenetico batte sulla tastiera, mentre l'altro sta parlando al telefono da diversi minuti. Poco dopo una famiglia con due bambini all'incirca di dodici anni, maschio e femmina, entra nella sala.

Nel frattempo il ragazzo dagli occhi color cioccolato si avvicina con il menù, un blocchetto e una penna per prendere gli ordini. Annabella cena in silenzio e, alla fine, di fronte alla torta alle mandorle e a un bicchiere di liquore alla ciliegia, riflette sul da farsi. Non ha idea di quello che la aspetterà domani. All'ultimo sorso decide che per il momento è meglio non rimuginarci troppo sopra. Si alza da tavola, ma prima di salire in camera augura la buonanotte alla signora dai capelli viola e a suo figlio, il ragazzo che prima ha parlato con lei.

* * *

Annabella spalanca gli occhi ancora prima che la sveglia del cellulare si metta in funzione. Apre le persiane esterne e un cielo grigio e nuvoloso compare davanti ai suoi occhi. *Speravo ci fosse il sole*, pensa storcendo la bocca.

Si prepara, infila un maglione nero e un paio di pantaloni con degli stivaletti dal tacco alto ma comodo. Prende il pesante cappotto di lana che adora indossare nel tempo libero, afferra la borsa e a passo spedito scende al piano inferiore. Lascia la chiave della stanza in portineria, fa colazione e scambia qualche parola di cortesia con la proprietaria che il giorno prima l'aveva accolta. Scopre che si chiama Clelia, mentre suo figlio, il giovane dagli occhi che l'avevano colpita, Francesco. La saluta e si avvia in paese.

Percorre la via fino al primo incrocio, gira a destra e prosegue dritto per un centinaio di metri. Ha l'impressione che gli abitanti siano usciti tutti improvvisamente allo scoperto. La vita di una piccola comunità di provincia che si sveglia e vive il giorno che sta cominciando: i bambini accompagnati a scuola dai genitori, gli adulti fermi al bar per una colazione e le serrande dei negozi che lentamente si sollevano. Tutto le pare profumare di piccolo, poetico e intimo. Le sembra di stare dentro a una realtà fatta di minuscoli ma importanti gesti quotidiani che non le sono mai appartenuti. Lei, nata a Torino, non sa nemmeno cosa voglia dire vivere nella quiete della provincia italiana. *Peccato*, pensa.

Si infila il berretto e arriva in piazza Fetonte, attorno alla quale si sviluppa tutto il paese. Al centro si trova la chiesa dei Santi Martino e Severo con accanto la canonica e il municipio, che occupa quasi interamente uno dei lati della piazza. Sotto al porticato ad archi a tutto sesto, sostenuti da pilastri di pietra viva, ci sono negozi e uffici. Nonostante il grigio della giornata, spiccano i colori rosa, beige e bianco degli edifici. Di fronte alla chiesa, rialzata rispetto alla strada laterale, una lunga pavimentazione a pavé porta a delle panchine dislocate accanto a lampioni in ferro, divisi in due metà nell'estremità superiore, simili a dei porta-orecchini delle gioiellerie. Affascinata, comincia a ruotare su se stessa. Osserva i dettagli, i colori e le persone. Sembra che qualcosa le si stia muovendo nel profondo. *Mi piacerebbe fermare, catturare e immortalare questo…*, pensa. Prende la macchina fotografica che ha infilato in borsa prima di uscire e si prepara a scattare. Senza fretta, deglutendo, appoggia delicatamente l'indice sul pulsante. Tenta con tutte le sue forze, ma un freno molto più tenace della sua determinazione la blocca. Oramai il momento è passato… Sconsolata, rimette a posto l'oggetto tanto caro. Scuote la testa per scrollarsi la malinconia di dosso e si concentra. *Devo andare alla villa*, si prefigge determinata. Le indicazioni su Google Maps le davano appena tre minuti a piedi.

Si incammina verso l'unica via a destra della piazza e la percorre fino in fondo. Alcuni passanti la fissano curiosi. *Forse non sono abituati ai turisti*, riflette mettendosi le mani in tasca. All'angolo scorge una graziosa enoteca-ristorante. *Magari più tardi mi fermo…*

All'improvviso, sullo sfondo del cielo grigio e opaco, tra le folte chiome di molti alberi secolari, oltre un muro di cinta alto all'incirca due metri, Annabella intravede la parte superiore del tetto di Villa dei Conti Bramante. *È lei*, pensa disorientata dalla bellezza dell'edificio. La accoglie un grande e maestoso cancello in ferro, chiuso da una pesante catena con lucchetto che, nonostante la ruggine, sembra essere ancora integro. Annabella si aggrappa alle sbarre del cancello e segue con lo sguardo la stradina che si fa spazio tra gli alberi. In lontananza scorge l'entrata principale della villa. Deglutisce e spalanca gli occhi. Non immaginava che fosse ridotta in uno stato simile: da quel poco che può vedere, il muro esterno è scrostato e alcune finestre al piano superiore sono spalancate.

Disorientata da tale abbandono, Annabella tira fuori le chiavi che Giorgio le ha dato al momento della lettura del testamento. Appesa a un semplice anello di metallo, prende quella con la scritta CANCELLO PRINCIPALE. Dalla cura del particolare Annabella realizza che la nonna, prima di morire, le aveva contraddistinte una per una con degli adesivi, quasi a voler facilitare alla nipote il momento di visitare la villa. Il lucchetto inizialmente fa resistenza ma, con un po' di pazienza, Annabella riesce ad aprirlo. Toglie la catena e spinge l'inferriata, che cigola rumorosamente sui cardini. Si gira e nota che alcune persone al di là della strada la stanno guardando. A disagio, finge di non vederle e richiude il cancello dietro le sue spalle. Percorre il vialetto a passi lenti, cadenzati. Gli alberi attorno a lei ondeggiano. Sembrano canticchiare un'antica melodia. Annabella ascolta il loro fruscio che l'accompagna in questo viaggio nel passato. Il solido e massiccio albero di magnolia, che aveva visto nella fotografia dell'album della famiglia Bramante, è ancora lì davanti alla proprietà. Annabella ha la netta sensazione di trovarsi fuori dal mondo, le pare di essere stata catapultata all'interno di una bolla temporale. Un universo a parte. Per un attimo alza gli occhi al cielo che è ancora più grigio di prima.

Quando raggiunge la grandiosa dimora, costituita da vari edifici di diverse epoche, resta senza fiato. Un balcone in ferro battuto al centro della facciata principale cattura l'attenzione di Annabella per la sua semplicità e insieme eleganza. Gli scuri verdi rovinati dalle intemperie sono quasi tutti chiusi. Solo due, sul lato destro, sono aperti, e Annabella vi scorge una finestra con il vetro rotto. Grosse macchie di umidità coprono buona parte dell'esterno; il cornicione del sottotetto è praticamente a pezzi. Sotto al balcone c'è una porta murata e da quel poco che è rimasto sulla superficie, Annabella presume che a suo tempo fosse stata dipinta.

Nonna, cosa mi hai lasciato?, si domanda, andando sul lato sinistro della casa. Lì scorge un arco, chiuso sulla parte superiore da grandi e oramai tarlate tavole di legno, mentre sotto tutto è sigillato da un pesante portone, anch'esso sprangato da una catena con lucchetto. Annabella, titubante, prende il mazzo di chiavi e cerca quella giusta per aprire. A fatica spinge il pesante battente e con le mani si protegge dalla polvere che scende dal soffitto. Dentro è buio. Annabella tira fuori il cellulare e attiva la torcia. Avanza con passi incerti facendosi coraggio. *Spero non ci sia nessuno qua dentro*, si augura sentendo il cuore battere a mille.

Uno squittio lontano la fa rabbrividire. Tenta di ignorarlo e prosegue. La sala è enorme, le sembra non terminare mai. Sul lato opposto intravede due lunghi corridoi di cui però non riesce a riconoscere la fine.

«Lì, sola, io non ci vado» bisbiglia, come se temesse di svegliare qualcuno.

Punta la luce in alto. Il soffitto, rivestito da cassettoni in legno, pare essere l'unica parte che si è mantenuta più che dignitosamente in mezzo a tanta e inarrestabile rovina. Il pavimento è coperto da strati di fango e terriccio. Le pareti vuote e spoglie sono piene di ragnatele. Incerta, Annabella si dirige verso la scala che conduce al piano superiore. Il soffitto a botte qua e là sembra svelare dei dettagli dipinti. *Troppo poco per comprendere di cosa si tratti*... Annabella studia gli scalini grigi e freddi di pietra crepati in più punti e si impone di salire. *Al momento mi pare reggano. Nei prossimi giorni, però, dovrò far fare una perizia per capire il loro stato*, programma.

Arrivata al pianerottolo, anch'esso vuoto e spoglio, Annabella si avvia a destra. Il lungo corridoio le appare infinito, intervallato com'è da diverse finestre semiaperte che sembrano affacciarsi su un'aia sottostante. Per terra calpesta foglie secche e acqua stagnante in svariati punti, entrata dai vetri rotti. *Dio, che freddo che fa*, constata stringendosi nel cappotto. Davanti alle finestre, sulla destra, ci sono molte stanze, alcune con la porta aperta, altre chiuse. Annabella entra cauta dentro alcune di esse: sono ampie e i soffitti altissimi riportano tracce di antichi affreschi. I muri, che assomigliano a tele bianche sporcate dalle intemperie e dall'umidità che impregna l'aria, le fanno arricciare il naso, tanto l'odore è forte e penetrante. Non ci sono arredi. Sembra che la villa sia stata svuotata di ogni ricordo...

Annabella continua a camminare nel lungo corridoio, quando si imbatte in alcune camere comunicanti tra loro; curiosa e affascinata, ispeziona tutto. Più si spinge avanti più si rende conto che, rispetto alle prime stanze, le ultime della casa sono molto più piccole, come se fossero state costruite in modo affrettato e poco curato. *Forse sono state aggiunte in seguito?*, ipotizza guardandosi attorno.

Torna sui suoi passi e, arrivata al pianerottolo, si dirige verso l'ala sinistra della villa. Le stanze sono uguali alle altre che ha già esaminato. L'unica differenza è che le imposte non si sono aperte e il corridoio è buio pesto. Più si addentra, più la luce proveniente da dietro si allontana da lei. Annabella si convince che la nonna le abbia lasciato un bel problema da risolvere più che un'eredità. Con questo pensiero, entra nelle ultime camere e... resta basita. Stupefatta da tanta bellezza, svelta, muove il cellulare a destra e a sinistra senza capacitarsi di tale meraviglia: davanti a lei c'è un salone maestoso ricoperto per intero da specchi, compreso il soffitto. La sua immagine riflessa, arrugginita e deformata, rimbalza da una parte all'altra delle pareti e la segue silenziosa mentre entra cauta.

«Un salone!» esclama vedendo le dimensioni. «Forse era usato per i balli...» Agli occhi di Annabella assomiglia a uno scrigno che ha gelosamente custodito una piccola frazione di una vita passata. *Un tempo che non ritornerà mai più*, pensa sommessamente.

Con sguardo rapito, ammira il caratteristico velo opaco e le macchie brune sparpagliate sopra la superficie di ogni specchio. Tenta di immaginare la nonna da piccina ballare e giocare tra le pareti sfarzose e civettuole che la circondano. *Chissà quante volte ha finto di essere una principessa o una regina...* Si convince che una dimora di questo tipo tenesse sempre viva l'immaginazione dei più piccoli. *E chissà quali storie di fantasmi e paure terribili venivano raccontate qui dentro...* Al pensiero Annabella sorride malinconica, passeggiando lungo il perimetro del salone.

Mentre accarezza le lastre offuscate e fredde, contornate da una sottile cornice di legno, le sue dita incontrano qualcosa. Incuriosita avvicina il cellulare e punta il fascio di luce: un piccolo fiore intagliato, leggermente sporgente, sembra muoversi al suo tocco. D'istinto lo preme e un flebile *clic* rivela il segreto. La cornice inizia a muoversi, staccandosi leggermente dal muro e rivelando una fessura. *Il fiore deve essere un meccanismo di apertura*, pensa. Presa dalla scoperta, provando a muoverlo delicatamente a destra e a sinistra, Annabella riesce a farlo ruotare e, come se fosse una chiave, lo scatto di una serratura le dice che è il movimento giusto. Lo specchio inizia a cigolare sui cardini arrugginiti dal tempo aprendosi verso l'esterno, come una porta.

Annabella punta la luce dritto davanti a sé e corruga la fronte: si aspettava un'altra sala, ma dietro scorge solo un muro. Si avvicina per toccarlo. *Che senso ha?* Veloce controlla se altri specchi hanno lo stesso fiore di apertura, ma non ne trova, così ritorna alla parete. Appoggia l'orecchio e batte due colpi sulla superficie. Sente un rimbombo. Sorpresa, riprova. *A quanto pare deve esserci qualcosa qui dietro*, pensa ripromettendosi di tornare a controllare nei prossimi giorni. Richiude con delicatezza la porta specchio, e lasciandosi il salone alle spalle si reca nell'ultima stanza del corridoio. Dentro trova scatole di legno, bauli, mobili, cassettiere e divani logori sparsi ovunque.

All'improvviso un rumore in lontananza le fa rizzare i peli delle braccia. Impaurita, esce di corsa dalla stanza. Sente il bisogno di ritornare fuori, all'aria aperta. Di nuovo, il rumore di una porta che sbatte la terrorizza. Annabella infila la scalinata senza guardarsi alle spalle, sperando che in casa non si sia intrufolato nessuno, e finalmente all'esterno, respira a pieni polmoni. Recuperata la calma, chiude la porta della villa e ispeziona il retro. *Il muro di cinta prosegue anche di qua... La proprietà è ben delimitata*, constata.

Tre fienili, che un tempo circondavano l'aia, sono ora un cumulo di macerie. *Credo non ci sia nulla di recuperabile...* In fondo vede una piccola ma graziosa casa, confinante con il muro di cinta. *Quella forse si può ristrutturare.* Senza accorgersene Annabella si trova a mettere in ordine i probabili lavori da fare alla villa.

All'improvviso la suoneria del cellulare la distrae dalle riflessioni che le affollano la mente. «Sì?» risponde ancora lontana dalla realtà.

«Ciao Annabella!»

Balbetta qualcosa prima di riconoscere la voce dell'interlocutore. «Oh, ciao Giorgio. Come stai?»

«Io bene. E tu?»

«Tutto a posto» gli dice. Poi ci ripensa. «No, non è vero. Credo di avere un problema, e non sarà facile risolverlo» continua passandosi una mano fra i capelli.

Giorgio sospira. «Sei a Villa dei Conti Bramante?»

«Sì, ma tu come fai a saperlo?»

«Tua nonna mi aveva avvertito che le condizioni della proprietà non erano delle migliori... per cui ho fatto uno più uno.»

«Ah, la nonna!» esclama Annabella. «Giorgio, ho un bel dilemma. Dire che la proprietà non è in buone condizioni è un eufemismo. Gli annessi sono perduti e gli interni della villa sono a dir poco fatiscenti. Non riesco a stabilire quanti soldi serviranno per ristrutturare questa meraviglia» lo informa, mentre guarda la villa in tutta la sua diroccata magnificenza.

«Stai prendendo in considerazione l'idea di risistemarla?»

Lei sospira e si porta una mano sulla fronte. «E chi lo sa. Al momento è solo un'ipotesi campata in aria. O meglio, una vera pazzia che mi sta sfiorando...» Giorgio tace e ascolta il suo respiro. «Dovevi riferirmi qualcosa?»

«No, niente, non preoccuparti...» le risponde frettoloso.

«Sei sicuro? Non mi convinci... Giorgio, dai, dimmi la verità...»

«Non posso. Prima devo avere la certezza della tua *decisione*... Fino ad allora il segreto professionale mi impone il silenzio. Scusami» le confessa rammaricato. «Una cosa però te la posso rivelare. Tua nonna era una donna forte, e, a mio parere, non ti ha lasciato la villa per caso. Sono convinto che sperasse che la riportassi all'antico splendore...»

«Credi? Io non lo so. È tutto così assurdo. Sono lontana da casa e mi serve tempo per capire cosa fare. Comunque... ti farò sapere. Ci sentiamo appena decido» gli dice prima di salutarlo. «Ah» aggiunge, permettendosi di fargli una battuta. «Questo tuo *segreto professionale* ha i giorni contati con me...»

Giorgio, dall'altra parte del telefono, ride. «Sono contento che tu abbia fatto emergere il tuo lato umoristico. Ti aiuterà, vedrai!»

Annabella ridacchia e poi riattacca. Infila il cellulare in borsa e tira fuori la macchina fotografica. Appoggia l'occhio al mirino e vi guarda attraverso. Mette a fuoco e posa l'indice sul pulsante... *Forse è arrivato il momento. Sì, forse è giusto così. Dovrei ricominciare da qui. Perché no?*, pensa mentre una goccia di sudore le scivola giù per la schiena. Trema. Il suo dito resta immobile, incapace di premere lo scatto. Rabbiosa, butta l'apparecchio in borsa. *Passerà, deve essere così.*

Annabella esce dal giardino della villa e si getta nel viavai delle strade, prima di fermarsi al ristorantino all'angolo. Siede a un tavolino vicino alla finestra con vista sulla sua *decadente e fatiscente* villa. Gli altri posti sono occupati per lo più da professionisti che, con i loro smartphone, inviano e-mail e rispondono a telefonate. Annabella si guarda intorno: il locale, piccolo e intimo, è curato in ogni minimo dettaglio, dalle tovaglie di cotone, ai bicchieri per l'acqua di diversi colori. In un angolo, accanto alla porta della cucina, è stato sistemato un vecchio carretto dei gelati. I proprietari sono due ragazzi dall'aria intraprendente che si muovono veloci dietro il bancone, impartendo ordini a una giovane cameriera. Annabella si sofferma a osservare il parco della villa e si perde tra i mille interrogativi che le girano in testa come se fossero dentro a un frullatore alla massima potenza. La villa è certo sinonimo di grande responsabilità. *Non so nemmeno da dove si comincia a ristrutturare un edificio di quelle dimensioni*, pensa. *Con l'aggravante che, essendo una dimora storica, dovrò sottostare a rigide direttive dei Beni culturali...* Mordendosi le labbra, pensa a cosa avrebbe fatto la madre se si fosse trovata nella sua stessa situazione. Era una donna ottimista, come la nonna, e di sicuro non si sarebbe arresa di fronte a tale difficoltà. Se non fosse morta nell'incidente, sarebbe toccato a lei occuparsi della villa; e, conoscendo il suo legame con la nonna, Annabella sa che proseguire in questa avventura le renderà onore. Anzi, sarebbe un modo per ricordarle tutte e due.

«Buongiorno» la saluta una voce.

Girandosi di scatto Annabella lo riconosce. «Buongiorno a te, Francesco. Che sorpresa vederti qui!»

Lui, senza essere stato invitato, si siede di fronte a lei. «Non mi pareva di averti detto il mio nome...»

Imbarazzata Annabella si sistema i capelli. «Tua madre... Prima di uscire mi ha parlato di te.»

«Spero ti abbia raccontato cose belle...»

«Sì, mi ha riferito che sei un bravo ragazzo e che gestisci insieme a lei l'albergo.»

Francesco abbassa la testa. «Mio padre è venuto a mancare poco tempo dopo la mia laurea e vedendo mia madre in difficoltà ho deciso di rimanere qui ad aiutarla. Non me ne pento. Qui ci sono nato, e adoro vivere in una comunità piccola e accogliente. Il caos della città non fa per me. Se anche mi fossi trasferito in qualche metropoli italiana, sono sicuro che sarei scappato via a gambe levate» confessa per poi farsi una sincera risata.

«Be', direi che siamo l'opposto. Io invece sono cresciuta a Torino, e ti dirò che è un tantino caotica e trafficata. Sono abituata alla confusione. Qui invece mi sembra di essere fuori dal mondo...»

«In senso positivo o negativo?» le domanda appoggiandosi allo schienale.

«Positivo. Decisamente positivo...» gli dice quasi civettando.

«Sono contento, e spero che il tuo soggiorno qui ti faccia rilassare» le augura alzandosi da tavola. «Adesso devo andare. Ci vediamo stasera, allora.»

D'istinto, senza nemmeno rendersene conto, Annabella posa una mano sul suo avambraccio. «Devi proprio andare?» gli chiede trattenendolo.

Francesco si ferma un istante a osservarla, poi controlla l'ora sul suo orologio. «No, no, posso restare se ti fa piacere.»

Annabella si ritrae, e, goffa come non mai, spiega il tovagliolo appoggiandoselo sulle gambe. «Sì, mi fa piacere» confessa con un filo di voce.

«Arrivo» le dice lui andando verso il bancone. Conversa con i proprietari per qualche minuto e poi torna a sedersi. «Sono amici d'infanzia» la informa indicandoglieli con un cenno della testa. «Ho detto loro di preparare il meglio. Vedrai» annuncia con gli occhi luccicanti.

Annabella e Francesco cominciano a chiacchierare, come se il mondo attorno a loro non esistesse più. Lui le parla della sua famiglia, delle scuole che ha frequentato, di come si vive in un paese di provincia e delle aspettative che ha per il futuro. Annabella scopre così che ha trent'anni, uno solo più di lei, che è un amante della corsa mattutina e della vita all'aria aperta. Ascolta ogni sua parola facendosi trasportare in una sorta di racconto che, nonostante la sua semplicità, la attrae. *Ha un bel viso. Perfetto per un ritratto*, pensa con i gomiti appoggiati al tavolo e i palmi delle mani che le sorreggono il viso.

«Cosa mi vuoi svelare di te?» chiede lui all'improvviso, riportandola alla realtà.

Annabella gli racconta in breve della sua vita e della passione per la fotografia e di come è giunta lì. Nel frattempo, arrivano al tavolo due lunghi vassoi di pietra nera con sopra una varietà di stuzzichini, verdure, svariati tipi di formaggi e una buona bottiglia di vino rosso.

«Direi appetitoso solo a vedersi!» esclama Annabella, colpita dalla presentazione dettagliata di ogni prelibatezza che la cameriera ha fatto prima di allontanarsi.

Mangiando, si rende conto di godere di ogni sapore che le sta esplodendo su tutte le papille gustative. Sono mesi che non si sente così a suo agio. Francesco sembra accorgersene e resta in silenzio. Quando tutti e due terminano di pranzare, domanda se le è piaciuto.

«Molto. Era un bel po' che non mangiavo così bene. Confermo che sono soddisfatta» gli risponde lei, pulendosi la bocca con il tovagliolo e riponendolo sul tavolo.

«Ho notato che spesso ti sei girata verso la villa. Dimmi, l'hai vista? Sei già andata a darle un'occhiata?»

«Sì, prima...»

«Dalla tua espressione mi sembra di capire che le condizioni della casa non siano delle migliori.»

«Decisamente *pessime*. Te lo posso assicurare...» e accavalla le gambe sotto al tavolo incrociando le braccia sul petto. Senza tralasciare nulla, Annabella gli riferisce del sopralluogo. Poi sospira, sconfortata.

«Ho un amico architetto, abita in città. Potrebbe aiutarti» si offre Francesco, tirando fuori il cellulare dalla tasca dei pantaloni. «Se mi dai il tuo numero, ti invio il suo contatto. Digli che sono stato io a lasciartelo.»

Lei sorride, ben contenta di non dover cercare dei professionisti in un posto in cui non conosce nessuno. Ha l'impressione che Francesco sia davvero così come si mostra: una persona gentile e disponibile che non ha secondi fini. La naturalezza e l'apertura verso il prossimo del ragazzo, in qualche modo, la spiazzano. *Adesso capisco perché è rimasto qui con la madre.*

«Grazie, mi hai fatto davvero un favore. Non sapevo bene a chi rivolgermi» gli confessa.

«Mi sembri una donna indipendente. Avresti trovato qualcuno, ne sono certo» precisa facendole l'occhiolino. «Fatti forza. Vedrai che questo momentaccio passerà. Nel frattempo, se dovessi avere bisogno di qualsiasi cosa, fammelo sapere, davvero.»

Annabella annuisce con il capo.

6

Appena alzata, Annabella apre le imposte della stanza e si prepara. A passo spedito scende le scale, diretta alla sala della colazione. Il tavolo vicino al caminetto è libero, si siede e appoggia la chiave della camera sul tavolo, poi si serve una fetta di crostata alla marmellata di fragole fatta in casa, ancora tiepida. Beve un bicchiere di succo di frutta e ordina un caffè espresso alla signora Clelia che, come un falco, controlla che sul ripiano del buffet non manchi nulla, nemmeno un cucchiaino.

«Ecco. Un caffè caldo per lei» le annuncia appoggiandolo sul tavolo. «Spero che stanotte abbia dormito bene.»

«Sì, grazie. Qui c'è molto silenzio alla sera...»

«Non è sempre così. D'estate, la piazza si anima e le grida, a volte, si sentono fino a qui. Non è tutto oro quello che luccica. Anche se ammetto che chi sta sempre nello stesso posto per tutta la vita vede solo i difetti e mai i pregi» le dice scherzosa prima di allontanarsi verso la reception.

Annabella sente aprirsi e chiudersi la porta d'entrata. «Adele, sei già qui? Perché non ti sei riposata stamattina?» esordisce Clelia con tono di rimprovero. «Ti preparo subito qualcosa...»

Una voce cristallina esclama di rimando: «Non sono decrepita. Per chi mi hai presa? Oggi non avevo voglia di rimanere in casa!»

«Poche storie e vieni con me. Comunque... c'è troppo freddo per uscire. Sarei passata io tra poco.» La sua voce alterata si allontana e sparisce all'interno dell'albergo.

Annabella finisce di bere il caffè e si avvia in strada. La sera prima ha chiamato l'architetto, Andrea Bellin, che si è reso subito disponibile e le ha dato appuntamento proprio davanti alla villa. Si incammina lungo la via e oltrepassa la piazza, dove stanno allestendo le bancarelle del mercato. Un fiorista, nell'ultimo angolo vicino alla curva, sta mettendo uno vicino all'altro dei vasi pieni di papaveri finti di seta. Dal bar dall'altra parte della strada si sentono le voci dei pensionati che discutono di politica e calcio. Osservandoli, Annabella si chiede come facciano a esistere ancora realtà di quel tipo. *Sarebbe bello fotografarla...* Vorrebbe immortalare quell'istante per sempre. Nella sua testa vede nitidamente lo scatto. L'attimo rubato... Abbattuta, accarezza la borsa dove riposa la sua macchina fotografica e prosegue oltre.

Arrivata alla villa, apre il lucchetto del cancello, lasciandolo aperto e, in attesa dell'architetto, passeggia verso l'imponente e antica magnolia.

«Signorina Annabella?» chiede una voce alle sue spalle.

«Sì, sono io» risponde girandosi in direzione della voce.

Un uomo alto, con i capelli ben pettinati e in abiti casual, le viene incontro allungando una mano. «Sono l'architetto Bellin. Andrea...» specifica con aria amichevole e disinvolta.

«Oh, sì. Piacere, Annabella» si presenta lei, ricambiando la stretta. «Benvenuto nella mia *umile* dimora» scherza poi, mentre stende le braccia verso la villa.

«Dopo la sua chiamata, le confesso che ho annullato un appuntamento per essere qui. Questa casa mi ha sempre affascinato, sin da bambino.»

«Davvero? Quindi lei abita qui a Fontana a Po?»

«Abitavo... Dopo la laurea mi sono trasferito in città. Vivevo dietro la piazza» spiega. «Comunque, siamo qui per lei. Ieri mi ha detto che è di Torino e che ha ereditato l'edificio da sua nonna. Giusto?»

«Sì, e le confesso che questa cosa mi fa alquanto paura.»

«Ha già dato un'occhiata alla proprietà?» le domanda con aria professionale.

«Non ho competenze in campo edilizio, ma le posso assicurare che, quando ho scoperto in che stato versa la casa, mi sono scoraggiata. Non so proprio cosa fare. Sono confusa. Le premetto, come le ho già detto al telefono ieri, che non sono certa di volerla tenere. Intanto mi aiuti a fare chiarezza sullo stato dell'immobile, e poi valuteremo» e sospirando si mette le mani in tasca.

«Non si preoccupi. Una cosa alla volta e vedrà che ne verremo a capo.»

Mentre si incamminano verso l'ingresso, lui elenca alcuni dei lavori più recenti che ha seguito e i numerosi progetti che lo attendono. La passione che ci mette fa ben sperare Annabella. *Forse è la persona giusta*, pensa annuendo con la testa alle sue parole.

«È una gran fortuna possedere una villa come questa. È un vero gioiello. Anche in queste condizioni...» le confessa con gli occhi luccicanti.

Poco convinta, Annabella accenna un mezzo sorriso. «Se lo dice lei...» In compagnia dell'architetto la villa le risulta quasi meno tetra e spaventosa.

Non appena entrano, Andrea osserva con attenzione gli interni, prendendosi tutto il tempo necessario per ispezionare le pareti e le strutture, e trascrivendo gli appunti in un blocco di carta che ha estratto dalla giacca. Il tutto in totale silenzio, assorto in un progetto immaginario che conosce e vede solo lui. Annabella riconosce bene quello sguardo ispirato che tutti i creativi sfoggiano, senza accorgersene, ogni volta che la loro fantasia inizia a prendere forma assumendo concretezza. Così resta in silenzio e riguarda i particolari che le sono sfuggiti in precedenza. Adesso, alla luce di un nuovo giorno, ha l'impressione che i lavori per riportare all'antico splendore la proprietà siano molti di più, lievitati come l'impasto di una focaccia. *Il tutto in una sola notte...*, pensa arricciando le labbra.

* * *

Dopo una giornata trascorsa con l'architetto a discutere della villa, Annabella si gode una lunga doccia rilassante. Indossa un paio di leggings e una maglia morbida di lana che le arriva quasi al ginocchio. Prima di scendere per cena invia un messaggio a Giorgio informandolo che l'architetto ha fatto il sopralluogo per la perizia. Aggiunge che in settimana avrà tutti gli elementi necessari per poter valutare se tenere o no la villa. Quindi scende in sala e si siede al solito posto, di fronte al caminetto. Sul tavolo c'è un bigliettino con scritto RISERVATO. Leggendolo un sorriso le si disegna in volto.

Gli ospiti della sera precedente si sono dimezzati e l'atmosfera è molto più tranquilla. Ama questa calma. Ha cominciato ad apprezzarla molto da quando è arrivata a Fontana a Po. Lei, cittadina di nascita e fotografa di professione, con la valigia sempre in mano pronta a partire, si scopre a suo agio in un *paese*. I ritmi lenti, lo scorrere del grande fiume Po, l'aria di campagna e l'atmosfera che si respira in piazza le infondono serenità. *Anche tu ti sentivi così, nonna?*

«Ben arrivata!» esclama Francesco entrando in sala.

Annabella si gira e lo osserva camminare a grandi passi diretto verso di lei. «Grazie» risponde riconoscente, mostrandogli il bigliettino.

Lui si siede, e i suoi occhi color cioccolato la colpiscono dritto sotto allo stomaco. «Figurati. Mi fa piacere...»

Annabella si sente avvampare le guance come una scolaretta e questo la infastidisce parecchio. Quasi non si riconosce più. «Oggi ho incontrato Andrea» racconta schiarendosi la voce e abbassando lo sguardo. «Mi è piaciuto. È stato molto professionale.»

«Ne sono felice! È molto bravo. Non avrebbe potuto fare un altro mestiere se non quello dell'architetto» le dice, sedendosi con lei al tavolo. «Ti ha accennato che da piccoli ci siamo introdotti nel parco della villa?» le chiede divertito, cercando i suoi occhi.

«No, questo non me l'ha detto» replica Annabella, fintamente imbronciata, incrociando le braccia al petto. «Stai confessando un crimine, lo sai?»

Francesco alza le mani in segno di resa. «In mia difesa ti posso solo offrire una scarna spiegazione.»
«Sentiamo, sputa il rospo.»
«Ero uno sciocco e stupido adolescente che amava le storie dell'orrore. Lo giuro!»
«Credo che per discolparti tu debba fare di meglio. Potresti portarmi da mangiare, sono affamata!» gli ordina trattenendosi dal ridere.
Lui si alza e, divertito, si allontana.
Annabella attende la cena osservando il crepitare del fuoco nel caminetto e bevendo un bicchiere d'acqua. Poi prende il cellulare e controlla le e-mail.
«Sì, nonna, vieni, siediti qui...»
Sentendo le parole di Francesco, Annabella distoglie gli occhi dal telefono. Il ragazzo sta aiutando una signora anziana, vestita di nero con uno scialle grigio scuro appoggiato sulle spalle, a sedersi nel tavolo dietro di lei. La dolcezza nei modi di Francesco la disarma. La donna si aggrappa al braccio del ragazzo lamentandosi per i dolori alle gambe e alle mani.
«Ah, non sono più quella di una volta...» esclama con una voce talmente limpida, che non sembra appartenerle. Il suo timbro suona molto più giovane del corpo piccolo, gracile e minuto in cui pare incastrata. *Assomiglia a un passerotto ferito*, pensa Annabella.
«Ci riesci, nonna? Vuoi che ti prenda un cuscino per la schiena?»
«Smettila di fare lo sciocco. Io sto bene. Non ho bisogno di cuscini!»
Francesco incrocia lo sguardo di Annabella e alza appena le sopracciglia. «Okay, nonna. Come vuoi tu» dice con la voce carica di amore paziente.
La signora, dopo molte smorfie, riesce ad accomodarsi, poi solleva la testa. I suoi occhi scuri sembrano bloccarsi in una sorta di paralisi quando si posano su Annabella. Le labbra sottili e segnate dalle rughe si comprimono in una linea sfocata. D'un tratto im-

pallidisce. Adesso stringe forte il braccio del nipote e comincia a tremare vistosamente. «Lei, è lei...»

Francesco le accarezza le mani. «Nonna, cosa succede?»

«Sì, è lei! Cosa ci fa qui?» chiede al nipote indicando Annabella, che a disagio si stringe nel maglione.

«Nonna, di che stai parlando?» insiste Francesco, che adesso si è inginocchiato vicino a lei.

«An...An...Angela!» grida con tutta la voce che riesce a tirare fuori dalla fragile cassa toracica.

Francesco fa un cenno ad Annabella per scusarsi del comportamento della nonna mentre tenta di calmarla.

«Veramente...» sussurra incerta Annabella, «Angela era il nome di mia nonna...»

«Angela, Angela Bramante, sei tu?» insiste la donna.

«Come fa a conoscere mia nonna?» chiede Annabella nascondendo le mani dentro al polsino del maglione.

«Tu per me eri come una sorella...» spiega la donna sempre più agitata, con gli occhi lucidi.

«Credo sia meglio andare» le consiglia Francesco, cercando di farla alzare. «Sei stanca.»

La donna si alza e, traballante sulle gambe, si avvicina ad Annabella. Le accarezza una guancia con la mano nodosa e fredda. «Come stai? Ti sei ripresa?» domanda con un'espressione preoccupata e angosciata. «Perché non sei più venuta da me? Io venivo sempre, ogni giorno. Tuo padre, lui mi mandava via...»

«Io non sono Angela, signora. Sono Annabella, la nipote di Angela» le spiega, con calma, il cuore che batte all'impazzata.

«La nipote... Non sei Angela? Le somigli così tanto... Perché non me l'ha detto?» chiede sempre più irrequieta.

«Nonna, per favore, andiamo. La signorina deve cenare. Non è il caso di importunarla. Ti accompagno di là, vieni» la invita Francesco.

«Sì, portami via» gli risponde, facendosi sempre più piccola e curva su se stessa e serrando le mani attorno alle braccia del nipote.

Annabella li guarda allontanarsi e si rigira verso il caminetto, pensierosa. *Chi è? Perché conosceva la nonna?*, si interroga massaggiandosi le tempie. Dieci minuti dopo, Francesco la raggiunge con un piatto fumante di tortellini in brodo e le domanda perdono per il comportamento della nonna.

«Non scusarti. Lo so cosa significa...» lo rassicura Annabella.

«La mamma si sta occupando di lei adesso.»

Annabella annuisce con il capo e si mette il tovagliolo sulle gambe. «Tu credi che la conoscesse davvero? Mia nonna intendo...» chiede spostandosi i capelli di lato.

«Non ti saprei dire. Spesso dice cose senza senso, anche se lei è convinta di ricordarsi tutto...»

«Capisco. Comunque, stai tranquillo. Anch'io ero molto legata a mia nonna.»

«Grazie... Adesso purtroppo devo lavorare: ti va se dopo cena ci vediamo qui fuori, nel giardino interno? Di solito prima di andare a casa mi siedo lì e mi riposo un attimo. Saremo al caldo sotto il fungo a gas, ovviamente.»

«Perché no? Volentieri!»

Annabella cena e poi si precipita di filato in camera per chiamare Alessandra. Le riferisce della villa, di Francesco e di come l'abbia colpita.

«Mi sembri più tranquilla, An. Sapessi quanto mi fa piacere saperti così. In questo modo mi sento meno in colpa per non essere riuscita ad accompagnarti.»

«Non dire così, non pensarci. Lascia stare questa storia! Ti devo raccontare una cosa che mi è successa stasera...» Le parla per filo e per segno dell'incontro con la nonna di Francesco e poi aspetta che Alessandra le dia un'opinione in merito. Dall'altra parte sente un trambusto di piatti che sbattono, pentole e persone che parlano.

Alessandra se ne sta zitta per qualche secondo e poi grida a qualcuno del suo staff di muoversi e servire ai tavoli. «Scusa, stasera è un caos. Non riesco a far andare le cose come dico io. Senti, ma Angela non ti ha mai detto niente della sua storia?»

«No, mai una parola. Non sapevo nemmeno che fosse nata qui. Come ho fatto a non domandarle mai nulla? Che stupida che sono stata...»

«Non credo sia una questione di stupidità. Semplicemente non ci pensavi. Le volevi bene, era tua nonna e per te questo era sufficiente.»

«È vero, però mi spiace non essermi mai informata su niente. Andando a vedere la villa mi sono resa conto di quanto non la conoscessi» si confida con una punta di rammarico nella voce.

«Sì che la conoscevi, non dire così. Magari ti ha mostrato solo la parte migliore di sé. Sarebbe una bella cosa, no?»

Annabella si siede sul letto e incrocia le gambe. «Sì, hai ragione. Però le parole di quella donna mi hanno colpita. La sua espressione non era assente, mi sembrava più che lucida...»

«Se qualcosa non ti torna, vai fino in fondo. Quando hai l'occasione, parla di nuovo con lei. È l'unico modo per toglierti questi dubbi.»

«Già...»

Conversano un altro po', poi, arrabbiata con i suoi dipendenti, Alessandra le dice che deve andare. Annabella la saluta e le augura buon lavoro. Poi si infila la giacca di lana e scende nel giardino interno. Passa per la reception, che a quell'ora è vuota, ed esce dalla porta che le ha indicato Clelia quando è arrivata. Nello spazio esterno ci sono tre tavoli rotondi con sedie in ferro battuto e una folta siepe di recinzione che confina con le altre abitazioni. Alcuni vasi vuoti, uno sopra l'altro, sono accantonati in un angolo e sembrano aspettare una primavera ancora troppo lontana. Il fungo per esterni è già acceso e, d'istinto, Annabella gli si avvicina. Si siede, chiude gli occhi un istante, stremata dalla giornata, e si perde tra mille pensieri. *Potrei addormentarmi qui...*, pensa, scivolando verso il basso e appoggiando la testa allo schienale rigido e freddo della sedia.

Una porta si spalanca. «Sei già qui!» esclama Francesco.

Lei apre gli occhi. «Sei fortunato ad abitare in questo paese. Non ho mai sentito così tanta pace.»

Francesco si siede e prende dei cioccolatini dalla tasca del giaccone grigio che indossa. «Li ho sottratti alla mia scorta personale: preferisco il cioccolato fondente, ma non sapendo i tuoi gusti ti ho portato anche quelli al latte, ripieni di liquore alla ciliegia e altri che non ricordo...» dice posandoli sul tavolino.

«Grazie. Avevo proprio voglia di qualcosa di dolce!»

Annabella ne prende uno, lo scarta e in un solo boccone lo manda giù. Nel freddo della sera, scaldata dalla grande stufa elettrica, il cioccolatino assume un sapore unico, inimitabile. Le sensazioni che sta provando le si imprimono dentro. Un semplice momento che, sa già, ricorderà anche tra molti anni.

Francesco trascina un'altra sedia, ci mette sopra i piedi e poi si appoggia anche lui allo schienale con la testa. «Volevo scusarmi con te. Sì, insomma la nonna...» sussurra piano, quasi vergognandosi.

«No, non c'è bisogno. È stata carina. Devo assomigliare molto alla mia se mi ha scambiata per lei. Per me è un complimento. Non badarci.»

«Il prossimo mese compirà novantun anni. È una testona, sai?»

Annabella ride e afferra un altro cioccolatino. «Ti darebbe fastidio se parlassi con lei, uno di questi giorni?»

«Se ti fa piacere, per me non ci sono problemi. Domani dovrebbe venire qui all'albergo.»

«Mi piacerebbe cenare insieme a lei. Sono curiosa di sapere com'era la nonna da giovane.»

«Okay, allora *signora*, domani apparecchierò per due» dichiara Francesco, con fare canzonatorio.

«*Signorina*, prego...» lo corregge Annabella alzando gli occhi al cielo.

«Oh, scusami, *signorina*» le ripete Francesco ridendo.

«Credo che con te sia una partita persa, vero?»

«Chiedilo a mia madre... Io mi definisco un buffone!»

Avvolti dal silenzio della notte, restano a parlare delle loro vite, e Annabella ride a pieni polmoni davanti all'umorismo di Francesco. Solo molto più tardi, stanca, decide di andare a dormire.

«Allora buonanotte…»

«Buonanotte anche a te» risponde lui, studiandola per un attimo. «Annabella!» La chiama quando ormai è vicina alla porta. Lei si gira e afferra d'istinto un cioccolatino che Francesco le ha lanciato a sorpresa. «Ti piacciono fondenti. Hai mangiato solo quelli…» le svela rimettendosi comodo. «A domani.»

7

Annabella apre pigramente gli occhi e fissa il soffitto per qualche minuto prima di alzarsi dal letto. Ripensa alla sera precedente. Un leggero sorriso le si dipinge sulle labbra. Parlare con Francesco la rende, in qualche modo, felice. Con lui si trova a proprio agio. *Già, è proprio carino…*, e sorride tra sé.

Come le mattine precedenti, si prepara e scende veloce per la colazione. In seguito, domanda a Clelia di chiamarle un taxi. Quando il Mercedes bianco parcheggia davanti all'albergo, sale sulla vettura e chiede al conducente di essere accompagnata al noleggio macchine più vicino, a due chilometri dall'albergo, lungo la strada per la città. L'autista la porta a destinazione e poi la saluta con un cenno. Una volta dentro l'ufficio, Annabella si informa se sia possibile affittare un'utilitaria per le prossime due settimane. Il ragazzo seduto al di là di un'anonima scrivania le risponde che non ci sono problemi e la fa accomodare di fronte a lui; le porge dei moduli da firmare e le consegna le chiavi di una Fiat 500 decappottabile.

Annabella guida fino in città, parcheggia lungo una via del centro e poi passeggia senza pensieri. L'aria è fredda ma il sole le scalda il viso.

Contenta per l'inaspettata tranquillità che prova, Annabella si lascia trasportare dalla casualità e dagli eventi. Con calma siede a un tavolino di un bar e si beve un caffè. Osserva le persone che camminano sotto i portici, i loro volti e come si muovono; poi decide di andare a vedere una mostra fotografica ospitata in un palazzo storico poco distante. Nel silenzio ovattato, studia con estrema lentezza gli scatti esposti nelle quattro sale messe a disposizione per la mostra, realizzati da un celebre fotografo nato e cresciuto nella provincia veneta, poi trasferitosi a Milano e ora in giro per il mondo, noto per immortalare nelle sue foto i volti delle persone. Una la colpisce in particolar modo: è il ritratto a colori di una giovane ragazza dai capelli lunghi e dagli occhi infossati. Il tormento che legge nei suoi occhi le smuove una sensazione di sconcerto e sofferenza. L'innocente viso, sporco di fango e sangue, la fa riflettere sulle crudeltà che la guerra provoca. *Dolori e ferite che resteranno sempre dentro di lei…*, pensa stringendo forte il volantino che le hanno dato alla biglietteria.

Annabella prosegue tra un ambiente e l'altro, rapita da ogni scatto. Sente che tutto quello che sta ammirando le sta donando una nuova linfa vitale. Energie che credeva fossero state spazzate via dal lutto. Senza rendersene conto, *si ritrova* quel tanto che basta, quel che serve per riacquistare fiducia in se stessa.

Al termine della mostra, esce all'aria aperta e si prende il resto della giornata per visitare altri posti storici della città. Solo verso le sette di sera decide di rientrare e parcheggia poco distante dall'albergo. È ansiosa di cenare con la nonna di Francesco. Spera di scoprire nuove informazioni.

Francesco, che sta mettendo in ordine svariati fogli dietro la reception, la saluta con un gesto caloroso della mano.

«Ciao» ricambia Annabella, sistemandosi i capelli. «Tua nonna come sta?»

«Un tantino irrequieta…»

«Oh, spero non sia per colpa mia!»

«No, non credo. Stamattina pareva diversa, lontana anni luce. Quasi assente» le confessa Francesco.

Annabella, scoraggiata, si chiude nel silenzio.

«Che cosa c'è?» le domanda appoggiando i fogli e fissandola.

«Credo che non sia il caso di cenare insieme. Molto probabilmente vedermi l'ha turbata… Non voglio essere io la causa del suo malessere…»

«Veramente lei vorrebbe vederti. Mi ha detto che sarebbe molto contenta di parlare con te.»

Annabella solleva lo sguardo su Francesco. La speranza sembra prendere il posto della delusione. «Davvero?»

«Sì» le risponde Francesco avvicinandosi. «Cos'hai fatto di bello, oggi?» le chiede con dolcezza.

Annabella gli racconta la giornata e si trattiene per un po' a conversare con lui. Mentre stanno ridendo Clelia varca la soglia e si ferma per un attimo a fissarli. Saluta e poi si allontana in cucina con in mano due grosse borse piene di verdura e frutta.

Annabella controlla l'ora sul cellulare, si congeda da Francesco e si precipita in camera a prepararsi. Un'ora dopo scende nella sala e si accomoda al solito posto. Francesco la raggiunge e porta una bottiglia d'acqua per poi allontanarsi verso la cucina. I clienti cominciano a entrare, e i tavoli a riempirsi. Annabella nota che ci sono persone nuove. *Devono essere arrivate oggi…*

Poco dopo Francesco si avvicina con la nonna a braccetto, proprio come la sera precedente, e la fa accomodare di fronte a lei. Indecisa su come iniziare la conversazione, Annabella resta a guardare la scena senza riuscire a dire una parola.

«Eccoci qua, nonna. Lei è Annabella. Ti ricordi?»

La donna con i suoi occhi scuri lo fulmina. «Ovviamente. Me lo ha detto ieri. Credi forse che abbia perso la memoria?»

Francesco sorride e le accarezza una mano. «Certo che no. È che ogni tanto ti dimentichi alcune cose…»

Annabella riesce a riscuotersi dallo stato in cui si trova e, allietata dalla dinamicità dell'anziana, si porta una mano davanti alla bocca per frenare una risata.

«Questo lo pensi tu. Io non dimentico un bel niente. Dovrebbero avere tutti la mia memoria, altroché!» esclama lei, indispettita dalle parole del nipote, sistemandosi lo scialle nero sopra le spalle.

Francesco si arrende alle repliche e si congeda dalle due donne.

«Come si sente stasera?» le domanda Annabella appoggiandosi allo schienale della sedia.

«Bene, cara, grazie.»

Annabella si torce le mani per un attimo e cerca le parole giuste per non urtare i sentimenti della signora, che intanto non le toglie gli occhi di dosso.

«Mi perdoni, ma ancora non le ho chiesto il nome...»

«Adele, cara...»

«Francesco mi ha detto che è una donna in gamba.»

«Francesco è un bravo ragazzo, ma a volte, anzi spesso, è troppo apprensivo.»

Annabella si appoggia al tavolo con i gomiti e si sporge in avanti. «Le vuole bene. Tutto qui...»

Adele gesticola con le mani per aria. «Lo so. Ma è pesante! Sono vecchia, non stupida!»

«Non dica così, signora Adele, anch'io mi preoccupavo molto per mia nonna... e adesso mi manca molto. La sua perdita è stata un duro colpo per me.»

Adele incrocia le braccia e poi la studia con i suoi occhi scuri e velati di tristezza. «Sei uguale a tua nonna. Le assomigli come una goccia d'acqua.» A quelle parole Annabella si sente salire un nodo alla gola. «Mi sei simpatica. Sei una *tosta*. Non dite così, voi giovani?»

Presa in contropiede dalla brillante battuta, Annabella non trattiene una risata e si asciuga le lacrime che le scendono sulle guance. «Sì, diciamo di sì» risponde divertita.

Francesco, nel frattempo, serve ai tavoli e controlla la nonna che chiacchiera con lei.

«Penso che mio nipote mi stia tenendo sotto controllo. È meglio che faccia la seria, altrimenti penserà che ti sto facendo piangere!»

«No, è solo premuroso. Mi creda.»

«Bando alle chiacchiere» la sollecita Adele sistemandosi meglio sulla sedia. «Io sono qui perché volevo parlarti. Ieri sono rimasta sconvolta. Quando ti ho vista mi è sembrato di ritornare alla mia giovinezza» le confida con la sua voce limpida e chiara.

«Era amica di nonna Angela, vero?»

«Sì, eravamo molto legate. Io avevo tre anni più di lei» afferma, con lo sguardo perso e rivolto al passato. «Mia madre lavorava a Villa dei Conti Bramante e io andavo con lei tutte le mattine. Quando è nata Angela, nel lontano 1927, mia madre mi raccontò che io la scambiai quasi per una bambola con cui giocare. Mi ci affezionai subito...»

«È un bel ricordo» commenta Annabella.

«Sì, conservo molti bei ricordi di quegli anni, ma anche brutti purtroppo...» le rivela Adele accarezzandosi le mani nodose.

«Immagino si riferisca alla guerra...»

Adele annuisce silenziosa. Annabella ha paura. Non vuole ferirla e nemmeno calpestare i sentimenti fragili e delicati di una donna della sua età. «Lei sta ancora qui, Adele, a Fontana a Po?» le domanda, con l'obiettivo di stemperare la situazione.

La donna le spiega che abita poco distante dall'albergo e le descrive la casa dove, per decenni, ha vissuto insieme al marito e al figlio. «Francesco assomiglia tanto a mio marito» la informa orgogliosa della propria famiglia.

Francesco si avvicina al tavolo e serve a tutte e due una zuppa calda con del pane che odora di rosmarino.

«E il mio bicchiere di vino?» chiede Adele.

Lui incrocia lo sguardo di Annabella e accenna un sorriso. «Arrivo, nonna» dichiara poi, arrendendosi. «Anche se non potresti. Ricordi cosa ha detto il medico?»

«Ah, i dottori sono solo dei rompiscatole!»

Francesco si allontana e ritorna con un piccolo bicchiere di vino rosso. Adele soddisfatta ringrazia il nipote con un gesto del capo. Poi con movimenti lenti comincia a mangiare. Annabella la lascia tranquilla e cena a sua volta in silenzio. Alla fine del pasto le due donne tornano a guardarsi e Adele, felice e con gli occhi che luccicano, si porta alla bocca il bicchiere di vino. «Questo ti salva la vita. Altro che i dottori!»

Annabella invece beve solo acqua, poi aspetta pazientemente che Adele ricominci a parlare.

«Tu sembri la reincarnazione di Angela, cara» le ribadisce.

Lei annuisce. «Me lo dicono tutti che ci assomigliamo. Le andrebbe di raccontarmi di lei...?» si azzarda a dire, tutto d'un fiato.

Adele sorride. «Tua nonna era una gran bella ragazza e io la consideravo una di famiglia. Ricordo che da piccole, in estate, restavamo ore e ore nel grande giardino della villa. In inverno invece, nei pomeriggi gelidi, ci rintanavamo nella sua stanza con i giocattoli che possedeva. La mia famiglia non poteva permettersi dei balocchi così costosi, mentre Angela, al contrario, sembrava non badarci. Non era capace di capirne il valore. Io, invece, che lo comprendevo in pieno, accarezzavo quelle bambole con il viso liscio di porcellana come fossero dei cimeli antichi. Avevo il terrore di romperle! Angela, nella sua infinita bontà, me le regalava e mi diceva che non le importava di averne così tante. Ricordo ancora le sue parole: 'Tu sei mia sorella e queste sono anche tue', mi diceva quando, imbarazzata, non sapevo se accettare o no quei doni preziosi.»

«Non ha mai perso la sua generosità. È stata così fino al suo ultimo respiro» la rincuora Annabella.

Adele si asciuga una lacrima che le scivola su una guancia solcata dallo scorrere del tempo. «Immagino... Era perennemente sorridente, altruista e caparbia. Aveva sempre un occhio di riguardo verso i bambini meno fortunati di lei. Non pareva nemmeno la figlia del signor Emanuele, il tuo bisnonno. Lui era un uomo che ci teneva a sottolineare di essere un ricco proprietario terriero. A volte, quando giocavamo insieme, io e Angela, mi guardava come se fossi una poveretta. Subito posavo qualsiasi gioco tenessi in mano... Mi metteva i brividi, quell'uomo.»

«Era severo?»

«Oh, sì. In paese era considerato un despota, visto il modo in cui trattava le persone che lavoravano per lui. Tutti lo temevano e, quando passava, abbassavano il capo in segno di rispetto. Se ci penso sento ancora salire la paura...»

Annabella le chiede della bisnonna. «E di lei cosa mi dice?»

Adele si stringe nello scialle. «Povera donna. Credo che la signora Carlotta fosse la persona più infelice sulla faccia della terra. Se ne stava sempre rintanata negli angoli più nascosti di quella grande casa. Avevo l'impressione, ogni volta che la vedevo, che volesse rendersi invisibile. Era una donna dallo sguardo spento e le spalle curve. Quando si rivolgeva ad Angela, le parlava a bassa voce, con calma. Non si arrabbiava mai.»

«A casa della nonna, in un vecchio album, ho trovato qualche fotografia dell'epoca e devo dire che ho notato anch'io la sua tristezza. Mi è sembrata una signora malinconica.»

Le due donne restano un attimo in silenzio, perse nei loro pensieri. «Che lavoro fai, cara?» le chiede poi Adele.

Annabella beve un sorso d'acqua prima di rispondere. «La fotografa.»

«È un lavoro?» domanda sorpresa. «Io pensavo fosse solo un passatempo fare fotografie!»

Annabella ride. «No, è un lavoro, e anche faticoso. Glielo posso garantire.»

Intanto Francesco si avvicina a loro e prende i piatti. «È tutto a posto? Si comporta bene la nonna?» fa ad Annabella.

«Sì, mi stava raccontando dei miei bisnonni.»

«Bene, allora vi lascio sole...» e si allontana con i piatti sporchi verso la cucina.

«Adele, lei sa chi si è occupato della villa in tutto questo tempo?»

«Nessuno, cara, dopo la morte dei tuoi bisnonni. La signora Carlotta e il signor Emanuele sono morti nel '51, durante l'alluvione. Io mi sono salvata per miracolo e anche mia madre. È stata una tragedia. Un intero territorio devastato dai detriti e dal fango. È stato difficile per chi è rimasto qui...»

Annabella comincia a capire perché la nonna non le abbia mai parlato del passato e abbassa lo sguardo sulle sue mani. Qualche secondo dopo, rialzandolo, scorge negli occhi della donna un velo di dolore. «Adele, si sente bene?»

«Eravamo sole, *lui* già non c'era più...» le risponde Adele con voce sottile e flebile.

«Di chi sta parlando?»

La donna sembra farsi ancora più curva. «Mio fratello. Aveva sedici anni. È successo nel '44... il 17 luglio. Venne portato via dai tedeschi e ucciso. Lui e molti altri uomini furono prelevati dalle loro abitazioni, e fucilati a sangue freddo alle porte del paese, in mezzo alla campagna, vicino alla sponda del Po. Quei *crucchi* l'hanno ammazzato senza pietà!» Adele si sfila un fazzoletto dalla manica del vestito e si asciuga gli occhi umidi di lacrime.

Annabella, preoccupata, sposta la sedia e si avvicina a lei. Le prende una mano tra le sue. «Mi spiace tanto. Non sapevo di questa storia. Non volevo aprirle una ferita...» le sussurra con voce rotta.

Adele alza la testa e le sorride. «Queste cose, invece, vanno raccontate. Non devono succedere più. La guerra è lo sbaglio più grande che l'uomo possa commettere. Uno sbaglio che non ammette alcun perdono...»

Annabella si rende conto di quanta sofferenza alberga dentro il corpo fragile e piegato di Adele. «Vuole andare a casa?» le chiede apprensiva, vedendo il pallore sul suo viso.

«No, voglio solo mangiarmi una fetta di torta. Questo sì!» risponde sorridendo con le labbra, ma non con gli occhi.

«Come vuole lei. Appena arriva Francesco, vediamo di fargliela portare.»

Mentre attendono che il ragazzo si avvicini al tavolo, Adele prende di nuovo la parola. «Sai, Angela per me è stata importante. Mi ha sempre aiutata, nonostante fossi io più grande di lei.»

«Cosa c'entra l'età? L'amicizia non tiene conto di queste cose» afferma Annabella con voce squillante, nel tentativo di tirarle su il morale.

Francesco si avvicina con il viso preoccupato. «Cosa succede?

Non ti senti bene, nonna?» domanda vedendole una di fianco all'altra, la mano di Annabella in quella di Adele.

«Sto benissimo. Portami una bella fetta di torta, tesoro. I dolci aggiustano sempre l'umore.»

Francesco dubbioso si allontana e dopo pochi minuti torna con due fette di torta di mele e una pallina di gelato alla vaniglia accanto. «Ecco qui, per queste due belle signore!» esclama appoggiando i piatti sul tavolo.

«Grazie, tesoro» gli dice Adele. «Ma qui di bello non è rimasto niente» afferma dandosi uno schiaffetto sulla guancia. «Solo rughe e pensieri...»

«Non dire sciocchezze. Vorrei arrivarci io alla tua età così in gamba.»

Adele fa una smorfia e lascia la mano di Annabella per prendere il cucchiaino. La ragazza torna a sedersi davanti alla donna e anche lei assapora il dolce fatto in casa. Attorno a loro, la sala inizia a svuotarsi e il rumore di sottofondo si trasforma in un rassicurante silenzio, rotto solo dalle fiamme che scoppiettano nel caminetto.

Mentre Francesco e Clelia cominciano a sparecchiare, Annabella aspetta che Adele finisca la sua porzione di dolce. «Ti andrebbe di unirti a noi?» chiede poi a Francesco voltandosi verso di lui.

«Sei sicura? Non vorrei essere di troppo...»

«Dai, cosa aspetti...? Qui finisco io» lo sprona Clelia strizzando un occhio al figlio.

«Mi farebbe piacere. E anche a Adele...» insiste Annabella, lasciando intendere che la donna ha bisogno di un volto famigliare vicino.

«Afferrato. Arrivo subito!» Francesco prende una sedia e si accomoda in mezzo a loro due. «Buona la torta, vero nonna?»

Adele alza la testa e poi, con espressione soddisfatta, aggiunge: «Ho insegnato bene a tua madre!» si vanta ad alta voce, fiera di sé.

«Invece tu non smetterai mai di fare la suocera!» esclama Clelia, alzando gli occhi al cielo e ridendo.

Adele risponde con una smorfia del viso. Francesco sorride e le prende una mano.

Annabella resta a osservarli rapita e silenziosa.

«E tu, cara, hai un'amica?» le chiede Adele fissando i suoi occhi azzurri.

«Sì, si chiama Alessandra.»

«E ti ha mai delusa?»

«No, mai. Siamo sempre state molto legate e complici...»

«Meglio per te, cara. Angela, invece, nonostante il bene che ci volevamo, a un certo punto, mi tagliò fuori dalla sua vita. Non ho mai saputo il motivo preciso. So solo che il fratello di Angela prese il mio posto e io rimasi esclusa, senza un'amica.»

Annabella corruga la fronte. «Fratello? La nonna aveva un fratello?»

«Nonna, sei sicura di quello che stai dicendo?»

Irritata, Adele sfila bruscamente la mano da quella del nipote e la spinge via. «Vuoi forse dire che non ricordo la mia stessa vita?» Francesco, rassegnato, incrocia le braccia e si appoggia allo schienale della sedia.

Annabella trattiene una risata. «In che senso prese il suo posto, Adele?»

«Era nato quando lei aveva quindici anni. Sua madre, la signora Carlotta, rimase incinta proprio durante la guerra. Fammi pensare... Pietro è nato nel '42. Io allora avevo diciotto anni. Durante la gravidanza mi era stato proibito di andare alla villa. Una gravidanza difficile, in paese si diceva che la signora Carlotta non potesse vedere nessuno. Ma anche Angela era sempre in casa, segregata dal padre entro i confini della proprietà» risponde, sporgendosi in avanti e stringendo gli occhi. «Si vociferava che il signor Emanuele fosse un simpatizzante dei nazisti. Forse non gli bastava essere un fascista dichiarato... Mia madre, povera donna, era convinta che non facesse uscire la figlia perché aveva paura che potessero farle del male. Picchiarla o prendersela con lei...»

«Ma tutto questo è incredibile...» afferma Annabella spostandosi una ciocca di capelli dietro l'orecchio.

«A dirti la verità, non so se fosse vero. Il signor Emanuele era una persona che stava sulle sue e non dava confidenza a nessuno. Non aveva amici in paese, e il profitto era l'unica cosa di cui si preoccupava. Almeno, così diceva mia madre. Comunque, dopo la nascita di Pietro, il rapporto tra me e Angela cambiò. Lei sembrava sempre così triste.»

«Quindi non sei più andata alla villa?» si inserisce curioso Francesco.

«No, mai più. Mia madre andava per lavorarci, ma io no. Ero impegnata a fare altro...» Adele sospira perdendosi nei ricordi. «Quando la guerra finì» ricomincia, «pensai che le cose si potessero sistemare. Riaggiustare. Invece, Angela, non si riavvicinò più a me.»

«Che strano... Non era un suo modo di comportarsi» afferma Annabella.

Adele alza un dito verso l'alto. «Lo giuro su nostro Signore. È andata così» poi si fa il segno della croce e si stringe nello scialle. «Una volta, alla fine della guerra, quando Fontana a Po era allo sfascio e le macerie sparse ovunque, la incontrai in chiesa. Quello, miracolosamente, era l'unico posto che non aveva subito gravi danni. Quando ci trovammo l'una di fronte all'altra, ci salutammo come se fossimo due estranee. Poi a testa bassa, tenendo il fratello per mano, se ne andò. Io non credo che lo facesse di sua volontà, comportarsi così con me. Ma la vita è cattiva, ha voluto separarci...»

«E Pietro, che fine ha fatto?»

«Pietro... È annegato nel Po. Era il 1948, aveva solo sei anni. Quando successe Angela era con lui. Poco dopo se ne andò dal paese...»

«Che storia terribile...» sussurra Annabella.

«Il corpo di Pietro non è mai stato trovato. Chissà dove l'hanno trascinato le correnti del fiume...»

«Sono scioccata. Non immaginavo che la giovinezza della nonna fosse stata così triste. E tutto questo con l'aggravante della guerra. Quante cose non sapevo di lei...»

«Oh, cara, non rammaricarti. La guerra ha lasciato dentro di noi profonde e insanabili cicatrici. Forse, come tante altre persone, Angela ha voluto solo andare avanti e non guardarsi alle spalle.» Le due restano un attimo in silenzio, immerse nei ricordi. «Francesco mi ha detto che hai ereditato villa Bramante, che Angela te l'ha lasciata. Stai pensando di venderla?» le domanda tentando goffamente di mettersi in piedi.

Annabella si alza insieme a Francesco per aiutarla. «Non ho ancora deciso» risponde, sistemandole sulle spalle lo scialle scivolato via.

Adele si aggrappa al braccio del nipote e poi la fissa dritto negli occhi. «Cara, non ti nascondo che, visto lo stato in cui è ridotta, non saprei neanche io se tenerla. Però, sono convinta che riportarla ai fasti di un tempo sarebbe meraviglioso. È un pezzo della storia di tutti noi, oltre che della famiglia Bramante» le fa presente incamminandosi verso l'uscita.

«Grazie della cena, Adele. Davvero...» le dice riconoscente Annabella.

«Quando vuoi, cara. Quando vuoi.»

Francesco si gira e le fa segno di farsi trovare fuori in giardino. Lei alza verso l'alto il pollice, mentre un vortice di pensieri le occupa la mente.

* * *

«La nonna ti ha spossata, vero?» le chiede Francesco, seduto vicino al fungo a gas.

«Direi che la cena è stata più che interessante. Sentir parlare delle sofferenze di mia nonna mi sta facendo riflettere parecchio» gli risponde Annabella, scartando un cioccolatino e mangiandoselo.

«In che senso?»

«Forse dovrei tenerla, la villa. E in qualche modo sistemarla. Sì, insomma, senza fretta. Un po' per volta. Magari potrei mettere in ordine la casa sul retro, così avrei un posto dove fermarmi durante i lavori.»

«Mi sembra una buona idea. Altrimenti puoi sempre alloggiare qui in albergo...»

Annabella gli lancia addosso la carta appallottolata del cioccolatino. «Tu ti stai prendendo troppe confidenze, lo sai?»

«Pardon, non volevo essere così antipatico. Adesso che ci penso, come siamo passati a darci del tu, *signorina*?» scherza lui.

Annabella si siede e incrocia le braccia. «Sei sempre così, nella vita?»

«Eh, sì. E tanto orgoglioso di esserlo!»

Annabella, guardandolo, sente muoversi un sentimento sconosciuto nel petto. Imbarazzata, si alza e fa per avviarsi alla porta. «Vado in camera, sono stanca e non vorrei fare tardi...»

«Annabella, ho detto qualcosa che non va?» le domanda Francesco, mettendosi in piedi.

«No, tutt'altro. Sei davvero carino...»

Francesco resta fermo con le mani in tasca. «Anche tu...» sussurra piano, osservando la porta chiudersi dietro di lei.

8

La settimana seguente, Annabella, impaziente, suona il campanello dello studio dell'architetto. Dopo aver visitato in quei giorni le città vicine, Bologna, Ferrara, Padova e la meravigliosa Venezia, svagandosi il più possibile e perdendosi in una strana e rassicurante vacanza 'forzata', è tempo di tornare alla realtà.

Andrea le apre la porta e la fa accomodare. «Tutto bene?» chiede stringendole la mano.

«Sì, grazie. Questa settimana ne ho approfittato per fare la turista.»

«Ha fatto bene» le dice con un ampio sorriso.

Tre grandi scrivanie grigie dalle linee moderne ed essenziali occupano l'ampio ufficio, illuminato da alte e luminose finestre. Vicino a queste, Annabella nota dei contenitori di cartone colmi di rotoli, pratiche e fogli impilati. A lato dell'ingresso, un piccolo angolo cucina con la macchina per il caffè, delle tazze e vari tipi di zucchero in diverse bustine colorate catturano la sua attenzione.

«Complimenti per l'ufficio. Molto bello!»

«Grazie. È un mio progetto. Ho curato tutto nei minimi particolari. Amo gli ambienti moderni. È lo stile in cui mi muovo meglio, diciamo così, anche se la mia anima artistica mi porta poi a lavorare spesso a progetti di tutt'altro genere, come Villa dei Conti Bramante. Sono loro il mio ossigeno. Sono luoghi che mi fanno sognare.»

«Già, sono una fotografa, e la capisco benissimo. Io sono attratta da prefabbricati fatiscenti, vecchi e sporchi. Ma, davanti a progetti moderni, resto a bocca aperta.»

«Ah, noi creativi siamo un mondo a parte!» esclama Andrea, indicandole dove sedersi. Annabella gli sorride e si accomoda su una sedia in acciaio che sembra tessuta da un ragno, talmente è perfetto il suo intreccio. «Allora» comincia l'architetto sistemandosi dall'altra parte della scrivania. «Ho fatto tutte le ricerche del caso e buttato giù un progetto che vorrei poi farle vedere. Prima però, vorrei iniziare da una cosa fondamentale. La villa, nonostante gli affreschi ormai scomparsi, deve sottostare a specifiche e rigide regole dei Beni culturali. La cosa positiva, però, è che non avendo nessun documento che possa testimoniare lo stile e gli autori delle decorazioni, abbiamo un certo margine di azione. Il salone, invece, visto che si è preservato più che bene, a mio parere dovrebbe essere mantenuto così com'è. Potremmo togliere gli specchi, ristrutturare le pareti sottostanti e in seguito rimetterli al loro posto. Il resto è più che gestibile.»

Annabella annuisce con la testa. «Devo prenderla come una bella notizia allora... Anche se la cosa mi fa comunque paura.»

«Lo so. Il restauro non è semplice. I tempi saranno lunghi, e i pensieri molti. Ma credo che ne valga la pena. Qualora non volesse prendersi questo impegno e volesse venderla, mi sono permesso di fare una stima con un mio collega. È questa» dice allungandole un foglio con sopra il valore dell'immobile.

Alla vista del costo Annabella strabuzza gli occhi. «È una somma considerevole...»

«Qualora si optasse per un restauro, gli interventi che servono ammontano a questa spesa» e le porge il preventivo.

Annabella legge per ben tre volte i numeri, che le sembrano non finire mai, poi si appoggia allo schienale. «Sapevo che sarebbe stata alta, ma non immaginavo così tanto.» *Nemmeno se metto insieme tutto il patrimonio di famiglia arrivo a questa cifra*, pensa.

«Prima di prendere una decisione, vorrei mostrarle una parte del progetto che ho sviluppato con i miei collaboratori. Poi, se vuole un consiglio, si prenda tutto il tempo che le serve per riflettere.»

«Okay, mi faccia vedere. In questo modo potrò chiarirmi le idee.»

Andrea apre il pc che ha davanti e l'accompagna in un viaggio fatto di immagini virtuali molto realistiche che, senza accorgersene, la trascinano in una dimora finemente ristrutturata e arredata in maniera impeccabile. Stanze dalle atmosfere calde e accoglienti, finestre che affacciano su un giardino ampio e ordinato.

«È bellissima. Come ha fatto a figurarsela così?» gli chiede esterrefatta. «Nemmeno usando tutta la mia fantasia sarei mai riuscita...»

«Sono contento che le piaccia!» Poi estrae una chiavetta usb e la fa scivolare sulla scrivania davanti a lei. «Se la porti in albergo. Studi il progetto, ci pensi e, quando sarà pronta, ne riparleremo.»

«Sì, farò così, grazie» gli dice prendendo la chiavetta e rigirandosela tra le dita.

* * *

«Allora, com'è andata con Andrea?» le domanda Francesco una volta tornata in albergo.

«Direi bene, a parte il fatto che il progetto è costosissimo...» risponde Annabella, prendendo un pezzo di pane dal cestino che il ragazzo ha appoggiato poco prima sul tavolo.

«Presumo che tu non abbia ancora deciso...»

«No, e la cosa mi inquieta parecchio. È un progetto che mi porterà via almeno quattro anni. Per non parlare di eventuali intoppi che potrebbero sorgere durante i lavori. Insomma, chi si è mai occupato di questo tipo di cose?» esclama lei più che alterata.

«Aspettami qui» le dice lui alzandosi e allontanandosi. Annabella lo attende e, in preda al nervosismo, divora un altro pezzo di pane. «Vieni, usciamo. Ti porto in un posto» le dice arrivandole alle spalle con il cappotto in mano.

«Ma come farai? Devi lavorare. Sicuro che puoi mollare tutto così?»

«Io posso. Mia mamma si occuperà di ogni cosa. Non preoccuparti.»

Annabella torna in camera, prende la giacca di lana e la borsa e, senza rimuginarci troppo su, si precipita di sotto. Clelia sta passando fra i tavoli con una bottiglia di vino bianco in mano; si incrociano e, come sempre, le dona un largo sorriso. «Buon divertimento ragazzi...» le dice, in modo allusivo.

Annabella arrossisce e con un leggero senso di colpa pronuncia uno striminzito «grazie!» prima di scivolare fulminea all'aperto.

«Eccoti, vieni!» la incita Francesco, prendendola per mano.

Sempre più perplessa, Annabella accetta di farsi trascinare in questa avventura. Lui la fa salire sull'auto, chiude lo sportello e poi si sistema al posto di guida. «Ti porto a mangiare una pizza. La più buona che tu abbia mai provato.»

«E lasciamo sola tua madre? Mi dispiace...»

«Scherzi, vero? Va tutto bene. Rilassati, e vivi l'attimo!»

«Come vuoi. Allora vada per la pizza!» esclama Annabella alzando una mano in segno di resa.

Francesco la conduce alla Pizzeria Mafalda, un locale moderno dai colori sgargianti e allegri, poco distante dal paese. La invita ad accomodarsi a un tavolo laterale e, contento e soddisfatto, si siede di fronte a lei. Il cameriere, un ragazzo con un folto ciuffo di capelli sparati in aria, porta subito i menù. Tutti e due scelgono in pochi minuti e ordinano.

«Non c'è molta gente» osserva Annabella guardando i tavoli occupati.

«Meglio, così potremo parlare in tranquillità...» le suggerisce lui appoggiandosi con i gomiti al tavolo. «Adesso dimmi. Cosa ti fa innervosire così tanto?»

«Ah, non saprei. Forse non sono pronta per un progetto così

impegnativo, tutto qui» gli risponde giocherellando con l'angolo del tovagliolo.

«Sicura?»

«È difficile decidere. Vorrei ricominciare a lavorare. E stare qui, forse, potrebbe rallentare tutto...»

«Be', perché non inizi da qui?»

«Parli sul serio?»

«Sì, sono serissimo. Datti tempo, e poi fotografa i progressi della ristrutturazione. Potrebbe essere un punto di partenza per un nuovo periodo...»

Lei divertita ride. «Assomigli a una mia cara amica. Sei ottimista quanto lei.»

«Bene. Allora pensaci...»

La pizza calda e fumante arriva al tavolo. Mentre chiacchierano del più e del meno, evocando ricordi di viaggi passati, Annabella sente che la tensione accumulata durante la giornata si sta sciogliendo. Davanti a una tazza di caffè, presa alla sprovvista, Francesco le accarezza una mano.

Annabella ricambia e, senza capire la ragione, intreccia le sue dita con quelle di Francesco. «Cosa stiamo facendo?» gli domanda spostandosi una ciocca di capelli dietro l'orecchio.

Con i suoi occhi color cioccolato, Francesco la fissa dritto nei suoi.

* * *

Arrivata in camera, Annabella si rifugia sotto le coperte e analizza la serata appena trascorsa con Francesco, fino all'abbraccio timido che si sono scambiati prima che lei salisse nella sua stanza. *Ci rifletterò, ma non ora. Adesso ho cose molto più importanti su cui concentrarmi*, pensa girandosi su un fianco. Con grande fatica, ignora le sensazioni positive che le ha fatto provare Francesco e passa in rassegna gli eventi degli ultimi giorni: l'incontro con Adele, l'appuntamento con l'architetto e la situazione scomoda in cui, suo malgrado, si trova. *Come farò? Non ho tutti quei soldi per il restauro*, rimugina, cercando una posizione comoda sul cuscino. *Forse è meglio lasciar perdere. Vendere e non pensarci più...*

Una sensazione, però, sembra non volerla abbandonare. La voglia di buttarsi a capofitto in un progetto nuovo pare non darle tregua. Sbuffa e si gira sull'altro fianco, cercando di addormentarsi.

* * *

Un tonfo in corridoio la sveglia improvvisamente. Si alza di soprassalto, con il cuore che le batte all'impazzata. Controlla l'ora sul cellulare e poi si ributta a letto. *Ancora un altro po'. Ne ho bisogno*, pensa assopendosi per qualche minuto.

È seduta sotto la grande magnolia del giardino della villa. Davanti a lei Villa dei Conti Bramante risplende sotto la luce accecante del sole. Nonna Angela è appoggiata alla ringhiera del balcone in ferro e la fissa. Sorride e poi posa lo sguardo lontano, dritto davanti a lei. È giovane, porta i capelli sulle spalle e indossa un abito leggero che le sfiora i polpacci. È bellissima.

«Nonna, mi vedi?»

Lei non sente, immersa in una realtà diversa. Un bambino di circa cinque anni, con i calzoni corti al ginocchio e una camicia bianca, le si avvicina e le si avvinghia alle gambe.

«Nonna, cosa devo fare adesso?»

Lei, all'improvviso, sembra sentire la sua voce e con i suoi occhi azzurri fissa Annabella. «Fallo per me...» risponde prendendo in braccio il bambino.

D'un tratto, il fragore di una bomba esplode nell'aria. Terrorizzata Annabella si alza, corre verso la villa gridando alla nonna di scappare... Ha quasi raggiunto la scala principale quando un'onda di acqua melmosa e pesante la travolge, facendole sbattere la testa contro qualcosa di duro. Intontita e dolorante, Annabella cerca in tutti i modi di non affogare, ma viene trascinata verso il basso. Sempre più a fondo. Le manca il respiro, l'acqua marcia e putrida le si infila in gola, sempre più scura e spietata. Tossisce, grida, tenta di aggrapparsi a qualsiasi cosa la faccia rimanere a galla.

Le forze la stanno abbandonando. L'impeto dell'acqua sta avendo la meglio…

Annabella si solleva di colpo dai cuscini e respira affannosamente. Le manca l'aria. Tremante, stringe forte le coperte.

«Oddio!» esclama spostandosi i capelli dal viso.

Gradatamente, la sensazione di essere trascinata verso il basso si allontana. Si lascia cadere sul letto e, affannata, cerca di recuperare una respirazione normale. *Ma che razza di incubo era…*

* * *

Due ore più tardi, appoggiata alla magnolia, Annabella osserva la villa. Apre la borsa, estrae la macchina fotografica e, dopo mesi, senza pensarci troppo, scatta la fotografia. Tremante ed emozionata si chiede se la decisione che ha preso è giusta. *Come dicevi tu, nonna. Mai arrendersi davanti alle difficoltà,* riflette asciugandosi una lacrima che le scivola sulla guancia.

9

Seduta su una delle panchine della piazza, Annabella prende il cellulare dalla tasca del giaccone e chiama Giorgio.

«Presumo che tu mi abbia telefonato per comunicarmi la tua scelta» le dice il notaio, dopo essersi accertato che stia bene.

Annabella si passa una mano tra i capelli. «Sì, ho deciso. Sarò pazza, Giorgio, ma credo che la cosa migliore sia imbarcarmi in questo folle progetto di ristrutturazione» gli comunica emozionata.

«Sono contento che tu abbia preso questa decisione. Da come Angela mi parlava della proprietà, sono convinto che in fondo a se stessa sperasse che tu te ne occupassi.»

«Già, se lo dici tu mi fido. Sai, ho conosciuto una donna qui, in paese. Una signora anziana che le voleva molto bene. Mi ha parlato della nonna, di quando era giovane. Dopo quello che mi ha raccontato capisco perché ha voluto tenersi tutto dentro. Ha sofferto parecchio...»

«I tempi in cui è vissuta non sono stati dei più semplici. Se non ti ha fatto sapere nulla del suo passato ci saranno stati dei validi motivi.»

«Sai, Giorgio, faccio questa cosa per renderle onore. Se lo merita. Anche se, francamente, non so dove trovare il denaro necessario. Non bastano tutti i soldi che possiedo. Al momento posso permettermi di ristrutturare solo una parte della villa.»

Giorgio si schiarisce la voce. «Annabella, alla luce della decisione che hai preso, è arrivato il momento di informarti che Angela ti ha lasciato un'altra eredità, aggiuntiva...»

«Come scusa?» Annabella cammina avanti e indietro per la piazza, nervosa.

«Al telefono non posso rivelarti altro. Ci dobbiamo incontrare di persona.»

«Ah, d'accordo... Allora dammi il tempo di organizzarmi. Non appena sono a Torino mi faccio sentire.» Poi resta un attimo in silenzio. «Ascolta, devo preoccuparmi?» gli chiede prima di riagganciare.

«No, Annabella. Aspetto tue notizie» le risponde Giorgio prima di salutarla.

Con le parole di Giorgio che le occupano la mente, rientra in albergo e pianifica il viaggio di ritorno a Torino. Poi scende e informa Clelia e Francesco dell'improvvisa partenza.

«Spero che ritornerà, signorina Falconieri» le dice Clelia.

Francesco, in piedi vicino alla madre, si è fatto serio.

«Credo proprio di sì. Vado a Torino per questioni burocratiche. Ritornerò il prima possibile. Villa dei Conti Bramante mi aspetta...» le spiega lasciando la frase in sospeso e guardando negli occhi Francesco.

«Ne sono felice. Quella casa merita parecchie attenzioni.» Annabella le sorride senza spostare l'attenzione da Francesco. «Scusate, ho delle faccende da sbrigare...» conclude Clelia, mentre si allontana dalla reception.

«Ti va di cenare con me, stasera? Prenoto in un posto molto carino» le chiede Francesco.

«Sì. Perché no?» gli risponde lei con un nodo allo stomaco.

* * *

Annabella, nervosa, pigia il campanello di casa di Francesco. Dopo pochi secondi, sente i suoi passi veloci avvicinarsi alla porta. Francesco le apre e, in evidente imbarazzo, si sistema i capelli con un gesto nervoso.

«Ben arrivata!» balbetta accogliendola all'ingresso e intravedendo sotto il cappotto l'abito fasciante nero che le arriva sopra il ginocchio.

Annabella trattiene un sorriso, deve averlo lasciato senza fiato. «Grazie» e impacciata aspetta che la faccia entrare.

«Scusa. Prego, vieni pure dentro.»

Fa qualche passo in avanti e osserva l'appartamento: è arredato in modo semplice, con mobili dai colori scuri e dall'aspetto funzionale e moderno. Molti quadri stravaganti, con le cornici nere e opache, sono appesi qua e là alle pareti del salotto. Un divano basso, grigio, con i piedini in acciaio, si trova nell'angolo opposto della sala. Di fronte, posto su un mobile dalle linee essenziali, c'è un grande televisore.

«Bella casa» si complimenta sorridendogli.

«Spero non ti dispiaccia se ti ho fatto venire a casa mia stasera. Almeno qui potremo parlare senza che nessuno ci disturbi. Ti andrebbe qualcosa da bere? Ho una bottiglia di vino in frigo. Ti piacciono i bianchi? Altrimenti, in alternativa, ho un buonissimo rosso» le propone, con apparente disinvoltura. Annabella non è abituata a vederlo in difficoltà e la cosa, in un certo senso, le fa piacere. La diverte. Si toglie il cappotto e posa la borsa sul divano, si siede su uno sgabello della piccola penisola della cucina e accavalla le gambe. «È perfetto il bianco. Grazie.»

Lo vede gettare un occhio sulle sue gambe appena coperte da un sottile collant nero. Poi, distogliendo velocemente lo sguardo, Francesco prende la bottiglia dal frigorifero e la apre. «Allora, quando parti?» le domanda, schiarendosi la voce e versando il vino in due calici.

«Domani alle dieci ho il taxi. Ho già consegnato la macchina a noleggio.»

Francesco le porge il bicchiere. «Non se ne parla, ti accompagno io in stazione.»

«Non ce n'è bisogno. Davvero, Francesco. Ti ho fatto assentare anche stasera dal lavoro. Non voglio dare altri problemi a tua madre.»

«Tu non sei un problema… E mia madre è capacissima di cavarsela da sola. Te lo posso assicurare» dice fissandola intensamente negli occhi.

Annabella abbassa lo sguardo e sospira. «Senti, Francesco, io… Cosa c'è tra noi?» trova il coraggio di chiedergli.

Francesco, ansioso, si siede sull'altro sgabello, di fronte a lei. Le sfila il bicchiere per appoggiarlo sul banco, e poi le prende le mani. «Arrivo dritto al punto. Perché non siamo più due ragazzini. Tu mi piaci. Non ti so spiegare cosa mi sta succedendo, Annabella, ma sono certo che un sentimento così non l'ho mai provato…»

Annabella alza lo sguardo e si tuffa nei suoi occhi color cioccolato. «Hai ragione… Credo sia meglio essere onesti e schietti. Non mi sono mai piaciuti i giri di parole. Ti trovo davvero interessante, e avverto anch'io delle sensazioni forti, non era mai accaduto nemmeno a me… E la cosa, in questo momento, mi spaventa. Ho perso troppe persone care in questi mesi, non voglio soffrire ancora…»

Francesco si alza, l'attira a sé e l'abbraccia. «Non lo farei mai, Annabella... Non ti farei mai del male. Credimi» le sussurra all'orecchio.

Fra le sue braccia lei sospira. «Grazie» gli dice appoggiata al suo petto. «Dammi solo un po' di tempo.»

«Tutto il tempo che ti serve. Io sarò qui ad aspettarti. Te lo prometto.»

Annabella alza la testa e senza pensarci lo bacia. Francesco ricambia il bacio con passione mentre la stringe più forte a sé.

Senza nemmeno rendersene conto si ritrovano avvinghiati l'uno all'altra, distesi sul divano. Annabella si sente capita, i gesti e le parole dolci di Francesco la fanno sentire al sicuro. Percepisce che Francesco vorrebbe toglierle tutto il dolore che si porta addosso…

«Forse sto sbagliando tutto. Sono un'incoerente, lo so» bisbiglia lei a occhi chiusi tra un bacio e l'altro. «Ti ho appena detto che voglio andare con calma» continua, mentre lui le mette una mano tra i capelli e con il pollice le accarezza la guancia. «Ma sei così, così…» stringendolo ancora più forte, lo bacia sul collo.

Francesco sospirando le mette un dito sulle labbra e all'orecchio le sussurra: «Non mi devi spiegare niente. Sii solo te stessa...»
Annabella sorride e si lascia andare completamente.

* * *

Il mattino seguente Francesco accompagna Annabella alla stazione. Sale con lei nel treno, le mette la valigia nella cappelliera, ma prima di scendere la prende tra le braccia. «Mi mancherai. Mi ero abituato a vederti in questi giorni...»
«Non starò via molto. Promesso. Villa dei Conti Bramante mi aspetta. Ricordi?»
«Allora fammi sapere. Ti posso chiamare stasera?»
Annabella sorride e gli stampa un bacio sulla bocca. «Certo. *Devi* chiamarmi.»
Lui la stringe ancora a sé e poi si allontana. «Buon viaggio!»
«Grazie, a più tardi!»
Francesco scende dalla carrozza e si dirige verso l'uscita. Annabella lo guarda allontanarsi. Il cuore sembra scoppiarle nel petto. Avrebbe voluto dirgli tante cose. Parlare con lui e trascorrere ancora del tempo insieme. All'angolo della banchina, lui si gira un'ultima volta, le accenna un rapido saluto con la mano e poi sparisce dalla sua vista. Annabella sorride e si siede. Non appena il treno parte, stanca per la nottata trascorsa, chiude gli occhi. Il suo pensiero vola al modo in cui ha fatto l'amore con Francesco, alla complicità che c'era tra loro, alla naturalezza con cui si sono cercati e lasciati andare. Alle sue mani, alla sua bocca morbida e alle sue braccia muscolose e solide. *Cosa ho fatto?*, pensa sentendosi avvampare le guance e stringendosi nella giacca. *Sono pazza. E se avessi sbagliato? Se mi stesse prendendo in giro?* Con la mano si accorge di uno strano rigonfio nella tasca. Curiosa, estrae il contenuto: tre cioccolatini fondenti. Annabella ride e si morde il labbro inferiore. *No, non mi sta prendendo in giro*, e ne scarta uno.

10

Torino

Annabella siede a un tavolino di un bar del centro. Rilegge i messaggi che Francesco le ha mandato. *Assomiglio a una scolaretta alla prima cotta...*

«Eccoti qui!» la saluta Alessandra avvicinandosi.

Annabella alza la testa e poi l'abbraccia forte. «Ciao pazza! Avevo così tanta voglia di vederti!»

«Anch'io. Adesso però sediamoci. Dalla tua faccia intuisco che hai un sacco di cose da raccontarmi...»

«Mi conosci troppo bene. Per te sono come un libro aperto...»

«Spara. Voglio i dettagli!»

Annabella le racconta tutto, della villa, di Adele e anche di Francesco; poi, esausta, si appoggia allo schienale e incrocia le braccia.

«Tutto questo in poche settimane? Maledetto lavoro!» esclama Alessandra alzando le braccia al cielo.

Alla sua reazione Annabella ride. «Non essere sciocca. Il ristorante è più importante. Non preoccuparti. Ti ho riassunto tutto adesso. Cosa cambia?»

«Nulla, hai ragione. Comunque ritorniamo a noi... L'unica cosa che mi sento di dirti è di godertela. Se ti piace, provaci» la esorta Alessandra, strizzandole un occhio e facendo un cenno al cameriere.

Il ragazzo si avvicina al tavolo e prende le ordinazioni, e poi si allontana.

«Scusa, ma ho bisogno di un caffè e di un bombolone. Ieri sera, tra una cosa e l'altra, ho chiuso il locale alle due. Ho una fame!» esclama Alessandra avvicinandosi a lei. «Tu, invece, sei riuscita a dormire stanotte? Come è stato ritornare a Torino?»

«A dirti la verità, è stato strano. La casa della nonna, senza di lei non sembra più la stessa...»

«È normale. Ti servirà del tempo per vederla sotto un altro aspetto. A proposito, Angela è davvero piena di sorprese... Ti ha lasciato un'altra eredità. Secondo te perché ha fatto tutto questo?»

«Non ne ho idea. E non so nemmeno in cosa consista questo ulteriore lascito...»

«Coraggio, magari è una cosa bella, no?»

«Lo scoprirò oggi pomeriggio. Vedremo. Spero non sia un'altra vecchia casa diroccata!» scherza Annabella.

Intanto il cameriere arriva con le comande e poi torna al bancone.

«Quando pensi di ripartire?» le chiede Alessandra, addentando il bombolone.

«Tra qualche giorno. Devo ancora organizzarmi. Forse sono stata un'incosciente a prendermi questa responsabilità...»

«Non penso. Ti conosco, tu non faresti nulla se non ne fossi convinta» dice Alessandra puntandole il dito contro.

«Mi domando solo una cosa... Se non avessi accettato, cosa ne sarebbe stato dell'altra parte dell'eredità?»

«Chiedilo al notaio... A me sembra strana questa storia.»

Annabella mette una bustina di zucchero nel suo caffè e lo mescola pensierosa. «Anche a me...»

* * *

Nello studio di Giorgio, Annabella attende seduta nella poltrona di fronte alla scrivania.

«Eccoti qui. Ben arrivata! Come è andato il viaggio?» le chiede Giorgio entrando.

Annabella si alza e gli va incontro. Lo abbraccia e si risiede. «Tutto bene. Grazie.»

Giorgio sorride, si accomoda e la osserva per un lungo attimo. «Ti trovo meglio dell'ultima volta che ti ho vista. Sembri diversa...»

«Sì, in effetti mi sono riposata. Anche se ti confesso che i pensieri non mi mancano. Non so ancora se ho fatto bene a imbarcarmi in questa avventura.»

«Perché?»

«Come ti dicevo al telefono, non ho abbastanza soldi per affrontare la mole di lavoro che mi aspetta.»

«Sì, mi dicevi...»

«Poi viene fuori questa storia di un'altra eredità. Ho le idee un tantino confuse in questo momento. Cosa sta succedendo?»

Giorgio si fa serio e apre la cartellina di fronte a lui. Estrae un foglio e lo fa scivolare sulla scrivania verso di lei. Annabella, titubante, lo prende e comincia a leggere il breve scritto redatto dalla nonna. La cifra indicata a margine le toglie il respiro. Non capisce.

«Da dove vengono tutti questi soldi?»

«Quando Angela è venuta qui in studio mi ha solo detto che erano suoi e che potevano essere usati unicamente per il restauro di Villa dei Conti Bramante» le risponde Giorgio.

«E se l'avessi venduta? Dove sarebbero andati a finire?»

«In beneficenza. Queste sono state le volontà di Angela.»

«E io non ne avrei saputo niente?»

«Saresti rimasta all'oscuro, sì» conferma il notaio prendendo una busta gialla sigillata. «Questa è per te. Lei voleva che te la dessi una volta presa la decisione.»

Annabella stringe l'involucro e lo soppesa tra le mani. «Che cos'è?»

«Lo scoprirai da sola... Ho eseguito le sue volontà, non c'è più nulla da nasconderti. Diciamo che il mio lavoro di notaio termina qui.»

Annabella scuote la testa e poi all'improvviso scoppia a ridere. «E io che credevo di andare in bancarotta!»

Giorgio sorride insieme a lei. «Angela avrebbe voluto vederti così: serena.»

Nel frattempo le prime lacrime compaiono sulle guance di Annabella. «E io che pensavo di conoscerla...»

«Non si finisce mai di conoscere le persone... Non è forse questo il bello?»

* * *

A Villa Magnolia, sul tavolo della cucina Annabella trova una torta margherita e un biglietto: Giuseppina la informa che l'indomani arriverà per le nove e trenta. Affamata e attirata dal profumo invitante del dolce, Annabella se ne taglia un'abbondante fetta, divorandola in pochi bocconi. In salotto si siede sulla poltrona e sfila dalla borsa la busta gialla della nonna. Rannicchia le gambe e la apre. Sbircia dentro e rovescia l'involucro facendo scivolare fuori il contenuto: un diario. Lo osserva incerta sul da farsi. Accarezza la copertina di pelle. *Perché, nonna?*

Con delicatezza apre la copertina e sfoglia le pagine. La grafia è piccola e stretta, le righe sono fitte. *Se non conoscessi la scrittura della nonna, penserei che è scritto da qualcun altro...* All'improvviso un peso nel cuore le impedisce di continuare e con un gesto deciso chiude il diario. Non è certa di voler conoscerne il contenuto. Ha l'impressione di andare a frugare in un passato che non le appartiene. Ma subito pensa alle parole che le ha detto Giorgio, agli eventi che le sono stati raccontati da Adele. *Se ha voluto questo, ci sarà un motivo.* Così riapre la copertina e gira la prima pagina. Una lettera su carta avoriata scivola fuori dal volume; Annabella la raccoglie e con delicatezza la apre.

Cara Annabella,

se sei arrivata fino a questo punto, significa che hai accettato di ristrutturare Villa dei Conti Bramante. Non potrei esserne più felice. Spero tanto che diventi bella come quando ero piccola. La mia vita in quella casa non è sempre stata spensierata. Ero contenta solo nei momenti in cui stavo lontana da mio padre…

Lo scoppio della Seconda guerra mondiale, sfortunatamente, coincide con l'inizio della mia personale e instancabile battaglia… Si è svolto tutto in quella proprietà… Fontana a Po in quel periodo era abitata da settemila anime. Sì, perché non erano più persone, ma solo l'ombra lontana di loro stesse. Anime che vagavano per le vie del paese alla disperata ricerca di una perduta normalità. Sopravvivevano a una guerra spietata, colma di calcinacci e cenere. La cenere delle bombe che si mescolava alle macerie delle case rase al suolo.

Non voglio raccontarti tutto ora. Per capire la mia storia, la mia vita, devo proseguire con ordine. Voglio che tu comprenda bene gli eventi che sono accaduti in quel periodo e i motivi che mi hanno spinta a compiere determinate azioni. Così ho deciso di partire dall'inizio, dai fatti accaduti ancora prima della mia nascita, per arrivare poi ai miei ricordi di bambina, incisi in maniera indelebile dentro di me. Le pagine che leggerai conservano ciò che non ho mai raccontato a nessuno. Spero tu comprenderai perché ho taciuto con te fino a questo momento… Ma ora è necessario che tu conosca la verità.

Ti vorrò per sempre bene,

Angela Bramante

Annabella alza gli occhi e si guarda attorno. La villa pare essersi fatta più silenziosa. Tutti gli oggetti che la circondano attendono di scoprire la storia di Angela. Incerta se proseguire o no, richiude il diario. *Adesso no. Non è il momento*. Annabella decide di rimandare la lettura a quando sarà tornata a Fontana a Po. *Deve accadere là,* pensa. Accarezza con le dita la copertina del diario e poi lo ripone nella borsa. Prende il cellulare e chiama Francesco.

«Ciao, come stai?»

«Io bene, e tu?»

Annabella gli racconta, senza tralasciare nessun dettaglio, l'incontro con il notaio e l'inizio del diario della nonna. «Sono curiosa, lo ammetto. Ma non è il momento giusto. Voglio leggerlo lì, a Fontana a Po. Credo di doverglielo.»

«Allora torni?»

«Ti telefono proprio per questo. Ti è rimasta una stanza libera?»

«Certo. La stessa, se ti va!»

«Perfetto, allora aspettami per dopodomani» gli riferisce mordendosi il labbro inferiore e spostandosi i capelli di lato.

«Dimmi a che ora devo venire a prenderti.»

«No, chiamo un taxi dalla stazione.»

«Dimmi a che ora devo venire a prenderti e basta» insiste.

«Come vuoi tu... ti scrivo.»

«Ho voglia di rivederti.»

«Dici sul serio?»

«Non dico mai bugie, io! Sono un bravo ragazzo...»

Annabella sorride. «Lo so...»

* * *

Il mattino seguente Annabella incontra Giuseppina indaffarata in salotto. Subito la mette al corrente di tutto e le chiede di occuparsi come al solito della villa in sua assenza. «Appena potrò, farò un salto qui» la rassicura notando un velo di tristezza nei suoi occhi.

«Quello che mi dispiace è che non ti vedrò per un bel po' di tempo, temo. Se i lavori saranno così impegnativi, immagino che non tornerai tanto presto a Torino.»

«Non ti so proprio rispondere, Giuseppina. Ma ti chiamerò, non preoccuparti.»

La donna, rincuorata da quelle parole, si rasserena. «Scusa cara, sono solo una vecchia brontolona. Tu sei giovane e devi fare quello che ti senti» le dice con il suo solito sorriso sincero.

«No, non sei una brontolona... sei solo preoccupata per me. Ma, come dicevo sempre alla nonna, sono grande abbastanza per badare a me stessa, e matura per non dimenticarmi delle persone a cui voglio bene...» e la abbraccia stretta.

«Oh, adesso basta, altrimenti mi farai piangere. Devo sbrigare delle faccende...» annuncia Giuseppina staccandosi da lei. «A proposito... Ieri, mentre mettevo in ordine le cose di Angela, nell'armadio ho trovato una Bibbia con dentro la fotografia di un bimbo. Aspetta, l'ho tenuta da parte per te» la informa, andando in salotto e aprendo il primo cassetto di un comò antico. Tira fuori il volume e lo allunga ad Annabella, che lo prende e lo apre. Dentro trova la metà di una fotografia strappata. Osserva il modo in cui il bambino è vestito e subito si porta le mani alla bocca. Le manca il respiro, deve sedersi.

«Oh, mio Dio...»

«Cosa succede?» chiede preoccupata Giuseppina, raccogliendo la foto volata a terra e porgendogliela.

Annabella si sente la bocca asciutta e prova a deglutire. «Niente, niente. Scusami. Credo di essere stanca...» risponde riponendo la fotografia dentro al libro.

«Ti preparo un tè caldo, cara. Vedrai che ti farà bene» e si allontana verso la cucina.

Annabella, rimasta sola, riprende la fotografia strappata che custodisce in borsa da giorni e l'avvicina all'altra metà. Combaciano alla perfezione. Non solo: il bambino è identico a quello del suo sogno. Stessa camicia, stessi pantaloni e stessi capelli. *Ma come è possibile?*, si domanda passandosi una mano sulla fronte. *Che sia il fratello della nonna?*

Recupera un pezzo di nastro adesivo nello scrittoio e cerca di sistemare alla bell'e meglio le due metà. Poi rimette la fotografia nella borsa. Intanto Giuseppina torna con una tazza di tè bollente.

«Sei pallida» constata accarezzandole il viso, «...e fredda» aggiunge apprensiva.

«Non è niente, davvero, grazie per il tè. Ma Giuseppina... La nonna ti ha mai raccontato di un fratello?»

«Non che io ricordi, cara...»

«Ti ha mai parlato della sua vita passata, prima del matrimonio col nonno?»

«Non l'ha mai fatto. Mi spiace, era una donna molto riservata.»

Annabella le sorride. «Non c'è problema. Grazie ancora a te. Anzi, se vuoi andare a casa, vai pure. Per oggi hai fatto abbastanza...»

«Ma sono appena arrivata... Ho così tante cose da sbrigare...» afferma perplessa.

«Prenditi una giornata libera e fatti un giro. Qui ci penso io.»

Giuseppina la guarda storta. «Sei sicura di sentirti bene?»

«Sì, ho solo bisogno di stare sola. Mi preparerò le valigie e sbrigherò le ultime cose. Tutto qui, davvero.»

«Come vuoi tu. Allora torno domani. Se non ci vediamo, ti auguro un buon viaggio.»

Annabella la accompagna alla porta e la saluta con un abbraccio. Quando rientra, tira fuori di nuovo la fotografia e la studia nei minimi particolari. *Incredibile...*

* * *

Il treno rallenta nei pressi della stazione. Annabella cala il berretto di lana appena sopra gli occhi e attende che si fermi del tutto. Quando scende, vede subito Francesco che l'aspetta sulla banchina vuota. Cammina dritto verso di lei, indossa dei pantaloni neri, un giubbotto grigio e un paio di scarpe comode sportive di un colore acceso e sgargiante. Il cuore sembra uscirle dal petto da quanto le batte forte. Gli sorride. Il passo deciso e l'atteggiamento maturo dell'uomo l'hanno colpita dritto allo stomaco. *Non credevo mi fosse mancato tanto. Solo adesso me ne rendo conto*, pensa Annabella, accelerando il passo.

«Sei bellissima, Annabella» le dice lui, abbracciandola e baciandola.

«Grazie, ma in questo momento mi sento uno straccio...»

«Tu, uno straccio? Ma ti sei vista! Secondo me lo dici solo perché ti piace sentirti dire che sei bella...»

«Ma senti un po', ma chi ti credi di essere?» gli domanda, dandogli una spinta e ridendo.

«Il tuo autista, per il momento. E visto che ti senti uno straccio, ti ho portato una cosa che ti ridarà la carica» e, incuriosendola così, sfila una confezione di cioccolatini dalla tasca del giubbotto.

«Diciamo che sei bravo a farti perdonare» ammette lei prendendo il pacchetto.

Escono insieme dalla stazione e, scherzando, salgono in macchina e si avviano verso l'albergo. Arrivati a destinazione, Francesco le dà la chiave della stanza e poi la accompagna. «Ci vediamo più tardi per cena. Ti aspetto.»

Annabella annuisce e si chiude la porta alle spalle. Quindi ripone nell'armadio il contenuto della valigia e si riappropria della stanza, facendola diventare un po' sua.

* * *

Il mattino seguente scende al pianoterra per colazione e Clelia la saluta calorosamente, impegnata a mettere un cesto colmo di pagnotte di pane ancora calde sul tavolo del buffet.

«Hai dormito bene?» le chiede. «Possiamo darci del tu? Hai quasi la stessa età di Francesco. Potresti essere mia figlia...»

«Certo. Mi farebbe piacere» risponde lei sentendosi parte di un qualcosa che ancora le sfugge.

Clelia sorride e si allontana.

Annabella mangia e poi si precipita fuori. Deve incontrare l'architetto per parlare di come impostare i lavori alla villa. Prima, però, controlla con il cellulare che il bonifico dell'eredità aggiuntiva della nonna sia stato versato sul suo conto corrente.

Si dirige alla villa e aspetta Bellin, che arriva alle sue spalle e, felice, le allunga la mano. «Bentornata! Presumo che abbia accettato la mia proposta, se mi ha fatto venire fino a qui» le accenna speranzoso.

Annabella, orgogliosa, alza il mento verso la dimora. «Sì, direi che i lavori si possono cominciare il prima possibile!»

Soddisfatto, Andrea le stringe la mano un'altra volta. «Sarà un vero piacere lavorare a questa meraviglia.»

* * *

Tra le braccia di Francesco, stesa nel letto del suo appartamento, Annabella si ferma a pensare alle settimane appena trascorse. Su come le cose siano cambiate così velocemente. Su come un uomo, di cui non immaginava nemmeno l'esistenza, sia entrato in punta di piedi nella sua vita, e su come la faccia sentire a casa, nonostante la loro conoscenza superficiale.

Si appoggia al petto nudo di Francesco e ascolta il suo battito cardiaco regolare, tranquillo. Il suo respiro leggero, ma profondo. Le piace stare con lui.

Francesco apre gli occhi e le accarezza i capelli. «Sei pensierosa.»

«No. Sì, forse un po'...»

«Dimmi cosa ti preoccupa...»

«Tu» gli risponde sincera.

Lui si porta una mano sotto la testa e, serio, la fissa. «Allora io sarei un problema...?»

Annabella gli accarezza il torace. «No, non volevo dire questo» si giustifica. «Il problema è che sto troppo bene con te. E non eri nei miei programmi... Non so se mi spiego.»

Francesco si gira sul fianco e le sfiora il braccio. «Allora spero di essere un bel fuori programma...» le dice baciandola piano.

«Mi pare più che ottimo» replica lei, assecondando il suo desiderio di averla ancora tutta per sé.

* * *

La mattina dopo Annabella sgattaiola fuori dall'appartamento di Francesco e ritorna in albergo. Il cielo è coperto da strati grigi e pesanti di nuvole e l'aria profuma di neve. Arrivata davanti alla porta dell'albergo, sale in camera, si fa una lunga doccia e si veste. Intanto, fuori dalla finestra, uno strato sottile di neve ha cominciato a ricoprire la strada, e i tetti sembrano rivestiti di zucchero a velo. È il giorno perfetto per *cominciare.*

Con il diario stretto fra le mani scende per fare colazione, ma prima chiede a Clelia, seduta dietro al banco della reception, se più tardi, quando gli ospiti se ne saranno andati, potrà sistemarsi accanto al caminetto a leggere.

«Cara, puoi rimanerci quanto vuoi, se ne andranno tutti questa mattina. Purtroppo, le previsioni non sono delle migliori e molti hanno preferito anticipare la partenza. Quindi fai come se fossi a casa tua…»

Annabella, sollevata, entra nella sala e si accomoda al solito tavolino. Mangia, ascolta le chiacchiere che gli ultimi ospiti si stanno scambiando e aspetta che se ne vadano. Con il pollice accarezza la copertina del diario della nonna, poi si sposta vicino alle fiamme e si accomoda su una delle due poltrone. Gira la prima pagina e mentre il fuoco la riscalda, senza nemmeno rendersene conto, si immerge nei ricordi di nonna Angela. Stralci di una vita che non conosce…

11

La storia della famiglia Bramante comincia molto tempo prima della mia nascita, il 25 giugno 1927. La villa e i vasti terreni circostanti sono appartenuti alla nostra casata da sempre...

Mio padre, Emanuele Bramante, si occupava di agricoltura e allevamento, era un uomo con molte conoscenze altolocate e influenti. Nel 1921 i braccianti alle sue dipendenze, stanchi e stremati dalle condizioni lavorative e dalle paghe troppo basse, invasero tutte le sue terre per protesta. Lui, fuori di sé, chiamò le forze dell'ordine per smorzare quell'affronto, ma nello scontro tra lavoranti e agenti, purtroppo, ci furono dei feriti. Il fatto, alquanto deplorevole, si propagò di bocca in bocca tra gli abitanti di Fontana a Po che, nonostante la gravità dell'accaduto, non osarono mettere in discussione la sua autorità, anche se, alle sue spalle, lo disprezzavano sempre di più, dipingendolo come un despota arrogante e senza scrupoli. Era odiato e temuto da quasi tutti i compaesani. E non solo. Un ristretto gruppo di quei braccianti, però, dopo quell'episodio, rimase comunque a lavorare per lui, a testa china e, non avendo altre opportunità, accettò lo stesso la miseria che mio padre dava loro.

Il 31 ottobre 1922 Benito Mussolini salì al governo. Fino alla Marcia su Roma il fascismo aveva combinato azioni terroristiche e compromesso politico, ma le cose sarebbero presto cambiate, come ben sai... E nessuno se ne rese conto, non solo in paese.

In questo clima di violenza che ormai si respirava ovunque, verso la fine degli anni Venti, un giorno mio padre, furioso, picchiò un bracciante, sfogandosi contro di lui con una tale rabbia che il poveretto, padre di quattro figli, rimase a casa per venti giorni. L'episodio non passò certo inosservato e, di conseguenza, gli altri lavoratori organizzarono uno sciopero di protesta. Tutto però si concluse con un insuccesso e varie ritorsioni da parte di mio padre verso quanti avevano osato ribellarsi un'altra volta al suo volere.

Da quello che ti sto scrivendo, bambina mia, avrai già capito che il mio 'amato' padre era un fascista, e aveva imparato benissimo tutti i metodi più subdoli e vendicativi per intimorire e minacciare le persone più deboli di lui. Ancora prima che il fascismo si facesse spazio a Fontana a Po e nei dintorni, oltre che espandersi a macchia d'olio su tutto il suolo italiano, mio padre sfruttava già al massimo i braccianti che lavoravano nei suoi campi. Per lui era importante solo il guadagno. Dei diritti, e delle loro condizioni di vita precarie e miserabili, non gli importava nulla. Aveva la cattiveria che gli scorreva nelle vene ed era in grado di spremere ogni uomo o ragazzo che fosse, pur di fare soldi. Per lui il denaro rappresentava il mezzo per distinguersi dai «poveracci», era così che chiamava quelle persone che sgobbavano e si spaccavano la schiena dalla mattina alla sera.

Nel 1933, quando avevo sei anni, ci fu un altro sciopero agricolo e mio padre, vendicativo e duro più che mai, sfruttando le sue conoscenze altolocate, fece mandare alcuni di loro al confino per punizione. E in paese molti antifascisti fecero la stessa fine: tutti spediti lontano dai loro cari e dalla loro terra.

Io allora ero troppo piccola per rendermi conto della situazione... Ero una bambina vivace e allegra e mi piaceva tanto giocare con Adele, di tre anni più grande di me. Lei era la figlia della mia bambinaia e responsabile della gestione della casa, la signora Emma: mi era stata vicina sin dalla nascita, ma solo durante il giorno. Mio padre, infatti, non voleva che Emma mi accudisse di notte. Nemmeno una sola persona della servitù poteva vagare per il corridoio della villa nelle ore notturne. In pratica, il personale arrivava al mattino presto e se ne andava la sera tardi. Gli unici alle dipendenze di mio padre che rimanevano la notte erano due uomini, Alberto Petra e Gabriele Ricca, che lo aiutavano nella gestione dei campi e si occupavano delle stalle e degli annessi agricoli adiacenti alla villa. Stavano in una modesta casa all'entrata posteriore della proprietà. Quando li guardavo mi pareva assomigliassero a cani fedeli...

Mio padre era un uomo severo, irremovibile sulle proprie idee. Io ne ero terrorizzata, non mi avvicinavo mai a lui perché mi sembrava che tra noi non ci fosse nessun tipo di rapporto, di legame. Nessun contatto sentimentale. Non mi ha mai tenuta in braccio... nemmeno una volta. Di me si prendevano cura solo le donne della casa. Mia madre, la tua bisnonna, Carlotta Astolfi, obbediva a lui come una serva, e non come una moglie. Stava sempre a testa china e vestiva con abiti a maniche lunghe anche in estate. Da bambina le chiedevo se non le dessero fastidio e lei mi rispondeva che era una freddolosa...

Tuttavia, fino a quell'età, per me, la vita era stata relativamente tranquilla. La mia stanza era grande e colma di bambole agghindate con abiti di seta, pizzi e merletti di ogni genere. Giocavo spesso con Adele, cercavo di regalarle qualcuno dei miei balocchi e le dicevo che io non ne avevo bisogno, visto che ne avevo tanti. Ricordo ancora un pomeriggio d'estate, era particolarmente caldo e umido, io ero con lei sotto alla grande magnolia. Tutte e due eravamo sedute per terra e Adele, tenera e protettiva come sempre, mi stava aiutando a vestire una bambola.

«Ti piace questa?» le chiesi.

Lei, con le guance rosse e i capelli in disordine, continuava a occuparsi del giocattolo, senza rispondere.

Io, non capendo il suo silenzio, le rifeci la domanda.

Adele alzò lo sguardo e con gli occhi che le luccicavano cominciò a torcersi le mani e annuì.

«Allora è tua. Portatela a casa. Tanto è vecchia» le dissi entusiasta.

Mi piaceva renderla felice. Non sopportavo di vederla triste. A volte mi raccontava come a casa sua i suoi genitori se la passassero male. «Non abbiamo così tante cose da mangiare» mi accennava, quando la trascinavo in cucina per fare merenda insieme a me.

Io non mi rendevo conto della situazione in cui si trovava e, testarda, quel pomeriggio, le imposi di portarsi a casa quello stupido giocattolo. Lei si alzò e poi accarezzò il viso della bambola con aria sognante.

«Grazie, Angela» mi sussurrò abbracciandomi forte. «Sai, Maria non è così buona con me. Avrei preferito te come sorella...» confessò staccandosi.

Felice di avere raggiunto l'obiettivo che mi ero prefissata, le rivelai che anche a me sarebbe piaciuto averla come sorella. Poi tutte e due ci promettemmo di essere per sempre amiche. Di non litigare mai e di aiutarci sempre. Promesse da bambini, destinate a infrangersi contro la vita...

«Giochiamo a fare le mamme? Dai, andiamo a fare un giro» e le diedi la bambola, mentre io ne presi un'altra. Ci incamminammo nel giardino con i nostri bambini in braccio. Fingevamo di essere adulte e ripetevamo cose sentite pronunciare in casa.

«Hai sentito il discorso del Duce alla radio?» le chiedevo, cullando la mia bambola.

«Sì, mio padre ascolta sempre la radio alla sera...»

Continuammo così e, senza rendercene conto, facemmo tutto il giro della villa arrivando sul retro, vicino alle stalle poco distanti dall'aia. Lì vidi mio padre parlare con Alberto Petra, un uomo sulla quarantina dall'aria dura, con lo sguardo penetrante e i capelli crespi che sembrava non ci stessero tutti sotto il cappello. Mi bloccai. Durante l'estate, quando non frequentavo la scuola del paese gestita dalle suore, io e mio padre ci incrociavamo spesso a casa, anche se facevo di tutto per evitarlo. Per me era già troppo sopportarlo durante i pasti silenziosi che si svolgevano nella sala da pranzo. Mia madre mi raccomandava ogni volta di stare zitta e mangiare, poi di chiedere il permesso per alzarmi. Odiavo quei momenti.

Così feci un passo indietro per cercare di nascondermi. Ma mentre discuteva con Alberto, si girò dritto verso di noi. Scuro in volto, con quei baffi che gli coprivano tutte le labbra, mi puntò il dito contro.

«Quante volte ti ho detto che questo non è un posto per te? Qui si lavora, vai da tua madre!» gridò venendo nella nostra direzione a grandi passi.

Adele mi lanciò la bambola che teneva stretta fra le braccia e, svelta, abbassò subito il capo. Io presi il giocattolo al volo e sorrisi a fatica.

«Padre. Mi dovete scusare... Adesso ce ne andiamo» gli dissi incerta.

Come avrai notato, gli davo del voi. Una forma che tra noi metteva ancora più distanza. Erano altri tempi. Tempi in cui la confidenza tra genitori e figli non esisteva. E quel voi, così gelido, spesso mi faceva sentire sola. Mio padre si piazzò dritto davanti a noi con tutta la sua robusta corporatura e, per un lungo istante, quasi disgustato, studiò Adele dalla testa ai piedi.

«Le bambole non sono fatte per le bambine povere» disse tagliente e preciso come un ferro chirurgico.

Adele, con gli occhi lucidi, corse via.

Io invece rimasi ferma ad aspettare il permesso di potermi allontanare.

«Ti ho ripetuto mille volte che le tue cose non puoi darle ad altri. Tu non devi fare la carità a nessuno. Men che meno alla figlia di una serva. Vattene da qui. Muoviti!» mi urlò furente.

Con le gambe che mi tremavano, corsi in casa. Passai il resto della giornata chiusa nella mia stanza insieme a Adele che, nonostante l'umiliazione subita, cercò in tutti i modi di consolarmi. Non era facile darmi conforto quando mi trovavo in quello stato. Un senso di colpa mi schiacciava il petto. Mio padre mi aveva fatto sentire in qualche modo irrispettosa nei confronti di Adele: una parte di me sapeva di avere fatto la cosa giusta nel donarle la bambola, mentre l'altra mi spingeva a credere di aver attirato su di lei le sue ire.

La sera stessa, seduta a tavola, con la testa china, ascoltai la ramanzina che mi fece per un tempo che mi sembrava non terminare mai. Seduta di fronte a me, mia madre si sfregava le mani e si sistemava in continuazione il colletto dell'abito, evidentemente nervosa. Poi, quando tutti se ne andarono, *capii...*

La mattina dopo, mentre mangiavo una fetta di pane con la marmellata di albicocche che crescevano nel nostro giardino, mia madre mi raggiunse con passo incerto e si sedette al solito posto. Mi pareva molto più mesta del solito. Io deglutii e osservai per un istante il posto vuoto di mio padre. «Dov'è?» chiesi sentendo un brivido freddo dietro alla nuca.

Abbassò ancora un po' le maniche lunghe dell'abito e, tremante, si sistemò una ciocca di capelli che le era sfuggita dall'acconciatura raccolta. «Non c'è. È già uscito» mi rispose con la voce rotta.

«Madre, perché ieri sera...» e lasciai la frase in sospeso per qualche secondo. «Ho sentito...» continuai indecisa, senza riuscire a terminare la domanda che mi girava per la testa.

«Io, noi... Stavo discutendo con tuo padre. Mi spiace che tu abbia udito del trambusto» mi rispose con un sorriso forzato. «Davvero, non preoccuparti, sono cose che succedono tra i grandi.»

Incerta, presi la fetta di pane e mi convinsi che tutto il baccano che avevo udito la notte prima non fosse stato nulla di grave. Tutte le parole, però, non servirono a placare i dubbi che mi attanagliavano. La sua versione mi sembrava debole. Quell'estate, decisi di non regalare più nessun giocattolo a Adele.

A Ferragosto, a Fontana a Po, si svolse una festa danzante. L'aria calda e afosa faceva da sfondo a una serata piena di allegria. Delle lampadine scendevano da fili appesi lungo tutto il perimetro della piazza e un gruppo musicale suonava proprio di fronte al sagrato della chiesa. Quando vidi tutto addobbato a festa, mi venne voglia di unirmi alla gente che ballava. C'erano tutte le persone di Fontana a Po. Il panettiere con la moglie, il macellaio scapolo e molti dei braccianti che lavoravano per mio padre con le loro famiglie. Il bar sotto i portici era aperto e un gruppo di giovani che indossavano delle camicie nere a maniche lunghe, seduti a uno dei pochi tavoli esterni, tenevano d'occhio le ragazze ai bordi della piazza, trasformata per quell'occasione in una pista da ballo.

Intravidi subito Adele, era con i suoi genitori. «Adele!» gridai entusiasta.

Mio padre mi bloccò di colpo e, con la sua robusta mano, mi impedì di correre da lei. «Non puoi andare. Non muoverti da qui» mi impose guardando dritto davanti a sé.

Mia madre era di fianco a me e mi prese la mano. «Obbedisci a tuo padre, Angela.»

Mi feci ancora più piccola e l'entusiasmo infantile che provavo scivolò via, fino a fondersi con il caldo estivo che saliva dalla terra.

Mio padre si avvicinò all'orecchio di mia madre e le sussurrò parole che non compresi. Vidi solo gli occhi di lei intristirsi. Lui si allontanò verso il tavolo dei ragazzi in camicia nera. Sollevò il braccio destro verso l'alto, con la mano tesa al cielo scuro della notte, e si fermò con loro.

«Perché mio padre alza sempre il braccio?» le chiesi quando restammo sole.

Lei impallidì e mi accarezzò una guancia. «È un saluto... Ma adesso vieni, andiamo a guardare le persone che ballano» e mi spinse verso la piazza.

Molti, scorgendo mia madre, si spostarono per farci spazio. Alcuni ci salutarono abbassando la testa, mentre altri ci osservarono con aria di disprezzo. Mia madre, invece, a testa alta mi mise davanti a lei appoggiandomi le mani sulle spalle. Percepii dal tocco il senso di protezione che voleva infondermi. Non era facile vederla sicura di sé, anzi, la maggior parte delle volte sembrava quasi assente. Come se si volesse allontanare dalla realtà che la circondava. Ma lì, in quella notte di fine estate, sentii tutta la sua forza. D'istinto le accarezzai le mani...

«Madre, perché voi non ballate?»

«Oh, tesoro. Io, io... Sì, insomma, non mi piace ballare.»

«La signora non balla perché il padrone è impegnato con quei fascisti...» si intromise un signore dall'aria trasandata, con i capelli arruffati e con il viso segnato da profonde rughe. «Quei *bastardi...*» sussurrò guardandomi negli occhi.

Mia madre si irrigidì. «Vieni piccola, andiamo verso casa. È tardi» disse prendendomi per mano.

Confusa, la seguii ma prima mi girai un'ultima volta verso la piazza. L'unica cosa che pensai fu che, per colpa di quello strambo uomo, avevo perso l'occasione di stare fuori un altro po'.

«Perché li ha chiamati *bastardi*?»

«Non lo so. Le persone a volte sono cattive» mi rispose sorridendo.

«E perché non possiamo restare?»

«Sono stanca, Angela, domani devo sbrigare delle faccende.»

Annuii con il capo, mentre in lontananza udii la voce di mio padre che rideva. Poi, d'un tratto, un trambusto fece da sottofondo alla musica. Entrambe ci voltammo di scatto. Un ragazzo in camicia nera era caduto dalla sedia e i suoi compagni di bevute, scuri in volto, lo aiutarono a rimettersi in piedi.

«Che cosa avete da guardare?! Brutti pezzenti!» gridò il giovane rivolgendosi alle persone che lo stavano fissando senza proferire parola. «Eh?» continuò ancora più arrabbiato.

Furente e paonazzo in viso, si fece largo verso l'orchestra dall'altra parte della piazza. Tutti si zittirono e i musicisti, d'un tratto, smisero di suonare. Il ragazzo, con i capelli tagliati cortissimi, strappò il microfono dalle mani del cantante, lo buttò per terra e lo calpestò con i piedi.

Mia madre, tremante, mi strattonò via e mi portò a casa in fretta e furia. «Muoviti, andiamo» mi spronava.

Una volta entrate nella nostra proprietà, si abbandonò a un profondo respiro. Io, invece, mi feci delle domande alle quali non riuscivo a dare risposte. Avrei voluto che mia madre mi spiegasse, ma il leggero tremore nella sua voce mi fece desistere. Poco dopo mi mise a letto e, mentre mi rimboccava le lenzuola, le dichiarai che le volevo tanto bene. Lei mi diede un bacio sulla fronte senza dirmi una parola. Poi, con un sorriso triste sulle labbra, se ne andò. La seguii con lo sguardo finché chiuse la porta dietro di sé e poi mi persi a osservare le ombre sul soffitto. Le imposte erano solo accostate e i vetri spalancati. I grilli cantavano e l'aria odorava di erba e caldo. La luce proveniente dalla strada mi faceva sentire meno sola. All'improvviso, dall'esterno, delle voci concitate mi fecero sobbalzare. Scesi dal letto e mi affacciai alla finestra. Nella penombra del giardino, ai piedi della grande magnolia, vidi mio padre arrivare con gli altri uomini del bar. Appoggiato a lui, il ragazzo che poco prima aveva rotto il microfono biascicava parole incomprensibili, inveendo contro qualcuno. Il resto della comitiva li seguiva. Erano seri, avevano il volto cupo e duro. Uno di loro, alto e snello, disse a mio padre «che l'avrebbero pagata». Li osservai nascosta finché non li vidi più. Nel corridoio sentii mia madre correre verso le scale.

«Non sono affari tuoi!» urlò mio padre. «Dormiranno nelle stanze degli ospiti. Vattene! Non sono questioni da donne!»

I passi di mia madre risuonarono davanti alla mia camera. Corsi di nuovo a letto e mi coprii la testa con il lenzuolo. Le voci piano piano si affievolirono e io rimasi immobile, cercando di trattenere il fiato. Poi, stanca e assonnata, cedetti al sonno.

Il mattino seguente Adele piombò di corsa nella mia stanza. «Sveglia dormigliona!»

Io mi girai sull'altro fianco. «Voglio stare a letto. Lasciami stare» mugugnai, mettendo la testa sotto al cuscino.

Adele non ne volle sapere e, in men che non si dica, mi fece scendere, mi aiutò a vestirmi e mi accompagnò giù in sala da pranzo. «Ci vediamo dopo» disse allontanandosi verso la cucina.

Ancora assonnata, mi grattai il naso ed entrai nella stanza. Al tavolo erano seduti tutti i ragazzi della sera prima. Stavano parlando con mio padre. Mia madre invece era al solito posto, pallida e con gli occhi incavati.

«Buongiorno» mi accolse abbozzando un mezzo sorriso.

Mio padre mi fulminò immediatamente con lo sguardo. E io, prima che potesse rimbeccarmi con i suoi rimproveri, lo precedetti.

«Buongiorno a tutti» salutai.

Il ragazzo che la sera prima avevo visto avanzare incerto sulle gambe mi fece una smorfia. «Ciao, piccola» mi disse. Non sembrava nemmeno lo stesso. L'ira della sera precedente era scomparsa. Aveva l'aria di una persona normale, anche se con gli occhi cerchiati di rosso.

«Siediti al tuo posto, Angela, e mangia» ordinò brusco mio padre.

Obbedii e mi sedetti. Mia madre sbocconcellò qualche piccolo pezzo di pane con la marmellata e bevve a fatica una tazza di caffè. Io, invece, mi gettai sulla colazione. Il fatto di avere delle persone a tavola era un diversivo e mi sentivo fuori dall'occhio attento di mio padre. Ascoltai i discorsi che facevano. Parlavano di *azioni punitive*, *esemplari*...

«Certi comportamenti con noi non si devono tenere. È già sistemato tutto. Chi si è permesso di prenderti in giro l'ha pagata, è un mio bracciante. Lo conosco bene. State certi che non l'ha passata liscia.»

Il gruppo rise e si tuffò sulla tavola imbandita.

«Quanti anni hai?» mi chiese all'improvviso il ragazzo che la sera prima era caduto dalla sedia del bar, guardandomi dritto negli occhi.

«Sei.»

«Devo dire che sei davvero una bella bambina.»

Sentii le guance bollire.

«Angela, credo che Adele ti aspetti, tesoro. Vai pure da lei. Goditi ancora le vacanze estive» si intromise mia madre con un filo di voce incerta.

Notai che mio padre la trafisse con lo sguardo.

«Dove andrà a scuola?» domandò ancora lui.

Mia madre tagliò corto e prese la parola. «Dalle suore dove ha fatto l'asilo» asserì con una sicurezza che non mi sfuggì.

«Pensavo la mandaste alle nuove scuole...»

«Le suore qui sono un punto di riferimento. Non è come in città. Siamo cattolici» concluse lei. Poi si sistemò sulla sedia e mise il tovagliolo sul tavolo. «Vai pure, Angela» insistette.

Io non me lo feci dire due volte, l'espressione di quel ragazzo mi aveva fatto rabbrividire e spaventare. Davanti alla porta mio padre mi chiamò.

«Saluta i signori, Angela...» sibilò.

«Arrivederci» mi congedai esitante.

«No, Angela. Devi fare così» e alzò il braccio destro verso l'alto.

Io guardai mia madre, non capivo.

«Non credi sia troppo piccola per queste cose...» tentò di replicare lei alzandosi da tavola.

«No, prima impara e meglio è. E tu siediti, immediatamente!» gridò lui.

Io, senza nemmeno saperne il significato, feci il saluto fascista. Tutto il gruppo si alzò e ricambiò.

Imboccai il corridoio che portava alla cucina. A quell'ora della mattina, con le erbe aromatiche sul davanzale e la luce che creava fasci luminosi in cui a mezz'aria danzavano i granelli di polvere, sembrava di stare in un sogno. Era uno dei posti che preferivo nella villa: lì tutto mi appariva semplice, vero, senza paura.

Quando mi avvicinai, vidi che la porta era semichiusa e due domestiche stavano parlando tra loro.

«Hai visto ieri sera? Quei fascisti sono solo dei poco di buono...» disse Silvia, la più giovane delle due.

Senza nemmeno rendermene conto, rimasi ferma a origliare.

«Zitta, sei impazzita? Quelli sono seduti alla tavola del signore. Se ci sentissero chissà cosa ci farebbero...» la interruppe brusca l'altra donna, che lavorava per noi da molto più tempo.

«Ma hai visto che bastonate hanno dato al povero Amedeo? Dovremmo fermare tutto questo. Non è possibile. Lui non aveva fatto niente, se ne stava tranquillo, e questo fascista è saltato fuori dicendo che l'aveva preso in giro dopo essere caduto dalla sedia. Non è vero. È una bugia!»

«Smettila di gridare. Sei stupida? Vuoi che ci portino in qualche posto isolato e ci facciano del male? Fatti i fatti tuoi. Incosciente che non sei altro» la rimproverò Barbara.

Emma irruppe nella stanza dalla porta posteriore. «Ragazze, bisogna cominciare a preparare il pran...» e lasciò la frase in sospeso. Mi sporsi e sbirciai nella fessura tra la porta aperta e il muro. Emma, con in mano un cesto colmo di verdura fresca, guardava le due ragazze con sospetto. Mise il canestro sopra il grosso tavolo. «Cosa succede?»

«Questa stupida parla troppo, tutto qui. Le sue idee ci potrebbero mettere nei guai. Non so se mi spiego...» aggiunse Barbara facendo una smorfia.

Emma ebbe un guizzo alla guancia. Un movimento veloce e nervoso. Si avvicinò a Silvia e le puntò il dito contro. «Se è quello che penso io, è meglio che tu chiuda la bocca. Il proprietario di questa villa è... *lo sai*» e si portò le mani sui fianchi. «Quindi, se intendi metterci nei guai, quella è la porta» e gliela indicò. «Te lo dico solo una volta. Se ci tieni al lavoro, e credimi, al giorno d'oggi non ce n'è molto in giro, stai zitta. Devi imparare a essere sorda, muta e cieca. Sono stata chiara? E adesso decidi tu, preferisci andare a zappare in campagna, e spezzarti la schiena, o rimanere qui?»

La ragazza abbassò la testa e si sfregò le mani. Sembrava stesse per scoppiare a piangere. La divisa nera e il grembiule bianco la facevano apparire molto più vecchia della sua età. «Io non lo so» sbottò.

Emma si ammorbidì e le mise una mano sulla spalla. «Mi spiace, ma purtroppo il mondo non è facile specie per quelle come noi...»

«Devo aiutare la mia famiglia... Non posso andarmene» mormorò, asciugandosi le lacrime che le scorrevano sulle guance pallide.

«Adesso tornate al lavoro» ordinò loro Emma, mentre iniziava a svuotare il cesto.

Le due donne uscirono dalla cucina ed Emma rimase sola. La guardai appoggiare le mani al tavolo e poi abbassare lo sguardo. Mi parve triste. Tutta la fermezza di un attimo prima le era scivolata di dosso. Sembrava molto più fragile del solito. Svelta, entrai in cucina con l'idea di domandarle cosa avesse, ma quando mi vide mi fece un caloroso e ampio sorriso che nascose tutta la tristezza di un attimo prima.

«Adele è in giardino, ti sta aspettando» mi informò. «Vai, che oggi è una bellissima giornata» mi incoraggiò.

«Sei triste come mia madre?» le chiesi aggrappandomi al suo grembiule.

Emma mi prese in braccio. «No, tesoro. È tutto a posto» rispose dandomi un bacio sulla guancia.

«Voi grandi avete tanti segreti...» le dissi ripensando alle cose che avevo udito poco prima.

«Già, hai ragione. Adesso fila!» esclamò lei rimettendomi a terra.

Giocai tutto il giorno, dimenticandomi ogni cosa. Ero troppo piccola per comprendere.

Mia madre, nei giorni successivi, non si fece vedere. Quando chiedevo di lei, Emma mi informava che si sentiva poco bene e che aveva bisogno di qualche giorno di riposo. Quelli che erano solo pochi giorni divennero presto settimane e il medico di famiglia venne alla villa per visitarla più di una volta. Mi dicevo che mia madre prima o poi sarebbe guarita. Anche Emma mi rassicurava dicendomi che era un malessere passeggero e che dovevo stare tranquilla. Ricordo che in quei giorni mangiai in cucina con il personale; mio padre non era in casa. E questo mi rendeva felice.

* * *

L'estate passò e, senza rendermene conto, arrivò il mio primo giorno di scuola. Era l'ottobre del 1933. Alle scuole si arrivava per un lungo vialetto con all'ingresso due imponenti leoni di pietra sopra due colonne. Le circondava un prato curato e ordinato. Dei folti cespugli di rose erano sparpagliati vicino al muro di cinta, e nei pressi dell'imponente e spaziosa barchessa, sotto la quale si trovava la porta d'entrata, una rigogliosa e robusta edera si arrampicava fino quasi al tetto.

Quella mattina mi accompagnò mia madre. Sembrava serena, anche se era taciturna come sempre. Non avevo più sentito mio padre alzare la voce con lei e la cosa mi aveva, in un certo senso, tranquillizzata.

«Madre, posso tornare da sola, dopo?» le chiesi. «Con Adele?»

Prima di rispondermi mi guardò a lungo. «No, verrà Emma» mi rispose accarezzandomi una spalla.

«Va bene. Come volete...»

Quei tocchi dolci e pieni di significato erano per me parole silenziose di protezione che mia madre non riusciva a esprimere, a buttare fuori. Era il suo modo di comunicare con me.

Quando le suore mi accolsero con entusiasmo, io mi scordai di tutto il resto. C'era Adele, e i bambini del paese giocavano e scorrazzavano sotto alla barchessa e attorno alla villa. Il chiasso e l'allegria mi contagiarono e mi sentii pronta per il mio primo anno. Mentre correvo da Adele, mia madre si fermò a parlare con suor Teresa, una donna bassa con il viso rubicondo e gli occhi castani leggermente sporgenti, che sarebbe presto diventata la mia insegnante preferita. Aveva sempre un pensiero gentile per tutti e, di nascosto, senza farsi vedere, durante il pranzo, ci allungava un biscotto in più.

Poco dopo mia madre mi salutò con la mano e si allontanò dall'edificio. Io mi immersi nell'atmosfera della scuola e feci tutto quello che mi dicevano. Mi piaceva imparare e ascoltare le storie che ci raccontavano le suore. Erano tutte disponibili, alcune sembravano più burbere di altre, soprattutto le più anziane, ma presto anche loro si facevano contagiare dalla nostra allegria infantile. Invece la madre superiora, suor Ingrid, era di ben altra pasta. Alta, asciutta, aveva sempre un'espressione corrucciata e severa stampata in viso. Era di origine belga e quando ci metteva in fila per contarci parlava un francese con un forte accento tedesco. Il suo tono perentorio non ammetteva nessun tipo di replica e faceva venire i brividi quando sgridava un alunno. Con lei non si poteva scherzare. Era l'autorità della scuola fatta persona.

Nonostante la sua presenza, però, mi piaceva frequentare l'istituto. Amavo stare fuori dal perimetro di casa mia, lontana da mio padre. Ricordo che noi alunni indossavamo dei grembiuli neri: le bambine con un fiocco rosa al collo, i maschietti con un fiocco azzurro. Le lezioni, come matematica, italiano, geografia, venivano svolte tutti assieme. Altre attività, invece, erano separate. Alle ragazze veniva insegnato a cucire, cucinare e accudire i bambini. I futuri uomini invece si dedicavano alla meccanica, alla falegnameria e ad altri lavori ritenuti all'epoca di competenza esclusivamente maschile.

Alla fine delle lezioni, nel pomeriggio, Emma mi aspettava fuori dalle scuole e portava me e Adele alla villa. Con passo spedito ci prendeva per mano e ci ripeteva ogni giorno che aveva ancora una marea di faccende da sbrigare prima di andare a casa. Era sempre rossa in viso e a volte quasi ci trascinava pur di fare in fretta.

Durante quell'autunno scorsi persone diverse aggirarsi alla villa. Soprattutto il sabato. Mio padre, infatti, organizzava delle feste nel salone degli specchi. Invitava per lo più uomini e donne molto ricchi, vestiti con abiti eleganti e sontuosi. Un sabato sera, stanca di essere esclusa, volli partecipare anch'io e decisi di sbirciare all'interno della sala. Vidi donne con stretti abiti da sera di seta lucida e pregiata, rossetti accesi e occhi truccati di un nero intenso. Sfoggiavano tutte gioielli vistosi e stole di pelliccia sulle spalle. Gli uomini erano vestiti con eleganti completi e portavano i capelli pettinati all'indietro. Parecchi di loro indossavano delle austere divise con le camicie nere. Mia madre invece portava un abito che non assomigliava neppure lontanamente a quello delle ospiti. Sembrava troppo datato rispetto all'epoca. Ricordo che aveva un'espressione triste: stava al fianco di mio padre senza proferire parola, mentre lui ogni tanto le metteva una mano sulla schiena e la spingeva appena per farle capire che doveva seguirlo.

Mentre spiavo gli invitati pensando di non essere vista, incrociai per caso lo sguardo del ragazzo che quella mattina di agosto mi aveva fatto un complimento. Spaventata fuggii, chiudendomi nella mia stanza. Nella mente vedevo ancora il suo sguardo scuro e irrequieto. Mi aveva a tal punto terrorizzata che nei mesi successivi smisi di osservare di nascosto le feste di mio padre, per paura di rivederlo. Non sapevo il nome di quell'uomo, ma sentivo che era, in qualche modo, il male fatto in persona…

12

Diventai più grande, imparai a leggere e scrivere. Iniziai a osservare i quotidiani che mio padre lasciava in giro per casa. Titoli a caratteri cubitali raccontavano le scorribande di alcuni gruppi di camicie nere impegnati a distruggere locali, uffici e ritrovi degli antifascisti. Nessun giornale, però, riportava il loro nome. In giro si vociferava che fossero tutti ragazzi di buona famiglia. Persone economicamente agiate, per lo più latifondisti e professionisti come avvocati e imprenditori. Dalle cameriere avevo origliato che un giornalista del quotidiano «Il Resto del Carlino», un ragazzo di circa venticinque anni, aveva tentato di scrivere in un articolo i nomi dei responsabili, ma il direttore si era rifiutato di pubblicare quella notizia. Qualche tempo dopo, il giovane fu ritrovato sanguinante e in fin di vita sotto un portico in pieno centro, vicino al caffè Nazionale. Il lungo braccio punitivo aveva colpito. Era stato spedito un biglietto di avvertimento.

Il volto di Hitler era spesso in prima pagina, i venti di guerra si stavano avvicinando e io ancora non mi rendevo conto della situazione a cui tutti quanti stavamo andando incontro. Mio padre era sempre più convinto della sua ideologia fascista. Quando eravamo a tavola parlava solo di punire i ribelli.

«Gli antifascisti sono una spina nel fianco! Dovrebbero essere uccisi tutti! Tutti quanti!» gridava, quando mia madre cercava timidamente di cambiare argomento. Lui, però, non l'ascoltava e continuava con i suoi sproloqui.

A scuola mi trovavo bene, nonostante alcuni miei compagni mi avessero presa di mira. Tre ragazzini che, quando mi passavano vicino, mi davano della «sporca camicia nera». Cosa significasse, ancora non lo sapevo. Nessuno, nemmeno Emma o mia madre, mi avevano spiegato cosa volessero dire. Adele mi stava sempre vicino e su di lei potevo contare. Quando si accorgeva che mi infastidivano, li allontanava dicendo loro che erano degli stupidi.

Nell'estate del 1936, quando avevo nove anni, ricordo che mio padre trascorreva molto tempo ad ascoltare in radio le notizie riguardanti Hitler; la voce gracchiante del radiocronista parlava di comizi dove la gente lo acclamava, di atleti di «razza ariana» che avrebbero partecipato alle Olimpiadi di quell'anno e di altri avvenimenti in cui faceva sfoggio delle sue doti propagandistiche. A mio padre si univano amici di partito, gente che vantava superiorità solo a guardarla. Quelle persone, nonostante fossi una bambina, mi mettevano i brividi.

Quel mese di luglio, caldo e umido, me ne stavo confinata nella mia stanza. Sentivo i bambini giocare al di là del muro di cinta, avrei tanto voluto andare, ma non mi era permesso uscire. Potevo stare con loro solo quando frequentavo la scuola: l'estate ero costretta a trascorrerla a casa, potevo uscire solo se accompagnata da Emma o da mia madre. Adele passava con me interminabili giornate. Una volta, era fine agosto, stanca di stare dentro alla proprietà, mi lamentai così tanto che Adele decise di farmi una sorpresa.

«Tu aspettami qui. Io tornerò tra mezz'ora.»

«Ma dove vai?»

«Tu aspettami» ripeté e se ne andò.

L'attesi sotto la grande magnolia strappando dei petali dalle margherite. Quando arrivò, mi fece segno di fare silenzio e mi trascinò sul retro della villa. In un angolo, nascosto da una folta e grande pianta di oleandro, una parte della recinzione era parzialmente crollata. Quando la vidi capii e, spaventata, mi bloccai per un attimo. «Io non posso...»

«Be', non volevi uscire? Dai, non si accorgerà nessuno che sei andata via. Mia madre pensa che tu sia con me e tuo padre è in mezzo ai campi. Tua madre è nella sua stanza. C'è un amico che ci sta aspettando! Dai, vieni fuori. Non ci allontaneremo. Promesso» mi rassicurò sorridendo.

E così, incerta ed eccitata, per la prima volta disobbedii ai miei genitori. Sgattaiolai fuori dal mio giardino con il cuore in gola per l'emozione. Al di là del muretto corsi dietro a Adele, che sembrava una gazzella. Ci dirigemmo nel fitto bosco che si trovava a cento metri dalla villa. Lo avevo sempre visto dalle finestre del corridoio, ma non avevo mai osato avventurarmici.

«Luigi, sei qui?»

«Luigi?» domandai io.

«Sì, Luigi Zanini. Quello che viene a scuola con noi» mi confermò Adele.

«Ma lui è un maschio!»

«Be', è un amico. So che viene sempre qui a giocare. Ti spiace?»

Io rimasi un attimo smarrita e, poco convinta, le dissi che andava bene. Adele proseguì verso il centro del bosco e io la seguii. Non ero certa di voler giocare con Luigi. Era un nostro compagno di scuola. Aveva tre anni più di me. E, a parte qualche parola e sguardo lontano, non c'era nessun altro tipo di legame tra di noi.

«Sono qui!» rispose lui.

«Arriviamo» disse Adele prendendomi per mano.

Le zanzare mi pizzicavano le gambe e i capelli mi si appiccicavano al collo. Le cicale, con il loro canto incalzante, facevano da sfondo alla nuova avventura. Dopo pochi passi vidi una casetta di legno su un albero. Era a due metri dal terreno e aveva il tetto ricoperto da listelli di pioppo. Erano state ricavate anche delle finestrelle, dietro le quali pendevano degli stracci di cotone a mo' di tende. Una scala a pioli si inerpicava fino all'ingresso.

«Che bella!» esultai avvicinandomi per osservarla meglio.

«Ti piace davvero?» volle sapere Luigi gongolando.

«Sì» confermai mettendomi a posto il vestito di cotone azzurro.

«L'ho fatta io. Mi hanno aiutato due amici...»

«E dove sono?» gli chiese Adele salendo la scala.

«Oggi non potevano» rispose lui alzando le spalle. Poi mi guardò. «Ti va di vederla?»

Io feci di sì con il capo e mi lasciai andare in quel pomeriggio di novità. Mi arrampicai sulla scaletta e raggiunsi Adele che se ne stava seduta a gambe incrociate per terra. Mi sistemai vicino a lei e insieme aspettammo Luigi.

«Vi va di giocare a carte?» ci propose.

«Io non so come si fa...»

«Be', ti insegniamo noi!» dichiarò Adele, facendo l'occhiolino a Luigi.

Quel pomeriggio, per la prima volta, mi sentii come gli altri bambini. Libera di sporcarmi, di ridere e di conoscere altre persone. Dentro di me sapevo che quell'occasione era unica. Imparai a giocare a carte e la fortuna del principiante fu dalla mia. Vinsi parecchie mani. Una volta a casa realizzai che, grazie a Adele, avevo stretto una nuova amicizia. Quel ragazzo, con cui non avevo mai avuto a che fare, ai miei occhi era diventato la persona che mi aveva fatto scoprire un nuovo modo di vivere. Di percepire le emozioni. Da quel pomeriggio non mi sentii più come una principessa nella propria torre dorata. Quella piccola casa sull'albero mi sembrò molto più interessante di tutta l'immensa villa in cui ero cresciuta.

Ricordo che quei giorni di fine estate sancirono la nascita della nostra amicizia. Luigi era un ragazzo di sani principi, che veniva da una famiglia numerosa di lavoratori. Il padre e la madre avevano una fattoria, e il piccolo appezzamento di terra attorno alla proprietà, un'abitazione piccola con il bagno esterno, permetteva loro di vivere del proprio raccolto. Quando tornava a casa, dopo la scuola, aiutava i genitori con gli animali e nei campi. Era abituato a darsi da fare. A scuola, diversamente dagli altri ragazzi, non era sgarbato: i suoi occhi castani e i suoi capelli crespi sempre spettinati mi davano poi una sensazione di affidabilità. Era molto più educato di tanti altri che avevo intorno e trattava le ragazze con rispetto. Perciò quando le scuole finalmente ricominciarono, fui felice di trascorrere le giornate insieme a persone della mia età. I tre ragazzini che ogni tanto mi sibilavano parole cattive, incontrandomi in compagnia di Luigi, smisero di darmi il tormento. Ogni tanto li notavo parlottare sottovoce in qualche angolo della scuola e indicarmi con il capo. Un giorno, mentre passavo di lì per andare a lezione di cucito, vidi Luigi metterli al muro in un corridoio.

La domenica andavo a messa con i miei genitori. Luigi faceva il chierichetto, e quando lo vedevo serio e impettito, mi trattenevo dal ridere. Era ridicolo con quella veste lunga e i capelli arruffati. Goffo, si muoveva dietro all'altare a grandi falcate e seguiva il parroco, don Saviano. Un giorno mi spiegò che non voleva farlo, erano i genitori a obbligarlo. Allo stesso modo lo costringevano a pregare che i fascisti, prima o poi, perdessero tutto il potere che avevano.

«In giro si dice che tu sia figlia di un fascista» mi accennò una volta, all'uscita da scuola.

«Credo di sì.»

«Tu sai cosa significa?»

«No, so solo che mio padre parla sempre di farla pagare a qualcuno. Non ci capisco niente» risposi mettendomi le mani in tasca.

«Anche a me non interessa. L'unica cosa che so è che mio padre mi dice che andrebbero sconfitti in qualche modo...»

I nostri erano discorsi di bambini. Non conoscevamo altro che l'innocenza e la purezza dei sentimenti. Non avevamo colori, non sapevamo nulla di politica, di dittatura e di violenza. I quotidiani e gli adulti si occupavano di quelle cose. Noi volevamo solo crescere sereni. *Non chiedevamo altro.*

Due anni più tardi, il 18 settembre 1938, dal balcone del municipio di Trieste, Mussolini proclamò alla folla sottostante e a tutti i cittadini italiani l'introduzione delle leggi razziali: provvedimenti segregazionisti nei confronti degli ebrei italiani e dei sudditi di colore dell'Impero. Da quel momento la nostra vita cambiò drasticamente.

Avevo undici anni ma ricordo bene come in paese l'atmosfera si era fatta più tesa e pesante. Nei negozi di Fontana a Po erano stati appesi i cartelli con il divieto di entrata per gli ebrei. Se un commerciante si fosse rifiutato di esporlo al di fuori della propria bottega, sarebbe stato sanzionato, fino alla chiusura dell'attività stessa. Parole, queste, che nascondevano una realtà molto più violenta e inaccettabile. Infatti si era sparsa la voce che un barbiere a Fontana a Po, dopo essersi rifiutato di appendere il cartello, fosse sparito. Il negozio poi era stato incendiato. La moglie e i due figli, disperati, lo avevano cercato ovunque, ma di lui, purtroppo, non si ebbero più notizie. La mano oscura e opprimente del regime si faceva sentire più che mai e i poveri e onesti cittadini non avevano i mezzi per difendersi. Qualunque tentativo di ribellione veniva soppresso, schiacciato e calpestato.

Nonostante mi fosse vietato uscire durante l'anno scolastico, se non per andare a lezione, il rapporto con Adele e Luigi si rafforzò. Il giorno prima dell'inizio delle vacanze natalizie, Luigi mi prese per un braccio e mi spinse dentro a uno sgabuzzino della scuola. In quello spazio angusto e semibuio, con la voce tremante, mi allungò un piccolo pacchetto confezionato con una carta a fiorellini e un delicato fiocco rosa.

«Cos'è?»

«Un regalo per te...»

Mi morsi il labbro inferiore. Avevo le guance bollenti. «Grazie. Io, io... non me lo aspettavo» farfugliai.

«Quando l'ho visto ho pensato a te...»

Tremante, rigiravo l'involucro tra le mani e cercavo di contenere quella strana sensazione che spingeva forte sul petto e mi faceva sorridere senza riuscire a trattenermi. «Grazie» sussurrai appoggiandomi al muro dietro di me e abbassando lo sguardo.

Luigi si avvicinò e mi sollevò il mento. Io mi tuffai nei suoi profondi occhi castani. Non sapevo cosa dire. Era la prima volta che provavo un sentimento così forte. Lui, d'un tratto, mi diede un bacio sulla guancia e poi veloce si staccò da me. «Spero ti piaccia» disse tutto d'un fiato. Poi se ne andò di corsa.

Rimasi ferma in quello sgabuzzino, appoggiata al muro con il regalo tra le mani e il cuore che mi batteva forte nel petto. La madre superiora passò di lì proprio in quel momento.

«Signorina Bramante, che ci fate qui dentro?» mi rimproverò con un'espressione dura.

Misi d'istinto il pacchetto dietro la schiena e balbettai qualcosa di incomprensibile. Mi scusai e andai di corsa verso la classe. Mentre mi allontanavo lo infilai dentro la cartella di pelle nera. Sorrisi e mi accarezzai la guancia dove Luigi mi aveva baciata.

Il pomeriggio, quando rientrai a casa, sola nella mia stanza, aprii quel dono inaspettato. Era un fazzoletto rosa tenue ricamato con le iniziali del mio nome. Con il cuore che mi batteva all'impazzata, lessi il biglietto che c'era all'interno.

Angela, ti auguro un buon Natale e un felice anno nuovo. Mi spiace non poter stare con te durante le feste. Io comunque andrò alla casa di legno.

Il tuo amico Luigi

La sua dolcezza mi colpì nel profondo. E già alla tenera età di undici anni, capii che la nostra amicizia si stava trasformando in qualcosa di molto più importante.

Durante le feste natalizie provai in tutti i modi a sgattaiolare fuori e andare alla casetta di legno, ma mia madre era sempre nei paraggi, mentre mio padre si aggirava nervoso e irrequieto per la villa. Il giorno della Vigilia nevicò e tutto, fuori, sembrava magico e immobile. Quel bianco splendente avvolgeva ogni cosa di un'atmosfera surreale. Dalla finestra nel corridoio guardavo a lungo il bosco sottostante e fissavo il punto dove sapevo esserci la casa di legno. Mi sarebbe piaciuto andare fuori e buttarmi in mezzo alla neve. Invece strinsi i denti e mi annoiai per tutto il tempo.

Quella stessa sera mia madre, sotto la supervisione di mio padre, organizzò una cena spettacolare. Non conoscevo la maggior parte degli invitati. Avevo solo capito che facevano parte del partito fascista. Troppi discorsi complicati, di cui non mi importava nulla. La mia fortuna fu che, essendo ancora piccola, mi spedirono a dormire presto. Sola nella mia camera, mi accoccolai a letto, sotto le coperte, e strinsi al petto il fazzoletto rosa. Quel regalo fu l'inizio della nostra storia.

La sera di San Silvestro mi fu concesso di partecipare, per poco più di un'ora, al ricevimento nel salone degli specchi. Mia madre stava sempre vicino a mio padre, a testa china. Il suo sguardo triste mi colpiva. Per quanto si sforzasse, non riusciva a fingere: anche se le regalavo dei sorrisi, gli angoli della sua bocca si piegavano verso l'alto ma gli occhi erano colmi di rassegnazione e dolore. Quella sera la servitù restò alla villa fino alla fine dei festeggiamenti.

Mentre mi aggiravo tra donne vestite con abiti eleganti e uomini che fumavano in continuazione, senza accorgermene andai a sbattere contro un uomo. Quando alzai la testa, lo riconobbi.

«Buonasera, signorina» mi salutò, bevendo poi una lunga sorsata di spumante dal suo bicchiere.

«Buonasera» ricambiai.

«Siamo cresciute dall'ultima volta che ti ho visto. Ti sei fatta grande...» sibilò scrutandomi. Mi vennero i brividi. D'istinto indietreggiai. «Sei forse timida? Avrai undici anni ormai, giusto?»

«Devo andare... Scusatemi» e mi allontanai.

Corsi da mia madre e da lontano rimasi a studiare con sospetto quel ragazzo che anni prima aveva fatto colazione da noi. E quando Emma mi ricordò che era ora di ritirarmi, ne fui felice. Sotto lo sguardo duro di mio padre, mi congedai con il saluto fascista e andai a letto.

Dopo l'Epifania, la scuola riprese. Ero contenta di ritornare alla routine quotidiana. Mi piaceva andare a lezione e il fatto di avere vicini i miei più cari amici mi dava forza. Era l'unica via di fuga dalla villa. Adele, purtroppo, durante le festività non era potuta venire a trovarmi. La sorella si era ammalata e lei era rimasta a casa ad assisterla. Così durante la ricreazione mi avvicinai a lei e a Luigi. Nella tasca del grembiule tenevo stretto nella mano il fazzoletto che mi aveva regalato lui. Non lo avevo mostrato a nessuno. Luigi mi salutò con una timidezza per me nuova, abituata alla sua solita sicurezza. Mi feci coraggio e mi comportai come sempre, temendo che quell'imbarazzo incrinasse la nostra amicizia. Parlammo e proseguimmo come tutti gli altri giorni. Niente in noi lasciava intuire che ci fosse qualcosa in più di una conoscenza.

Quell'anno l'inverno fu particolarmente rigido. Il ghiaccio teneva ogni superficie intrappolata in una stagione che sembrava infinita. Non vedevo l'ora che arrivasse la primavera per ascoltare e godere del risveglio della natura. Segretamente desideravo sgattaiolare di nuovo fuori dalla villa e raggiungere la casetta nel bosco. Luigi mi confessò che anche lui non riusciva ad andarci spesso. La famiglia aveva bisogno del suo aiuto alla fattoria. Il freddo aveva messo a dura prova anche la sopravvivenza degli animali.

«Speriamo finisca in fretta...» mi confidò un giorno.

«Anch'io spero passi presto. Ho voglia di uscire e andare alla casa nel bosco» gli risposi sistemandomi i capelli.

«A chi lo dici...» rispose lui, arrossendo. «Ti è piaciuto il regalo?»

«Sì» e lo sfilai dalla tasca.

Luigi sorrise.

Se penso a quanto eravamo innocenti e puri... Lui non mi considerava la figlia del signor Bramante, «il fascista», come era chiamato in paese. Per Luigi ero solo Angela. L'ingenuità e il candore di quegli anni mi impedivano di vedere tutte le differenze che c'erano tra noi.

Durante una lezione di cucito, vicina a Adele, mi decisi a raccontarle tutto. Lei, entusiasta, sorrise e mi accarezzò una spalla. «Mi ero accorta che c'era qualcosa tra voi...»

Con le guance che andavano a fuoco, ridacchiando, mi rimisi a cucire.

«Stai attenta però» si preoccupò di avvertirmi. «Non dirlo a nessuno.»

Alzai lo sguardo e fissai i suoi occhi scuri, senza capire.

«Tu sei ricca. E ti chiami Bramante...» mi fece presente.

Solo adesso, che sono ormai vecchia, mi rendo conto di quanto quelle parole fossero state sagge. Adele era più grande di me e aveva già capito tutto.

«A me lui piace...» le confidai.

«Lo so» dichiarò poi, notando la mia cecità. «Però non rivelarlo nemmeno a tua madre. Promettimelo.»

«No, non lo dirò a nessuno» mi affrettai a rispondere vedendo la sua preoccupazione.

L'arrivo della primavera quell'anno portò con sé non solo i primi caldi: l'atmosfera, in qualsiasi parte della nazione e della provincia, era tesa. I fascisti continuavano con la loro politica di repressione. Durante le feste in paese gruppi di camicie nere si aggiravano in mezzo alle persone fissando e tenendo d'occhio gli uomini. Un avvertimento silenzioso e pesante, che gli abitanti subivano serrando le mandibole e stringendo forte i pugni. Come puoi immaginare, Annabella, noi tutti eravamo sull'orlo del precipizio, mentre io mi preoccupavo solamente di ritagliarmi uno spazio di libertà...

Quell'estate io e Adele la passammo tutta alla casa di legno. Sapevamo che il momento migliore della giornata per sgattaiolare fuori dalla villa era nelle prime ore del pomeriggio. Mia madre a quell'ora si chiudeva sempre in camera ed Emma era indaffarata nei lavori domestici. Quella fu la mia ultima estate da bambina. Tra me e Luigi non era successo altro, a parte quel casto bacio sulla guancia. Lui mi dava la mano e mi abbracciava. Avevo dodici anni e non desideravo altro. Godevo della sua compagnia. Quegli anni che ci separavano mi facevano sentire protetta. Con lui imparai a crescere.

Nell'estate del 1939, i giornali locali riportavano notizie preoccupanti, che in paese davano da pensare a vecchi e giovani. Quel luglio una squadra di ragazzi in camicia nera invase il caffè Nazionale che era gestito dalla famiglia Toso. Una volta dentro, a manganellate ruppero sedie, tavolini, la macchina del caffè e tanti altri oggetti. Poi, furiosi, presero gran parte di quella roba e la buttarono con disprezzo e scherno nelle acque del canale che attraversava la città. Le testimonianze dicevano che, nel commettere quegli atti, ridevano in preda all'esaltazione. Non si rendevano conto di quello che stavano facendo…

Nei giorni successivi, un altro gruppo di camicie nere prese di mira uno degli alberghi storici della città. Il proprietario fece appena in tempo a scappare, ma per il suo albergo ci fu ben poco da fare. Picchiarono anche un noto sarto che lavorava nel suo negozio, un'attività di famiglia tramandata da generazioni. Una persona che aveva dedicato la propria vita al lavoro con dedizione e passione.

Pochi mesi dopo, il 1° settembre 1939, ebbe inizio la Seconda guerra mondiale. Tutto cominciò con l'attacco della Germania nazista alla Polonia. Il quotidiano locale, «Il Resto del Carlino», riportava la notizia a caratteri cubitali in prima pagina. Mio padre lo aveva lasciato appoggiato sul tavolo, lo presi in mano e rimasi basita leggendo la notizia. Avevo dodici anni, la guerra la conoscevo solo attraverso le storie di chi l'aveva vissuta. Non comprendevo ancora il dolore, la paura e l'assenza di speranza che quel conflitto avrebbe portato con sé. Dentro di me però capivo che la mia vita non sarebbe stata più la stessa.

13

Gli anni che seguirono furono i più difficili della mia vita. Mia madre vagava per la casa come un fantasma. Alcune notti sentivo le sue grida echeggiare in tutta la villa e, con il cuore che palpitava, spaventata, mi coprivo la testa con le coperte per estraniarmi. Per giorni poi non la incontravo. Spesso il dottore veniva a farle visita. Quando lo vedevo per le stanze, mi abbracciava e poi si staccava da me con un'espressione dispiaciuta e contrita che gli oscurava il volto.

Mio padre, con il passare degli anni e con la guerra, diventò sempre più malvagio. Se prima era arrogante, adesso rasentava la diabolicità. Me ne accorsi quando, una sera, a cena, mi osservò per un lungo momento e poi alzò il mento verso l'alto.

«Potresti fidanzarti con un giovane e benestante fascista tra qualche anno» mi disse arricciandosi i baffi.

Mia madre, che si era ripresa da pochi giorni, si levò di colpo dalla sedia. «È troppo piccola per questi discorsi. Non credi?»

Lui si alzò e, camminando dritto verso di lei, le si parò davanti. «Questo non ti riguarda. Con chi si sistemerà mia figlia sono solo affari miei» precisò, torcendole forte un polso.

L'istinto di difendere mia madre si fece così forte che mi alzai e andai vicino a lei. «Lasciatela!» gridai. «Le fate male, padre!» Mi tremavano così tanto le gambe che pensai che da un momento all'altro sarebbero cedute.

Lui si girò verso di me e lasciò il braccio della moglie. La sua faccia era una maschera di stupore e incredulità, mista a una profonda e cieca collera.

«È una bambina. Non farle del male...» mugugnò mia madre con gli occhi lucidi, diventando sempre più pallida in volto.

Mio padre assomigliava a un toro che carica. Era paonazzo dalla rabbia e, mentre avanzava verso di me, mi costrinse lentamente a indietreggiare.

«Lasciala stare, ti prego, Emanuele. Non voleva!» urlò lei raggiungendomi a grandi passi.

Senza accorgermene, sbattei con la schiena contro il muro. Il quadro sulla mia testa dondolò. La maschera deformata in cui si era trasformato il volto di mio padre mi fissava carica di furore. Quando vidi la grossa mano alzarsi, sollevai le braccia per proteggermi il volto e serrai forte le palpebre. All'ultimo, prima che il braccio calasse su di me, mia madre si mise tra noi. Sentii il rumore dello schiaffo sulla sua pelle. Poi sussulti e singhiozzi.

Mio padre si allontanò con passo pesante verso la porta e, prima di uscire, insultò la donna che era sua moglie. «Sei una puttana, ecco cosa sei.»

Non appena la porta sbatté sui cardini, mia madre si accasciò a terra e pianse. Io l'abbracciai e mi ripromisi di non irritare mai più, in nessun modo, mio padre. Non potevo accettare che lei pagasse per me.

Quel giorno la mia infanzia svanì. Capii molte cose e compresi lo stato dei fatti. In fondo al cuore l'avevo sempre saputo che mio padre era un violento che sfogava le proprie ire sulla moglie. Fino a quel momento non aveva mai osato mettermi le mani addosso. Non immaginavo che la sua durezza potesse degenerare in quella maniera.

Quando mia madre si riprese, mi strinse forte le spalle. Aveva gli occhi cerchiati di rosso e il viso umido di lacrime. «Angela» mi disse, «tuo padre è nervoso. Non voleva davvero. Ricordati sempre di non farlo arrabbiare… Per favore, bambina mia. D'accordo?»

«Sì, madre, come volete voi» le risposi abbracciandola forte.

Quella sera, mentre l'espressione terrorizzata e impaurita di mia madre mi tornava alla mente, mi ripromisi che non avrei mai sposato una persona insensibile come l'uomo che mi aveva generato. Se prima di quell'episodio non avevo nessun tipo di rapporto con lui, in quel preciso istante cominciai a covare un odio profondo, buio e cieco nei suoi confronti.

* * *

Nel 1940 in Italia vigeva lo stato di autarchia. In paese tutti noi avevamo una tessera annonaria. Mia madre andava al negozio con Emma per acquistare la parte che le spettava, non certo perché ne avessimo bisogno, visto che alla villa le provviste abbondavano. Ma, come diceva mio padre, per dare «il buon esempio», e poco gli importavano le lamentele della moglie sui compaesani che la guardavano con disprezzo. Avendo una certa importanza nel partito, mio padre riusciva a procurarsi cibi che a Fontana a Po nessuno poteva permettersi: burro, zucchero e persino il caffè.

In paese la vita continuava, speranzosi che il conflitto terminasse in breve tempo. Avevo sentito pronunciare queste parole da Emma e dalle domestiche in cucina. Anche le suore a scuola ci facevano pregare perché finisse al più presto. Io recitavo le preghiere, ma la mia mente era altrove, era con Luigi.

Nelle difficoltà portate dalla guerra, senza nemmeno accorgermene, il mio corpo cominciò a trasformarsi. I lineamenti dell'infanzia lasciarono il posto alle forme spigolose dell'adolescenza. Una mattina, durante le feste natalizie del 1940, ebbi il mio primo ciclo mestruale. Scossa da quell'evento, mi nascosi per l'intera giornata nella mia stanza. Mia madre intuì che qualcosa non andava: mi consolò, mi preparò svariate tazze di camomilla e mi spiegò che non dovevo prendermela in quella maniera. Che era una cosa bella, naturale. La supplicai di non raccontarlo a mio padre. Mi vergognavo. Lo disprezzavo così tanto che non volevo sapesse una faccenda così privata. Dalla sera in cui aveva tentato di schiaffeggiarmi, mi osservava con aria di rimprovero che non sempre comprendevo. Una volta, seduta in salotto, mentre ascoltavo il notiziario alla radio, avevo notato che mi fissava il seno. A disagio mi ero alzata e me n'ero andata. Non desideravo certo renderlo partecipe di un evento così personale.

«Non dirò niente» mi rassicurò lei accarezzandomi i capelli.

Per la sera di San Silvestro venne organizzata una festa nella villa. Mio padre, per la prima volta, annunciò che era ora che vi partecipassi. Fece venire una sarta a casa, una donna minuta e di poche parole, con gli occhi neri e infossati, che in silenzio mi prese le misure. Non l'avevo mai vista in paese, perciò dedussi che l'avesse fatta venire dalla città. Sebbene attendessi questo momento sin da quando ero solo una bambina, non ero felice di prendere parte alla serata. Men che meno in quei giorni. Il corpo sembrava appartenere a un'altra persona. I dolori che mi attanagliavano il basso ventre non mi davano tregua e nessun rimedio naturale, come tisane, bevande calde e impacchi tiepidi, servì ad alleviare la sofferenza che provavo. Stavo combattendo contro una donna nuova che non conoscevo e premeva dentro di me, la mia parte adulta e consapevole che mi ostinavo a rifiutare.

Il pomeriggio prima della festa, la sarta arrivò alla villa con una grande scatola bianca. Salutandomi con gli occhi bassi, l'appoggiò sul letto della mia camera. Quando estrasse il lavoro che aveva eseguito in così poco tempo, rimasi senza fiato. Era un abito di un tessuto leggero e impalpabile dalle tonalità rosa cipria, con un pizzo delicato a impreziosire le maniche a tre quarti. Scendeva dritto e lungo, completato da una fine cintura di tessuto annodata alla vita.

«È bellissimo...» balbettai portandomi le mani alla bocca.

«Sono contenta che vi piaccia, signorina» mi disse lei accennando un timido sorriso. Mi pareva orgogliosa del lavoro che aveva svolto, anche se si tratteneva dal manifestarlo.

Lo indossai sotto lo sguardo attento di Emma, che aveva gli occhi lucidi per la commozione. Mi osservava stupita, sembrava che non mi riconoscesse più. «Quanto sei cresciuta, piccola mia...» farfugliò asciugandosi gli occhi con un fazzoletto che teneva nella tasca del grembiule.

Quando guardai il mio riflesso nello specchio realizzai che la bambina che ero stata fino a poco tempo prima aveva lasciato il posto a una giovanissima donna. In quel preciso momento accettai chi ero diventata e subito il mio pensiero corse a Luigi. Chissà se vestita in quel modo mi avrebbe vista con occhi diversi...

All'ingresso mio padre accoglieva gli ospiti, mentre mia madre, in piedi accanto a lui, si reggeva a stento in piedi. Aveva fatto il possibile per camuffare con il trucco le occhiaie e gli occhi arrossati dal pianto. Indossava un abito rosso scuro alla moda, e ne fui meravigliata. Mi venne il sospetto che mio padre volesse fare bella mostra di lei. Sapevo che erano solo apparenze, mia madre era una donna infelice e sottomessa e nessun trucco, abito o sorriso avrebbe potuto ingannarmi.

Nella sala erano stati allestiti diversi tavoli riccamente apparecchiati, colmi di pietanze, bottiglie di vino e piatti impilati. C'erano coppe di cristallo appoggiate in vari punti, e lucide alzate d'argento traboccanti di frutta colorata. Il salone era caldo e accogliente: Emma aveva creato un ambiente il più natalizio possibile, con fiocchi rossi, ghirlande e addobbi costosi. L'atmosfera era meravigliosa, sognante... Per un momento immaginai che la mia famiglia si volesse bene, che mio padre non fosse il padrone che era, e che mia madre vivesse una vita felice. Tutto mi sembrava così bello al punto che mi illusi che la situazione fosse cambiata.

Quando varcai la porta, tutto d'un tratto il silenzio riempì ogni angolo della sala. Gli invitati, persone che avevo già visto aggirarsi alla villa in altre occasioni, mi osservavano con curiosità e ammirazione.

«Vedo che tua figlia si è fatta grande...» disse una signora a mio padre, quando lo raggiunsi in un angolo della stanza. Era vestita con un elegante abito nero che terminava con una coda che accarezzava il pavimento a ogni suo movimento.

Mi sentii avvampare le guance. Mio padre si avvicinò ancora più a me. «Sì...» le rispose e fece segno di appoggiarmi al suo braccio.

Impreparata a quel gesto gentile, poiché non mi era mai capitato nemmeno di sfiorarlo, ricacciai indietro l'imbarazzo, sorrisi e cercando di nascondere l'insicurezza mi sorressi a lui. Averlo così vicino mi confondeva. Mentre mi portava in mezzo agli invitati per presentarmi ufficialmente a tutti, mi accarezzò addirittura la mano. Un gesto del tutto inaspettato, che mi spinse a mettere da parte il rancore che bolliva in me ogni volta che lo guardavo.

«Lei è la mia unica figlia, Angela. È una ragazza intelligente e molto sveglia» mi lodò davanti a un gruppo di uomini affiancati dalle loro mogli imbellettate.

Parole che mi sciolsero come non mi era mai capitato. Non avevo mai ricevuto un briciolo di affetto da lui e tutte quelle lusinghe erano come una carezza sul cuore, indurito dalla distanza che c'era sempre stata tra noi. Non sapevo cosa significasse avere un padre affettuoso e amorevole e l'emozione mi costrinse ad asciugarmi una lacrima che tentava di scivolare sulla guancia. Mia madre, impegnata a conversare con le altre mogli, incrociò il mio sguardo e, capendo il mutamento dei sentimenti che era avvenuto in me, sfoderò un sorriso sincero e spontaneo carico di speranza e aspettative.

Mentre mi muovevo in mezzo alla folla, aggrappata al braccio di mio padre e con il cuore che batteva all'impazzata, mi dissi che forse le cose potevano cambiare. Quando ci fermammo davanti a un uomo dall'aria seria e i capelli ben pettinati, che emanava un forte profumo di colonia, mio padre, sempre più contento, me lo presentò. «Questo è il commissario De Stefani. È un caro amico» sottolineò, schiarendosi la voce.

Non capii subito quella impercettibile sfumatura nella sua voce.

«È un piacere conoscervi, signorina» esordì lui facendo un inchino con la testa. C'era qualcosa nel suo sguardo che mi ricordava qualcuno, ma non rammentavo chi. «Vostro padre mi ha riferito che andate bene a scuola, che siete una brava ragazza.»

«Grazie...» risposi spaesata. Non mi aveva mai detto nulla al riguardo, mio padre. Il rendimento scolastico era un affare delle donne di casa. Lui non si era mai interessato alla questione. Non era mai venuto a prendermi a scuola e non aveva mai nemmeno parlato con le suore.

Mio padre mi cinse le spalle. «È ancora giovane ma ha un grande futuro...» ribadì di nuovo.

«Se permettete, signorina, vi vorrei presentare mio figlio» annunciò l'uomo.

«Sì, certamente» risposi educata.

Mio padre tolse la mano che mi aveva appoggiato addosso e recuperò due coppe di spumante dal tavolo a fianco. Il commissario si girò e fece un segno a qualcuno. Non vedevo chi avesse chiamato. Intanto dal salone degli specchi l'orchestra attaccò una melodia. Mi girai verso la musica e sorrisi agli invitati, trasportata dalle note acute del violino.

«Oh, eccoti. Dove eri finito, figliolo?»

«Stavo parlando con altri membri del partito» disse una voce che non mi era nuova.

Mi voltai verso il nuovo arrivato e capii all'istante. Lo stomaco si serrò in una morsa.

«Lei è Angela, la figlia del signor Bramante» ci presentò il commissario.

«Piacere, Angela. Ti ricordi di me? Sono Davide...» esordì lui lasciando in sospeso la frase e baciando il dorso della mia mano.

Mi ricordavo benissimo di lui. Era il ragazzo che mi aveva fatto i complimenti la mattina di molti anni prima, durante la colazione in cui mio padre mi aveva fatto fare per la prima volta il saluto fascista. Lo stesso che avevo incontrato anni dopo a un'altra festa. Il suo sguardo scuro e irrequieto era come una spada che mi trafiggeva il petto.

«Sì, mi ricordo, ci siamo già incontrati...» dichiarai nascondendo il disagio che provavo.

«Andrea, vieni, ti devo parlare» disse mio padre al commissario. «Lasciamo i ragazzi soli. Se la caveranno» e si allontanarono insieme, svuotando tutto d'un fiato la coppa di spumante che tenevano in mano.

Mi agitai, non volevo essere lasciata sola con quell'individuo fastidioso, molto più grande di me. Mio padre si girò per un attimo e mi fissò negli occhi con un'espressione soddisfatta. Era compiaciuto di se stesso. Io, invece, volevo solo che mi salvasse da quella situazione imbarazzante e fuori luogo. Non volevo avere a che fare con quel ragazzo. Non desideravo sapere nulla della sua vita.

«Come stai? L'ultima volta che ci siamo visti eri più piccola...» mi chiese lui con un sorriso smagliante.

Mi misi in ordine una ciocca di capelli che mi era scesa dall'acconciatura. «Sì, bene, grazie» risposi schiarendomi la voce.

Se avessi potuto, sarei scappata da quella trappola in cui mio padre mi aveva abilmente lasciata. Una parte di me, però, non voleva accettare che lui l'avesse fatto intenzionalmente. Nel profondo speravo di sbagliarmi.

«Hai un'espressione pensierosa...» mi disse Davide incrociando le braccia sul petto.

«Non sono abituata a queste feste. Ci sono molte persone e tanta confusione» spiegai cercando di nascondere i miei sentimenti. Mentre fingevo di osservare la sala, frenetica, pensavo a come allontanarmi. Mi serviva una scusa.

Davide cominciò a parlarmi della guerra in corso, delle sue convinzioni politiche, alle quali non ero interessata, quando incrociai gli occhi di mia madre. Stava chiacchierando con altre signore, impegnate a versarsi coppe di vino. Quando si accorse del mio disagio, lei si congedò dal gruppetto e mi venne in soccorso. Teneva in mano un calice di spumante e, senza che nessuno se ne accorgesse, quando si trovò dietro a Davide, fece finta di inciampare nell'orlo dell'abito e lo urtò per poi aggrapparsi alla sua spalla. Il contenuto le si rovesciò sulla gonna e il bicchiere si ruppe cadendo a terra. «Scusatemi tanto! Questi abiti lunghi... Non volevo. Perdonatemi se vi ho interrotti...» balbettò.

Mi guardai attorno per capire se l'episodio avesse attirato l'attenzione degli invitati. Con sollievo, constatai che non interessava a nessuno. La confusione era tanta e mio padre era troppo lontano e indaffarato per rendersi conto dell'accaduto.

«Signora Bramante! Non preoccupatevi. Vi sentite bene? Vi siete fatta male?»

«No, caro, grazie, ma il vino ha macchiato tutto l'abito...» si affrettò a dire lisciandosi la gonna. «Angela, perché non sali con me e mi aiuti a cercare un nuovo vestito? Non posso certo restare in queste condizioni...»

«Certo, madre. Vengo con voi» dichiarai cogliendo l'occasione.

Davide mi fissò e con un cenno del capo si congedò. «A più tardi, Angela. È stato un piacere, signora Bramante.»

Non appena si allontanò da noi, tirai un sospiro di sollievo e seguii mia madre in camera. Mentre si chiudeva la porta alle spalle, mi domandò se fosse tutto a posto.

«Quel ragazzo non mi piace. Mi parla di cose che non conosco e non mi interessano» le spiegai sedendomi sul grande letto in ferro battuto. La stanza era una sorta di nascondiglio dentro il quale mia madre aveva riposto tutte le cose che amava. I suoi libri, il tamburello per ricamare, le coperte di lana e i cuscini di raso che lei stessa aveva ricamato con delicati ornamenti floreali. Tutto parlava di lei in quella stanza, della sensibilità che la distingueva dagli altri, delle paure che teneva strette a sé come qualcosa da cui non era capace di liberarsi, della voglia di essere capita e compresa che metteva in tutte le azioni che compiva. Da tempo ormai i miei genitori non dormivano più insieme. Mio padre preferiva dormire in una camera tre porte più avanti, quasi alla fine del corridoio. Non ci ero mai entrata, la immaginavo arredata con pochi mobili e senza nessun tipo di fronzoli. Fredda come era lui.

«Angela, quello è uno con cui non devi avere a che fare. Sono stata chiara? Non puoi fidarti delle persone che ci sono in quella stanza» mi disse. «Di nessuno di loro!» insistette. «Dei *fascisti* non ci si può fidare...» concluse con un filo di voce, avvicinandosi a me e mettendomi le mani sulle spalle. «E non ripetere a nessuno quello che ti ho detto. Mi hai capito?» mi chiese sempre più ansiosa.

«Sì, madre» dissi abbracciandola.

Lei mi strinse forte e mi accarezzò i capelli. «Sei una brava ragazza» mi sussurrò flebilmente con un'incrinatura nella voce.

Avevo compreso ormai da tempo chi mio padre frequentasse, persone che non accettavano critiche da nessuno. Gente che voleva dettare e imporre le proprie idee con la violenza e le intimidazioni.

Quando mia madre fu di nuova pronta, ritornammo nel salone. Mio padre gestiva la situazione con disinvoltura. Gli piaceva ostentare la sua ricchezza, il suo stato sociale privilegiato. Non mi si avvicinò più. Nemmeno una volta. Non mi guardò più in faccia e mi ignorò per tutta la sera. Sembrava non esistessi più per lui. Tutto l'amore che mi aveva dimostrato poco prima si era dissolto, marcito e imputridito sotto la sua personale e distorta visione del mondo. Passai il resto della serata al fianco di mia madre. Non mi allontanai mai da lei. E quando mio padre, dopo il brindisi di inizio anno, venne incontro a noi due, con evidente disprezzo, per farci gli auguri, capii che non mi voleva bene. Che quello che aveva fatto poco prima era solo una questione di interessi personali. Per lui ero stata una bella bambolina da mostrare e prendere in giro. Mi aveva ferita e illusa. Mi ripromisi di non credergli più.

14

Dopo i festeggiamenti di quel Natale ripresi ad andare a scuola. Ma al mio rientro non trovai l'atmosfera che mi ero lasciata alle spalle. Tra i ragazzi più grandi si vociferava di riunioni segrete in canonica. Una mattina, mentre salivo le scale per andare nell'aula di scienze, sentii gli amici di Luigi, nascosti sotto la rampa, darsi appuntamento in chiesa a un'ora alquanto tarda: tra le undici e mezza e mezzanotte.

«Bisogna organizzarsi, e mi raccomando, fai attenzione alle ronde dei fascisti, quelli si nascondono negli angoli più bui. Sono delle vipere, ecco cosa sono» bisbigliò uno. «Ci saranno anche gli altri. Una cosa tra amici...» concluse guardandosi attorno per accertarsi di non essere ascoltato.

Io rimasi ferma e un brivido mi percorse tutta la schiena. Un sesto senso mi disse che quell'incontro, in un futuro prossimo, non avrebbe portato nulla di buono. Mi auguravo che Luigi non fosse dei loro. Il pensiero che potesse essere picchiato da uno dei tanti gruppi di camicie nere che si aggiravano indisturbati per il paese mi faceva stare male. Oramai le loro scorribande erano all'ordine del giorno sul quotidiano locale. Era diventata una consuetudine leggere negli articoli quelle violenze a cui mi ero talmente abituata che mi sembravano la normalità. Se ci penso ora, mi vergogno a scrivere queste parole...

Speravo solo che nessuno di loro toccasse le persone a cui volevo bene. Fu in quel periodo che cominciai a prendere coscienza della situazione in cui mi trovavo. Mi accorsi che molti compagni di scuola mi guardavano in modo diverso, tanto da farmi sentire a disagio, nonostante Luigi cercasse di proteggermi in tutti i modi. Fuori dalle mura scolastiche arrivò a minacciare quei ragazzi con una cattiveria che non era da lui. All'epoca Luigi aveva sedici anni ed era diventato molto più alto di me. Aveva lasciato la scuola, dava una mano al padre nei campi e, quando poteva, faceva dei lavoretti in giro per il paese. L'espressione del suo viso si era fatta più dura e del ragazzino di qualche anno prima non c'era traccia. Anch'io mi ero trasformata in una giovane donna. La nostra fanciullezza non esisteva più, all'improvviso ci ritrovammo gettati nel mondo degli adulti.

I ragazzi che mi davano della fascista mi osservavano con disprezzo crescente e, piano piano, mi misero contro altre persone. La madre superiora, sospettosa, un pomeriggio mi fece chiamare in ufficio. Davanti alla porta di legno scuro lisciai il mio grembiule, feci un respiro e bussai. Andare nel suo studio era una cosa fuori dal comune. Chi finiva là dentro di solito aveva combinato qualcosa, ma io sapevo di essermi sempre comportata bene. L'ufficio era una stanza con i soffitti a botte intonacati di bianco. Quasi tutte le pareti erano occupate da mobili, cassettiere e portadocumenti di legno di noce. La spaziosa scrivania aveva i piedi intagliati con angeli e figure celestiali. Dietro, appeso al muro con un robusto chiodo di ferro, troneggiava un massiccio crocefisso.

«Bene, sei arrivata. Siediti, Angela» mi accolse la madre superiora mostrandomi due sedie dall'aspetto scomodo collocate di fronte a lei.

Con passo incerto, ne raggiunsi una e mi ci sistemai.

«Angela» cominciò suor Ingrid con il suo accento tedesco, «mi rendo conto che la situazione in cui ti trovi è complessa...»

«Sì, lo è» le dissi, abbassandomi l'orlo del grembiule.

La madre superiora mi guardò in tralice e si schiarì la voce. Sapevo di avere osato nel tono in cui le avevo risposto, ma non avevo potuto farne a meno. La lingua era stata molto più veloce della mente.

«Ti piacerebbe darmi una mano con i bambini piccoli? Diciamo per un paio d'ore al giorno?» mi chiese appoggiando i gomiti alla scrivania e sporgendosi verso di me.

Dietro i suoi occhi chiari come il ghiaccio che mi fissavano, intravidi per la prima volta un segno di gentilezza. Presa alla sprovvista dalla sua comprensione, cercai di rimediare al tono che avevo usato poco prima. «Sì, grazie. Io non so davvero cosa dire...» balbettai abbassando lo sguardo.

«Bene, allora vedrò di organizzarmi. Ti farò chiamare quando sarà ora. Adesso puoi andare» mi ordinò sbrigativa, ritornando quella di sempre.

Io mi alzai e, a testa china, andai alla porta. «È un problema, vero?» le domandai senza voltarmi.

«Che cosa?»

«Mio padre. Tutto questo è solo colpa sua, giusto? Se non fosse un fascista, io sarei come tutti gli altri...»

«Angela, il problema non sei tu, è questo mondo in cui tutto va a rotoli» mi disse senza muoversi da dove stava. «Vedrai che le cose si sistemeranno.»

Erano le uniche parole di conforto che una donna come lei potesse offrirmi. Non si sarebbe mai spinta oltre. Era il suo personale modo di aiutarmi. Mi precipitai fuori dall'ufficio e mi chiusi in bagno a piangere.

Lo stesso pomeriggio riuscii a raggiungere Luigi alla casa sull'albero. Quando fui lì, vidi che stava chiacchierando con Stefano e Luca, i due ragazzi che avevo sentito bisbigliare sotto le scale. Quando si accorsero della mia presenza, cambiarono discorso, assumendo un atteggiamento più scherzoso. Subito mi chiesi di cosa stessero parlando prima del mio arrivo. Con loro, nell'ultimo periodo, avevo avuto poco a che fare. Il più delle volte se ne andavano quando io arrivavo. Non mi sembravano ostili nei miei confronti, anzi, se parlavo mi rispondevano cortesi e non facevano mai nessun tipo di allusione nei confronti di mio padre. Così quando mi avvicinai, li salutai con un sorriso.

«Ciao Angela, come va?» mi rispose Luca appoggiandosi alla scala a pioli.

«Bene» dissi cercando gli occhi di Luigi. «Disturbo?»

Luigi si mise le mani in tasca. «No, stavamo parlando di stupidaggini. Ho saputo che la madre superiora ti ha convocata. È tutto a posto?»

«Già, che hai combinato ragazza?» mi domandò ironico Stefano sistemandosi la cintura dei pantaloni.

«Niente di grave. Mi ha chiesto se posso darle una mano con le classi inferiori. Sì, insomma, con i bimbi più piccoli» spiegai abbozzando un sorriso disinvolto. O almeno, quella era l'impressione che volevo dare.

«Brava, almeno non farai lezioni noiose!» esclamò Stefano battendo una mano sulla spalla di Luigi. «Noi andiamo, ci vediamo ragazzi!» aggiunse spingendo Luca in avanti.

«Sì, noi andiamo, a domani!» ci salutò.

Mentre si allontanavano, Luigi mi venne vicino e mi abbracciò. «Mi sei mancata» mi sussurrò in un orecchio spostandomi una ciocca di capelli.

Tra noi non era ancora successo niente, nemmeno un bacio. Perciò rimasi sorpresa di quell'atteggiamento più che intimo. Di abbracci ce n'erano stati tanti, anche di carezze, ma quel giorno provai una sensazione diversa. Un brivido mi scivolò giù dall'orecchio infilandosi dritto nella spina dorsale.

«Anche tu...» gli confessai chiudendo gli occhi.

«Angela, non so come dirtelo... Quei bulli a scuola, io vorrei proteggerti da quei bastardi che ti danno fastidio» continuò con un filo di voce stringendomi ancora più forte.

«Lo so, ma non voglio che tu ti metta nei guai per me, davvero.» Riuscii a malapena a pronunciare quelle parole perché il battito del cuore di Luigi e il suo profumo mi confondevano.

Lui mi accarezzò i capelli e la schiena. «Quanto sei bella, *amore...*»

Trattenni il respiro, mentre il cuore sembrava squarciarmi il petto. Mi aveva chiamata *amore*. Fino a quel momento non aveva mai osato pronunciare una parola così grande e importante. Non seppi cosa dire, il desiderio di baciarlo era fortissimo. Sapevo che, prima o poi, il nostro rapporto sarebbe sfociato in qualcosa di più, solo che non mi aspettavo che accadesse in quella giornata così difficile per me. Cercai di svuotare la mente, di non pensare più a mio padre, agli insulti, alla guerra e a tutto il mondo che ci circondava. Rimasi semplicemente tra le sue braccia.

«Mi piaci, Angela, e farò di tutto per te...» continuò accarezzandomi il collo, le guance e infilando le mani sotto al cappotto. Sentii le sue labbra fredde baciarmi. Ricambiai il bacio stringendolo forte a me. Era il mio primo bacio. Il bacio che non dimenticherò mai.

Quando ci staccammo ci guardammo negli occhi.

«Credevo mi avresti respinto...» mi disse accarezzandomi la schiena.

«Perché avrei dovuto farlo, sciocco?» dissi arruffandogli i capelli. «È tanto che aspetto... da quel fazzoletto rosa. Ti ricordi?»

«Lo so. Ma avevo comunque paura...»

Il vento freddo della sera scompigliò le chiome degli alberi. Mi resi conto che dovevo ritornare alla villa. «Devo andare, se mio padre si accorge che non sono in casa saranno guai. Ci vediamo domani» gli promisi abbottonandomi per bene il cappotto.

«A domani» mi disse lui, baciandomi ancora una volta.

Quella sera a cena non riuscii a mandare giù nulla. Pensavo solo ai baci che io e Luigi ci eravamo dati nel pomeriggio. Avevo lo stomaco aggrovigliato dall'emozione.

«Che ti succede, stasera? Non mangi nulla?» mi chiese mio padre, al quale non sfuggì il mio comportamento.

«Non lo so. Forse ho preso freddo...» mentii.

«Guarda che ben di Dio hai nel piatto. Non tutti si possono

permettere queste prelibatezze... Noi invece sì. Non siamo dei poveracci!» esclamò con tutta l'arroganza che aveva in corpo, battendo un pugno sul tavolo.

Il mio umore cambiò drasticamente e in un attimo pensai ai braccianti e ai loro figli, alle famiglie che facevano fatica a mettere in tavola un solo pasto decente. E, senza riuscire a frenare l'impeto di giustizia che provavo e che mi divorava, infransi la promessa fatta a mia madre tempo prima.

«E non è forse un'ingiustizia questa? Tutti dovrebbero avere il cibo che abbiamo noi!» sibilai, consapevole delle conseguenze.

Mio padre si zittì per qualche secondo, spiazzato dalla mia presa di posizione. Poi, con un guizzo negli occhi, si alzò di colpo. «Come ti permetti, stupida ragazzina! Dovresti ringraziarmi per questo. Come osi mancarmi di rispetto!» gridò furioso.

Mia madre si alzò da tavola e mi venne subito vicino. «Emanuele, fermo! Non voleva dire quelle cose, ne sono certa...» cercò di difendermi, parandosi davanti a me, che non mi ero ancora mossa dalla sedia.

«Lo credi davvero? Io no. Invece penso che la scuola che frequenta sia un posto pieno di antifascisti! La stanno influenzando...» disse glaciale, dando un pugno sul tavolo. «Non permetterò che quelle persone, se si possono definire così, travino il pensiero di mia figlia!» continuò fuori di sé. «Domani parlerò con la madre superiora. Se la vedrà con me!»

A quel punto mi alzai anch'io da tavola. Non volevo che mio padre si presentasse a scuola, la sua presenza avrebbe aggravato la fragile situazione in cui mi trovavo. Se l'avessero visto aggirarsi nell'ufficio di suor Ingrid, gli amici e i compagni di classe mi avrebbero emarginata del tutto. «No, non è stata la scuola!» gridai. «L'ho letto... Sì, su un volantino che ho visto...» improvvisai.

Mio padre si acquietò. «Volantino? E dove lo hai trovato?»

Per un attimo incrociai lo sguardo di mia madre. Aveva riconosciuto la mia bugia ed era terrorizzata che non riuscissi più a uscire dalla situazione in cui mi ero infilata. «Su, di' a tuo padre dove lo hai trovato...» mi incitò, dandomi così del tempo per architettare un piano.

«Io, io... Non ricordo esattamente» balbettai perdendo tutta la sicurezza di poco prima.

Lui mi venne incontro a piccoli passi e mi strinse forte un braccio, tanto che dovetti alzarmi in punta dei piedi perché mi stava sollevando da terra con tutta la forza che possedeva. Aveva gli occhi iniettati da tante piccole venuzze rosse.

«Dimmi dove lo hai trovato!» gridò sputandomi gocce di saliva in faccia.

Nel panico, cominciai a tremare e serrai forte le palpebre per non guardare i suoi occhi carichi di odio. «Fuori dal muretto della scuola. Era per terra. L'ho preso in mano, l'ho letto e l'ho buttato via» mentii, con la speranza che mi lasciasse stare.

Mio padre mollò la presa e iniziò a camminare avanti e indietro per la stanza. «Adesso fanno propaganda antifascista anche fuori dalle scuole!» urlò.

Sconvolta e tremante, tornai a sedermi al mio posto; mi resi conto di averla scampata. Ero riuscita a distrarlo dalle sue intenzioni. Non avrei mai accettato di essere mandata in un altro istituto.

«Informerò chi di dovere e vedremo di scovare questi bastardi» dichiarò, uscendo in fretta dalla stanza. Lo sentii allontanarsi verso le scale e poi chiudersi la porta alle spalle.

Rimaste finalmente sole, io e mia madre piangemmo in silenzio. Quella notte mio padre non tornò a casa

* * *

Mio padre non dimenticò la mia bugia e nei mesi successivi vidi spesso davanti alla scuola la macchina del commissario De Stefani. Insieme a lui c'erano altri due uomini vestiti in abiti civili, che più volte osservai camminare avanti e indietro mentre studiavano i docenti. A volte si permettevano di perquisire anche i bambini che, spaesati, tornavano in classe a testa bassa. Una mattina, mentre passavo vicino a loro, notai che avevano fermato un ragazzino dall'espressione timida, magro e con degli occhiali spessi. Udii uno dei due intimidirlo, che non doveva osare raccontare niente a nessuno. Mi sentii in colpa: tutto quello era la conseguenza della mia menzogna.

All'interno dell'istituto l'atmosfera si faceva ogni giorno più tesa, le suore erano sempre in allerta; più di una volta vidi la madre superiora controllare dalle finestre che nessuno entrasse di nascosto nella scuola. Non potevo non pensare che la causa di tutto ciò ero io.

I ragazzi che tempo prima mi avevano emarginata, ora si erano fatti silenziosi; nessuno si permetteva più di nominare la mia famiglia. Prima di alcune lezioni, quelle in cui avrei dovuto dividere l'aula con i ragazzi del paese, la madre superiora mi veniva a chiamare e mi portava via con lei. Le davo una mano nelle classi dei più piccoli, aiutando i ragazzini in difficoltà con la matematica. Mi piaceva stare con loro, mi davano fiducia. Non mi osservavano di sottecchi, furtivamente. Erano creature pure d'animo. Con loro non dovevo giustificarmi per il cognome che portavo.

«Ti piace dare una mano a suor Ingrid?» mi chiese Adele un pomeriggio dopo la scuola. Lei non frequentava più le lezioni: come la madre, aiutava una ricca signora del paese nelle faccende domestiche.

Fuori l'aria era tiepida e la primavera portava con sé una nuova voglia di rinascita. «Sì, sono contenta di avere accettato.»

«Hai visto Luigi ieri?»

«No, ieri non sono riuscita a uscire da casa. Ci proverò oggi.»

Le avevo raccontato tutto di noi, del bacio e di quanto fossi innamorata. Non le avevo detto quello che era successo con mio padre, né della bugia che mi ero inventata. Mi vergognavo troppo...

Nei mesi che portarono al giugno del 1941, la situazione con mio padre non cambiò. Aveva cominciato a bere, prima di nascosto, poi anche davanti alla famiglia. Mia madre l'aveva trovato parecchie volte addormentato, fradicio e puzzolente di alcol: in genere si accasciava nello studio, dove l'immagine di Mussolini, incastonata in una elaborata cornice color oro, era appesa proprio dietro la scrivania colma di fogli e registri pieni di numeri. Mia madre cercava di proteggermi, faceva quello che poteva per nascondermi il comportamento di mio padre; mi spronava il più possibile ad aiutare gli altri, a essere brava a scuola e a pregare tutte le sere per la salvezza della mia anima. E io facevo del mio meglio in tutto quello in cui ero coinvolta. Mi sentivo utile a scuola e, nonostante la bugia che avevo detto e l'atmosfera che si era creata in paese, trovai il modo di sopravvivere. Era un precario equilibrio con cui riuscivo a reggermi in piedi. Nel mio piccolo, la madre superiora era entusiasta del compito che svolgevo.

«Angela, sei davvero brava a insegnare. Stai facendo un ottimo lavoro» mi disse qualche giorno prima del termine dell'anno scolastico. «Cosa farai durante l'estate?» mi chiese dopo averla ringraziata.

«Resterò alla villa...» le risposi a testa bassa mettendomi le mani nelle tasche del grembiule.

«Ecco, Angela...» mi disse prendendomi da parte e facendomi sedere su una delle panchine sotto alla barchessa, «avrei bisogno di una mano. Ho intenzione di tenere aperta la scuola quest'estate. I genitori ne saranno contenti, e i bambini sapranno di avere un punto di riferimento. Un posto dove andare...»

Spalancai gli occhi per la sorpresa. «Dite davvero?» le domandai torcendomi le mani.

«La guerra è già dura così e io voglio che tutti i bambini abbiano un posto dove sentirsi uniti» mi spiegò sedendosi vicino a me.

Da quando avevo cominciato a darle una mano, suor Ingrid si era in qualche modo ammorbidita nei miei confronti. Di certo i modi asciutti e lo sguardo glaciale non erano cambiati, ma i gesti e le iniziative a cui pensava erano in netto contrasto con l'idea che suscitava a prima vista.

Così la domenica seguente, durante il pranzo, informai mio padre dell'intenzione di aiutare la madre superiora durante l'estate. Quel giorno sembrava pensieroso e non diede importanza a quello che gli stavo dicendo. Si limitò a scuotere la testa e alzare le spalle.

«Fai come ti pare» mi disse, «l'importante è che tu non vada sola. Ti accompagnerà tua madre, o Emma.»

Ero contenta di averlo trovato in una situazione di totale disinteresse nei miei confronti. Mia madre mi guardò e, con un leggero cenno della testa, mi fece capire che era andata bene. Finimmo di mangiare in totale silenzio, come era abitudine.

Io e Luigi ci incontravamo al solito posto. Lui mi attendeva con un sorriso sincero e poi mi abbracciava forte fino a farmi mancare il fiato. Erano i momenti che preferivo. Quando gli raccontai della proposta di suor Ingrid, fu felice per me.

«Allora ci potremo vedere molto più spesso» mi annunciò ridendo.

«Che vuoi dire?»

«La madre superiora ha chiesto ad alcuni di noi di aiutarla. Il tetto della scuola non è in buone condizioni e vorrebbe una mano per rimetterlo in sesto prima del nuovo anno.»

«Sono contenta. Non pensavo ci fossi anche tu! E tuo padre come farà senza di te?»

«Mi ha detto che, se la Chiesa ha bisogno, è giusto che dia una mano. Io però cercherò di aiutare anche lui. Non lo lascerò solo» mi rispose dandomi un bacio sulla fronte. «Sali con me?» e mi indicò la casa nascosta tra le fronde.

«Sì, andiamo» gli risposi baciandolo sulle labbra.

Quando fummo soli, dentro lo spazio ristretto della casa di legno, ci guardammo negli occhi e ci baciammo di nuovo. Senza nemmeno accorgermene mi ritrovai stesa sul pavimento... Ci baciavamo con una tale dolcezza che mi mancava il fiato. Il suo amore nei miei confronti era immenso, smisurato. E lui per me era come l'ossigeno. Sentivo il bisogno di averlo tutto per me e pregavo che la guerra finisse e che un giorno potesse diventare mio marito. Ero giovane, ma avevo le idee chiare. Il mio amore era limpido e cristallino come l'acqua di un torrente di montagna e, per la prima volta, gli sussurrai all'orecchio che lo amavo e che volevo essere solo sua. Luigi mi fissò con i suoi occhi castani e mi baciò di nuovo. Ci spogliammo travolti dalla passione e facemmo l'amore. Mi lasciai trasportare da un'emozione irrefrenabile. Un desiderio che dovevamo per forza soddisfare. Ci eravamo promessi amore e quello che successe suggellò le nostre emozioni. I nostri sentimenti.

15

Quell'estate del 1941 le famiglie del paese, nonostante ne risentissero e soffrissero per le conseguenze della guerra, furono felici che la scuola accogliesse i loro figli. I lavori in campagna occupavano uomini e donne dall'alba al tramonto, e le madri non potevano che rallegrarsi all'idea che i figli fossero al sicuro. Ogni tanto si avvistavano gruppetti di camicie nere aggirarsi al di fuori dei cancelli dell'istituto. Cercavano ancora i responsabili di quel volantino che mi ero inventata. Li osservavo dal cortile mentre vegliavo sui bambini durante la ricreazione. Il fatto che si facessero vedere sempre meno, che si stessero arrendendo di fronte alla mancanza di indizi utili, mi faceva sentire meno in colpa. Non fermavano nemmeno più i piccoli all'entrata. La bugia si stava lentamente ridimensionando, accartocciandosi su se stessa.

Una mattina di luglio, mentre passeggiavo nella piazza del paese, Emma mi fissò per un lungo attimo. «Sembri diversa. Sei cresciuta...» mi disse studiandomi. «Non è che sei innamorata?» mi chiese cingendomi le spalle con un braccio.

Io avvampai. «In che senso?»

«Non fare la finta tonta. Hai capito. Innamorata di un bel ragazzo, ecco cosa intendo!» esclamò stringendomi la spalla.

«No! Cosa ti salta in mente? Non ci penso neanche...» asserii poco convinta.

«Come vuoi tu. Comunque, ricorda che io sono più vecchia di te e certe cose le intuisco... Adesso andiamo, altrimenti farai tardi.»

Mi sistemai l'abito di cotone color carta da zucchero e rimasi in silenzio fino a che non raggiungemmo il cancello della scuola.

«A dopo» la salutai allontanandomi svelta verso il giardino.

«Ciao!» sentii dall'alto.

Alzai gli occhi al cielo e vidi Luigi che mi salutava con un cenno. Mi guardai attorno e, notando che non c'era anima viva, gli mandai un bacio con la mano. Lui mi sorrise, si passò le dita tra i capelli arruffati e continuò a lavorare.

La mattinata trascorse tra giochi e qualche lezione. Dopo pranzo, quando tutti i bambini erano a riposare in una grande stanza, senza che nessuno se ne accorgesse, io e Luigi ci appartammo nel fienile sul retro della scuola, immersi nel canto delle cicale che scandiva il trascorrere lento del tempo. L'emozione di stare insieme superava nettamente la paura del pericolo che correvamo. Eravamo tutti e due consapevoli che, se ci avessero trovato in atteggiamenti amorosi, la voce sarebbe presto arrivata alle orecchie di mio padre. Ma non ci importava.

«Sei bellissima, oggi» mi disse lui abbracciandomi nella penombra di quel caldo e afoso pomeriggio d'estate. I raggi filtravano dalle fessure della porta di legno che poco prima si era chiuso alle spalle.

«Così mi fai arrossire...» gli confessai abbassando lo sguardo. Luigi mi accarezzò il mento e, sollevandolo, mi baciò. Profumava di estate, di sole e di fiori.

Il fienile era pieno di attrezzi da lavoro, vanghe, zappe, cesoie per tagliare i cespugli del giardino, secchi e parecchio materiale edile per i lavori del tetto. In un angolo era stivata la legna che le suore usavano per scaldarsi d'inverno e un ceppo con la mannaia per tagliarla.

Luigi mi spinse delicatamente verso la parete di mattoni. Ci concedemmo qualche minuto di teneri baci. «Vorrei tanto fare l'amore con te» mi disse lui aggrovigliando le sue mani alle mie.

«Anche io...» gli sussurrai tra un bacio e l'altro.

Un vociare sommesso ci colse alla sprovvista. Luigi mi mise la mano sulla bocca e mi fece segno di fare silenzio. Io, con il cuore in gola, acconsentii con la testa. Tutti e due ci mettemmo con le orecchie al muro e ascoltammo. Se ci avessero trovati era la fine. Gocce di sudore mi scivolavano sulle tempie.

La madre superiora, suor Ingrid, stava parlando con don Saviano, il parroco della chiesa, oltre il muro del fienile. Stentavo a capire le frasi. Afferrai solo alcune parole: riunioni, ragazzi e fascisti. Erano troppo lontani per comprendere altro. Guardai Luigi e vidi la sua preoccupazione. Non potevo parlare. Sentimmo la madre superiora e don Saviano avvicinarsi.

«Dobbiamo discutere in privato, suor Ingrid» disse lui agitato.

«Non vorrete mica andare qui dentro! Cosa direbbe la gente se qualcuno ci vedesse? Un prete e una suora... Lo trovo fuori luogo, don Saviano.»

Dalle loro parole, dedussi che don Saviano le aveva proposto di entrare nel fienile. Luigi, pallido in viso, se ne stava incollato alla parete.

«Avete ragione, suor Ingrid. Credo sia meglio continuare le nostre riunioni in sagrestia. Da quando le camicie nere si aggirano qui attorno, questo posto non è più sicuro. Se doveste avere bisogno di comunicarmi qualche cosa, è meglio che me lo diciate in confessionale... Ci siamo capiti?» le chiese don Saviano ancora più sottovoce. Erano a pochi passi da noi, solo un vecchio e grande portone di legno ci divideva.

«Sì, certo. È meglio non destare sospetti. Non voglio che succeda nulla, qui. I bambini hanno bisogno di un posto sicuro. Non possiamo mandarli in giro con quelle squadre di fascisti che scorrazzano indisturbate, facendo quello che vogliono. Arriverà, sì, arriverà il momento in cui tutto questo finirà...» gli rispose suor Ingrid con la voce rotta.

Era la prima volta che sentivo un'incrinatura nel tono sempre sicuro e determinato della madre superiora.

«I *ragazzi* si stanno organizzando, con calma e discrezione» la mise in guardia il parroco.

«La cosa essenziale è che la scuola e il nostro ordine non vengano toccati in nessun modo.»

«Suor Ingrid, state tranquilla. Voi non c'entrate niente.»

«Grazie, don Saviano, e pregate per tutti noi.»

«Noi siamo qui per aiutare, suor Ingrid. Per aiutare...» ripeté don Saviano con un filo di voce, lasciando la frase in sospeso e incamminandosi verso la scuola.

Sbirciai da una fessura tra le due assi di legno della porta per accertarmi che la madre superiora e il parroco si fossero allontanati. Poi guardai Luigi, pallido in viso. Mi vennero in mente le parole dei due ragazzi che avevo udito mentre salivo le scale. Anche loro parlavano di «organizzarsi», cercando di nascondersi da tutti.

«Luigi, cosa succede? Mi puoi spiegare? Di quali ragazzi parlava la madre superiora?»

Luigi si passò una mano tra i capelli e imprecò con tutta la rabbia che aveva in corpo. Spaventata dalla sua reazione, feci un passo indietro. «Non posso accennarti niente, Angela. Credimi, se potessi lo farei...» mi confessò stringendomi a sé.

«Non capisco...»

Luigi si staccò da me e mi strinse le braccia. «Angela, è per il tuo bene. Tu non devi sapere. Saresti troppo esposta...»

Mi ripresi da quello stato di intontimento e diffidenza che si era impadronito di me, e mi divincolai dalla sua presa. «Credi che sia stupida? Non me lo dici solo perché sono la figlia di un fascista, vero?»

«Io... sì.»

Misi le mani sui fianchi. «Perché hai fatto l'amore con me, se non ti fidi?»

Luigi cominciò a camminare avanti e indietro sempre più nervoso. Sembrava un animale in trappola. «Perché ti amo! Cristo...» imprecò stringendo forte i pugni.

«Allora voglio la verità, altrimenti me ne vado. Dimmela Luigi, adesso!»

Lui si precipitò da me e mi abbracciò forte. «Non posso. Fidati di me, Angela, ti prego...»

Arrabbiata dalla sua mancanza di fiducia, non ricambiai la stretta. Aspettai che lui mi lasciasse e corsi verso la porta.

«Ti amo, Angela, aspetta!» mi ripeté cercando di trattenermi.

Quella sera, da sola nel mio letto, piansi lacrime amare.

* * *

Il giorno dopo mi recai a scuola e mi guardai bene dal parlare con Luigi. Ero offesa e volevo sapere cosa mi stava nascondendo. Lui mi osservava da lontano con espressione dispiaciuta. Era evidente il conflitto interiore che lo stava divorando. Glielo leggevo negli occhi.

Nel pomeriggio, al termine della giornata, mentre camminavo spedita verso l'uscita, intravidi un ragazzo girato di spalle che fumava una sigaretta, appoggiato al cancello della scuola. Indossava un paio di pantaloni scuri e una camicia nera. Quando lo riconobbi, cercai rapida un'altra via d'uscita. Pensai persino di saltare la recinzione della scuola. Le gambe mi tremavano e, d'istinto, alzai lo sguardo verso il tetto dove Luigi stava ancora lavorando. Era voltato di spalle. Ringraziai Dio, levando gli occhi al cielo, che i bambini se ne fossero già andati a casa e non avrebbero assistito all'incontro.

Quando mi vide, Davide De Stefani gettò il mozzicone di sigaretta per terra e si avvicinò. Mi stampai un sorriso educato sulle labbra. «Davide, cosa ci fai qui?»

Davide mi squadrò dalla testa ai piedi. Il suo sguardo indagatore mi faceva sentire nuda.

«Buonasera a te, Angela» mi disse mostrandomi il braccio. «Ho domandato a tuo padre il permesso di venire a prenderti...»

Non desideravo certo appoggiarmi a lui, ma Davide non si muoveva dalla posizione che aveva assunto. Era chiaro che non accettava nessun tipo di rifiuto. Rassegnata, mi sostenni al suo braccio e mi feci accompagnare lungo la via. Furtivamente, alzai gli occhi verso il tetto e vidi che Luigi mi stava osservando. Aveva l'aria corrucciata e le braccia distese lungo i fianchi. Ora che mi aveva vista con Davide, avrebbe cambiato idea su di me, sui nostri sentimenti? Mi arrovellavo in cerca delle parole giuste per spiegargli la situazione in cui mi trovavo. Dentro di me, avrei tanto voluto che venisse in mio soccorso.

«Cosa guardi di bello, lassù?» mi domandò Davide.

«Io? Niente, stavo solo riflettendo...»

«Vedo che ti sei fatta ancora più bella dell'ultima volta che ti ho vista, alla festa.»

«Oh, grazie» dissi stringendomi nelle spalle a disagio.

Le persone che incrociavo per strada mi osservavano con disprezzo misto a paura. Molte di loro mi salutarono con deferenza, con un leggero cenno della testa. Io, in imbarazzo, ricambiavo con un sorriso tirato. Mi vergognavo di essere a braccetto di un individuo pieno di sé e così sicuro della propria superiorità. Quando passammo davanti al bar del paese, sarei voluta sprofondare: gli uomini che stavano parlando ammutolirono all'improvviso e ci fissarono finché non li oltrepassammo. Percepivo sulla schiena il trafiggermi dei loro sguardi.

«Ti guardano tutti, e fanno bene. Sei uno splendore» insistette lui.

«Come mai eri alla scuola?» gli chiesi nel tentativo di cambiare discorso.

«Diciamo che avevo voglia di vederti. L'ultima volta che ci siamo incontrati, alla festa di tuo padre, non ho più avuto modo di parlare con te.»

«Sono stata con mia madre...»

«Mi piacerebbe frequentarti, Angela» disse andando dritto al punto.

«Davvero? Sì, insomma, sono molto più giovane di te. Tu sei un uomo» gli dissi nel tentativo di dissuaderlo. «Avrai tante ragazze più belle di me che ti fanno la corte» aggiunsi ridendo.

«Sì, è vero. A me però non interessano. Mi piaci tu e voglio vederti, se non ti spiace» mi rispose in un tono che non ammetteva nessuna replica. Il «se non ti spiace» era solo un pro forma.

Rimasi in silenzio per alcuni minuti, camminando a testa china. Guardavo i miei piedi appoggiarsi sul selciato della strada uno davanti all'altro e riflettevo su come uscire da quella scomoda situazione. Nessuno sarebbe venuto in mio aiuto. Dovevo cavarmela da sola. Cercai di lasciare il braccio di Davide, ma lui non me lo permise.

«Chi tace acconsente. Dato che sei d'accordo, vedrò di organizzarmi» sentenziò senza darmi nessun diritto di replica.

«No. Non sono d'accordo!» controbattei liberandomi con uno strattone e ribellandomi a quell'imposizione.

Davide si guardò attorno. «Sei fortunata che non ci sia nessuno. Sei solo una bambina immatura. Ecco cosa sei!» mi gridò in faccia, prendendomi per un braccio.

«Lasciami subito o riferirò tutto a mio padre!» strillai, spaventata dall'ira che gli tracimava dagli occhi.

«Sì, raccontagli tutto. Pensi che a tuo padre importi qualcosa? Lui vorrebbe che tu ti fidanzassi con uno come me. Non lo sapevi? Quando va a puttane... Perché lo sai che tuo padre frequenta il bordello? Quando va a puttane, dice a tutti che deve accasarti con uno del partito. E quel qualcuno sarò io. Mi hai capito? Ti è chiara la situazione?» incalzava alitandomi sulla guancia. Puzzava di tabacco e alcol.

L'immagine di mio padre in un bordello, nudo, che sottometteva altre donne mentre pensava a come accasarmi, mi disgustò talmente tanto che ebbi un improvviso conato di vomito. Davide mi strinse sempre più forte il braccio. «Che c'è, ti faccio così schifo?»

Chiusi gli occhi e respirai profondamente; poi, con tutta la rabbia che avevo in corpo, gli sputai in faccia. «Sei un bastardo!» gridai divincolandomi.

Davide mi lasciò e con la manica della camicia si pulì la guancia. «Me la pagherai. Quando meno te l'aspetti me la pagherai...» minacciò senza togliermi gli occhi di dosso.

Il suo sguardo scuro e irrequieto mi immobilizzò. Un brivido mi percorse la schiena e, con passo deciso, mi diressi al cancello della villa.

«Hai capito?!» urlò Davide, fermo dove lo avevo lasciato.

Chiusi l'inferriata dietro di me, poi corsi in casa, verso la cucina; sfilai una sedia da sotto il tavolo e mi sedetti. Emma stava sbucciando delle patate.

«Cosa ti succede?» mi domandò preoccupata, lasciando ciò che teneva in mano per correre da me.

«Davide. Davide...» riuscii a bofonchiare.

«Davide chi?» mi chiese Emma accarezzandomi le spalle. «Cosa ti ha fatto, tesoro?»

«Non lo so» dissi piangendo e singhiozzando.

Emma mi portò un bicchiere d'acqua. «Adesso respira e poi mi racconti» mi incoraggiò.

Quando mi ripresi, le dissi quanto era accaduto e le confessai che mi aveva spaventata. «Non voglio più uscire da sola. Per favore, Emma, vieni a prendermi tu a scuola. E non dire niente a mia madre. Sta già troppo male...»

«Ci penserò io. Non preoccuparti.»

* * *

Il mattino seguente andai a scuola accompagnata da Emma. Si era aggiunta anche Adele, camminavamo distanti da sua madre quel tanto che bastava per poter parlare senza essere udite.

«Cosa ci facevi, ieri, con il figlio del commissario?» mi chiese prendendomi a braccetto.

«Chi te lo ha raccontato?»

«Luigi, chi vuoi che me l'abbia riferito! Dice che non capisce e mi ha chiesto di fargli sapere se oggi potete incontrarvi.»

Io mi staccai da lei. «Non è colpa mia. Perché mi guardi in quella maniera?» Il suo sguardo mi faceva sentire colpevole.

«Io non ce l'ho con te, Angela» dichiarò prendendomi di nuovo sottobraccio. «Mi spiace per Luigi. Era distrutto. Non ti sto incolpando. Immagino che dietro a tutto ci sia tuo padre... Mi sbaglio?» domandò ammorbidendo il tono della voce.

«Sì, non mi aspettavo di trovare quell'individuo davanti a scuola. Mi ha anche aggredito perché gli ho detto che non voglio frequentarlo» aggiunsi sospirando. «Mi fa paura, Adele. Hanno un qualcosa di inquietante quegli occhi…»

«Credo sia meglio che spieghi tutto a Luigi. Ti aspetta nel magazzino alle due di oggi pomeriggio» mi informò sorridendo. «E stai lontano da Davide, è un tipo che non mi piace. Si dice che si ubriachi e che sia tra i responsabili delle scorribande che ci sono state in città. Davvero, stai attenta, Angela.»

«Grazie» le risposi stringendole la mano con affetto.

Senza che nessuno se ne accorgesse, dopo pranzo sgattaiolai silenziosa nel deposito. Luigi era appoggiato alla parete e teneva le mani in tasca. Aveva l'aria stanca e le mascelle serrate. Quando mi vide, si irrigidì ancora di più. «Allora sei venuta, non ci speravo più…» mi disse incrociando le braccia al petto.

«Sì. Questa mattina Adele mi ha riferito che volevi incontrarmi» gli risposi sistemandomi i capelli dietro le orecchie.

Luigi sollevò il mento e con gli occhi duri mi fissò. «Perché te ne sei andata con quel tipo? Lo sai che è pericoloso!» gridò alzando le braccia al cielo. «Dio, Angela, perché con lui?»

«Mio padre!» urlai più forte per sovrastare Luigi nel tentativo di giustificarmi.

Lui si calmò e la sua espressione dura e marmorea si addolcì fino ad assumere un'aria preoccupata. Rimase così stupito dalle mie parole che non disse niente. Poi mi abbracciò talmente forte che io non potei fare altro che lasciarmi andare. «È stato lui a dargli il permesso» spiegai appoggiandomi al suo petto.

«Scusa, non volevo aggredirti. Ma quando ti ho visto con quel fascista non ho capito più niente. Pensavo che non volessi più avere a che fare con me.»

«Adesso ti racconto com'è andata» gli precisai staccandomi da lui. Ci sedemmo per terra e gli illustrai tutto con le lacrime agli occhi.

«Io quello lo ammazzo!» esclamò Luigi alzandosi di colpo.

Gli andai subito vicino. «No, non puoi farlo. Tu non sei come quelli… Tu sei migliore.»

«Lo so, ma come faccio a starmene qui senza fare niente? E se ti facesse del male?»

«Starò attenta» gli promisi cercando di rassicurarlo.

«Sei troppo ingenua, Angela. Quella gente non si ferma davanti a niente» disse abbracciandomi di nuovo.

In quella stretta percepii tutta la sua frustrazione e l'impotenza di non potermi proteggere. «Parlerò con mio padre. Gli farò cambiare idea.»

«Lui non ti darà retta…»

Se solo lo avessi ascoltato…

16

Di fronte alla scrivania di mio padre, seduta su una delle due sedie, tremavo come una goccia di rugiada sorpresa dal vento. Lo attendevo ormai da dieci minuti e il nervosismo mi stava lacerando il petto. Con le dita sudate giocherellai con l'orlo della gonna. L'immagine del Duce appesa alla parete mi guardava dall'alto della sua posizione. Quando udii i passi pesanti di mio padre avvicinarsi alla porta, cercai dentro di me una sicurezza che in quel momento non avevo. Ero stremata dalla notte di pianto e dall'incontro con Luigi del giorno prima. Volevo solo chiudere quella storia e andare avanti. Respirai a fondo e mi alzai. Quando lui spalancò la porta rimase sorpreso nel vedermi.

«Che ci fai qui?» mi chiese autoritario come sempre, avvicinandosi alla scrivania.

«Padre, volevo domandarvi una cosa.»

Lui, aggrottando le sopracciglia, smise di frugare nel cassetto aperto e si accomodò sulla sua sedia. «Cosa vuoi?»

«L'altro giorno è venuto a prendermi Davide fuori da scuola. Non sapevo che lui avesse il permesso...» proseguii incerta. Faticavo a esternare quello che pensavo. Una parte di me si voleva ribellare al despota che avevo davanti, mentre l'altra mi avvertiva di essere cauta. Conosceva la violenza con cui soffocava le opinioni degli altri.

«Oh, sì. Bravo ragazzo, Davide. È di buona famiglia e un vero e proprio fascista!» mi stroncò subito, battendo un pugno sulla scrivania.

«Non mi piace come mi tratta. Mi ha minacciata» cercai di spiegare.

«E perché dovrebbe? Non ti credo. Sono solo fantasie. Sei ancora una ragazzina...» rispose minimizzando tutto. «È perfetto per te, vedrai che andrete d'accordo» continuò arrotolandosi un baffo.

Mi schiarii la voce prima di proseguire. «Mi ha avvisato che me la farà pagare, padre.»

«E perché mai? Cos'hai fatto?»

«Gli ho detto che non voglio incontrarlo» confessai con un filo di voce.

«Che cosa hai fatto?» sbraitò lui mentre la vena sulla sua tempia pulsava di rabbia.

«Padre, è vecchio per me...» tentai di replicare.

Si alzò di scatto e cominciò a camminare avanti e indietro per l'ufficio, io non osavo muovermi. Seguivo la sua andatura nervosa e irrequieta con il cuore che mi usciva dal petto.

«Sei una stupida. Adesso dovrò rimediare al tuo comportamento. Mi scuserò con lui e poi vedremo» urlò battendo un pugno sul muro.

Sussultai.

«Vattene da qui. Dovresti ringraziarmi, non sputare nel piatto in cui mangi!»

Incapace di replicare, andai alla porta e corsi in camera.

Trascorsi i giorni successivi con la paura di trovare Davide ad aspettarmi all'uscita della scuola. Invece lui non si fece vivo e mio padre non mi disse nulla al riguardo. Ero all'oscuro di come fosse stato gestito lo sgarbo che avevo fatto a Davide; non sapevo se avesse accettato le scuse che mio padre si era, di sicuro, prodigato di porgergli da parte mia. Durante la giornata tentavo di non concentrarmi troppo sulle paure che mi attanagliavano; mi ripetevo che la guerra sarebbe finita presto e che tutto sarebbe tornato come prima.

Nell'istituto si respirava una fragile normalità che, mescolata alla voglia di uscire da quel periodo nero e tetro, ci dava l'illusione di vivere dignitosamente.

Anche con Luigi, dopo il chiarimento le cose si sistemarono e il nostro rapporto si rafforzò. Leggevo nei suoi gesti il desiderio di proteggermi. Ero così innamorata di lui che, a volte, mi dimenticavo di tutto il resto. Adele mi ripeteva spesso che dovevo stare all'erta e fare attenzione a che nessuno scoprisse la nostra storia.

«Se si sapesse che state insieme, Luigi la pagherebbe cara» mi ammonì un pomeriggio mentre eravamo sedute sotto la barchessa, alla ricerca di un po' di fresco, come ai vecchi tempi.

«Cosa intendi?»

«Vorresti dire che Luigi non ti ha spiegato niente?»

«Non so di cosa stai parlando. A dire la verità, Luigi non mi racconta molte cose. So che la mia posizione non è delle più semplici...» le risposi, cercando di fare chiarezza tra i pensieri confusi che mi affollavano la testa.

Adele si aggiustò le maniche prima di rispondermi. «Che stupida che sono. Pensavo aveste parlato. Mi spiace, ma non spetta a me informarti. Perdonami, Angela» mi disse con un disagio che non mi sfuggì.

Mi alzai dalla panchina e la fissai incrociando le braccia al petto. «Prima o poi Luigi mi chiarirà tutti questi misteri» sbottai tutto d'un fiato. «O almeno lo spero. Sei sicura che non puoi riferirmi niente?»

Lei scosse la testa. Era palese che le era stato imposto di stare zitta. Il dispiacere le si leggeva nell'espressione afflitta del volto.

Mi avvicinai a lei e le misi una mano sulla spalla. «Ti voglio bene, Adele» le sussurrai.

Lei alzò lo sguardo e mi sorrise. Capii che la guerra aveva cominciato a metterci su due fronti diversi...

Per la serata di Ferragosto venne organizzata una festa in paese: la piazza fu addobbata con molte luci e un gruppo di quattro persone all'angolo della chiesa suonava e cantava musiche popolari. Mi ricordava la sera di molti anni prima, quando mia madre mi aveva riportata a casa in tutta fretta. L'intera preparazione era stata supervisionata dai fascisti, che ora si erano posizionati in vari punti per monitorare che nessuno facesse propaganda contro il regime. Da quello che avevo capito, era stato mio padre a volere che i festeggiamenti si tenessero come tutti gli anni, nonostante la guerra in corso.

Quella sera indossai un abito fresco e leggero che, a ogni passo, scivolava morbido sulle mie ginocchia. Sciolsi i capelli, nonostante il caldo e l'afa appesantissero l'aria. Mio padre mi aspettava al pianoterra della villa, con mia madre al suo fianco, silenziosa. Indossava uno dei soliti abiti scuri, con il collo alto e le maniche lunghe. Era pallida, ma quando mi vide le guance le si colorarono. Nei suoi occhi leggevo l'orgoglio. Mia madre era una foglia d'autunno, fragile e pronta a finire a terra, ma ancora tenace nel rimanere attaccata al ramo dell'albero. Quel ramo, per lei, ero io.

«Sei pronta, tesoro?» mi chiese con un sorriso.

Mio padre non si scompose. Si limitò a un cenno brusco del capo. Nei suoi occhi, per una frazione di secondo, balenò una sorta di disagio davanti alla mia nuova femminilità. Non ero più una bambina e questo lo imbarazzava, almeno così credevo. Lui avrebbe voluto un maschio, un uomo che portasse avanti il prestigioso nome dei Bramante: invece c'ero io, una femmina che poteva manovrare per raggiungere i propri scopi. Ricordo che una volta, da piccina, chiesi a mia madre perché non avessi un fratello o una sorella e lei mi rispose che non era arrivato. Era stato Dio che non aveva voluto darle un altro figlio. Quella spiegazione non aveva esaurito la mia curiosità, ma me la feci bastare vista l'espressione triste che le si era dipinta sul volto.

All'epoca non avevo ancora capito che mio padre la picchiava sistematicamente e non comprendevo certo quei meccanismi di odio e amore che mio padre adottava in famiglia.

«Angela, ho una sorpresa per te!» disse mio padre, mentre scendevo i gradini che portavano al pianoterra.

«Buonasera, Angela» mi salutò Davide comparendo di fianco a lui.

Il respiro mi si mozzò. Le gambe quasi mi cedettero. Poi riacquistai il controllo e lo salutai gelida. «Buonasera.»

«Davide ti accompagnerà alla festa. Non sei contenta?» chiese mio padre sorridendo e arricciandosi un baffo con le dita.

«Certo.»

«Allora buona serata. Davide, portala a casa prima di mezzanotte. Mi fido di te...» si raccomandò, senza degnarsi di comprendere il mio stato d'animo.

Era evidente che per lui io valevo meno di zero.

I miei genitori si allontanarono e io rimasi sola con Davide. Scesi gli ultimi gradini e mi aggrappai al suo braccio mentre un sorriso soddisfatto si disegnava sulla sua faccia.

«Sei davvero bella questa sera. Mio padre sarà orgoglioso di me. Sei un'ottima *scelta*.»

Un brivido freddo mi percorse la nuca e, senza proferire parola, percorsi la strada che portava alla piazza come se stessi avanzando dietro a un carro funebre. Notai che Alberto Petra ci seguiva da lontano come un cane da guardia. Mio padre doveva aver dato al suo uomo di fiducia il compito di vegliare su di me. Pensai che potesse essere preoccupato per la mia sicurezza, desiderando aggrapparmi all'illusione che, dietro quella corazza dura e impenetrabile che indossava, ci fosse almeno un minimo di interesse. Volevo crederci, era l'unica speranza a cui mi affidai con tutte le forze mentali che possedevo.

Attorno a noi le persone riempivano la piazza e dalle vie laterali risuonavano le prime risate. Era difficile ignorare i militanti delle camicie nere che si aggiravano sospettosi e con gli occhi ben aperti tra la folla, ma tutti quanti desideravano divertirsi, non pensare alle tragedie e alle perdite che stava mietendo il conflitto mondiale. Arrivata in piazza, chiusa nel mio silenzio e a braccetto di Davide, mi guardai attorno. Molti ragazzi della scuola incrociarono i miei occhi per poi posarli sulla figura del mio accompagnatore. Gli amici di Luigi, Stefano e Luca, invece, mi salutarono con un gesto della mano per poi continuare a parlare con altri giovani.

Adele mi venne vicina e mi baciò sulle guance. «Ciao! Che bella che sei» si complimentò prima di abbracciarmi.

D'istinto, controllai che mio padre non fosse nei paraggi. Temevo che, se avesse notato la manifestazione di affetto che Adele mi aveva riservato, in qualche modo la facesse pagare a Emma, sua madre. Adele era a conoscenza delle distanze che dovevano esserci tra noi due, e aveva sempre temuto mio padre. Ma quella sera invece sembrava più spavalda del solito. Era una donna che non voleva farsi mettere i piedi in testa.

Sorpresa, ricambiai il gesto e l'ammirai per il coraggio che dimostrava. «Ciao, Adele» dissi sciogliendomi dall'abbraccio. «Anche tu sei bellissima» aggiunsi ammirando la sua acconciatura raccolta.

«Ti va di ballare con noi?» mi propose ignorando volutamente Davide.

«La signorina è con me. Non credo che abbia voglia di venire con te...» si intromise Davide, rivolgendosi a Adele come se fosse una sua sottoposta.

«Magari più tardi» le dissi cercando comprensione nei suoi occhi scuri.

Con un'espressione disgustata, Davide la squadrò dalla testa ai piedi. «Hai capito? Vattene...» le sibilò senza staccarle gli occhi di dosso.

Adele si lisciò l'abito, poi diede uno sguardo alla camicia che indossava Davide. Nera. «Ho capito» replicò increspando le labbra. «Ci vediamo dopo, Angela» mi salutò allontanandosi.

«Tu frequenti quella ragazza?»

«È la figlia di Emma, la nostra domestica e tuttofare. Andavamo alla stessa...» e d'istinto non finii la frase. Non mi sembrava il caso di dare troppe informazioni personali sulla mia amica. L'obiettivo era proteggerla.

«Andavate alla stessa…?»

«…Niente. Ti va di ballare?» domandai veloce.

«Certo.»

Lui mi prese la mano e mi trascinò in mezzo al selciato della chiesa, la pista da ballo in quella serata di festa. Mi appoggiai a lui e ballammo un lento. Le persone mi guardavano, vedevo gli studenti della scuola parlottare tra di loro. Ero in balia del pettegolezzo più sfrenato. Agli occhi della comunità ero la degna erede di un fascista che se la intendeva con uno di loro. Nessuno dei presenti capiva il disagio e il ribrezzo che provavo nel toccare Davide, nel sentire il suo bacino premere fastidiosamente contro il mio. Solo Adele e Luigi comprendevano. Speravo che la notizia di questo ballo non arrivasse alle suore e alla madre superiora. Di certo non avrebbero capito, sarei stata fraintesa.

L'acqua di colonia di Davide mi stordiva, mi dava il voltastomaco. La presa salda della sua mano dietro la mia schiena mi faceva sentire in trappola come un insetto impigliato nella rete di un ragno. Al termine della musica, Davide si allontanò per andare a prendere da bere; io finalmente respirai e mi spostai sotto al campanile. L'uomo di mio padre, Alberto, che non ci aveva perso di vista durante il ballo, mi seguì a distanza. Quando mi sedetti sul primo scalino della chiesa, lui si appoggiò al muro di una casa poco distante e si fumò una sigaretta. Altra merce che solo mio padre riusciva a ottenere in quegli anni di guerra e fame.

La percezione di essere braccata oramai era alle stelle, avevo i nervi a fior di pelle e non sapevo come liberarmi dalle catene che mi erano state messe quella sera. La mia reputazione a scuola sarebbe peggiorata, e non potevo impedirlo. Con un nodo che mi serrava lo stomaco mi passai una mano tra i capelli.

All'improvviso qualcosa mi toccò il fianco. «Oh, mio Dio, chi è là?» esclamai alzandomi in piedi spaventata.

«Sono io, Luigi. Siediti e ascolta» mi sussurrò.

Controllai Alberto. Stava guardando la piazza, lanciando occhiate lascive alle donne che gli passavano davanti. A una di loro fece un fischio. Mi riappoggiai allo scalino, mentre il cuore batteva all'impazzata per lo spavento.

«Dopo la festa ti aspetto alla casa nel bosco» mi disse. «Va bene?»

«Ci proverò, te lo prometto» gli risposi sistemandomi la gonna con gesti nervosi. Lanciai uno sguardo furtivo ad Alberto: era ancora *impegnato*. «Luigi, mi spiace tanto. Mio padre, è stato lui a farlo venire a casa. Non lo sapevo...»

«Lo so» mi rassicurò lui con un filo di voce. «Stai attenta, però. Non è un tipo raccomandabile, quello.»

«Va bene.»

Alberto si girò verso di me per controllare che fossi ancora seduta davanti alla chiesa, poi ritornò a fissare la piazza.

«Angela, ci vediamo dopo» mormorò Luigi.

«A dopo» sussurrai.

Mi alzai e andai incontro a Davide che teneva in mano due bicchieri.

«Eccoti qui. Questo è per te» mi disse allungandomene uno.

«Grazie, avevo sete.» Lo presi e bevvi veloce. «Ti spiacerebbe accompagnarmi a casa? Non mi sento bene...»

Davide piegò la testa di lato. «Oh, davvero? Vorrà dire che per stasera mi accontenterò...» dichiarò posando i due bicchieri su un marciapiede. «Dai, vieni» e mi porse il braccio. Mi feci scortare verso la villa. «Cosa ti succede?» mi chiese mentre camminavamo.

«Ho un forte mal di testa. Emma mi farà qualche tisana delle sue per aiutarmi. Di solito funzionano» risposi vaga.

«Bene, allora alla prossima volta» mi salutò davanti a casa avvicinandosi alle mie labbra.

Indietreggiai e misi una mano tra noi due. «No, è troppo presto...» esclamai sentendomi in trappola. Dietro di noi non vedevo nessuno, nemmeno Alberto.

Davide si fece scuro in volto, si guardò attorno, poi mi prese il mento tra le due dita e mi spinse contro il cancello. Mi stringeva così forte la mandibola che non riuscivo a parlare. «Le puttane del bordello non fanno tutte le storie che fai tu! Perché fai resistenza, eh? Prima o poi dovrai cedere. Tu farai quello che ti ordino io» mi minacciò fissandomi dritto negli occhi.

Avevo il cuore che mi usciva dal petto e gli occhi spalancati. Tentavo in tutti i modi di liberarmi dalla sua stretta. Senza che potessi fare niente, rabbioso, schiacciò le sue labbra contro le mie e mi infilò come un colpo di frusta la lingua in bocca. Disgustata, gli diedi un morso. Lui gridò, mi lasciò e si allontanò da me con la mano premuta sulla bocca. Senza parlare si incamminò per la via, voltandosi verso di me più volte e puntandomi un dito contro.

Con il respiro accelerato, entrai in casa e mi nascosi in cucina, dove Emma stava finendo di lavare le stoviglie della cena. Quando mi vide tremante e spaventata, capì.

* * *

Qualche ora dopo, sentii i miei genitori tornare alla villa. Dopo che mia madre si fu ritirata nella sua stanza e mio padre uscì di nuovo, attesi ancora un po', mi infilai un vestito e sgusciai fuori dalla camera. In silenzio percorsi il corridoio e oltrepassai il salone degli specchi. Scesi la scalinata e senza farmi vedere arrivai in cucina. Lì presi la chiave appesa vicino allo stipite e la feci girare lentamente nella serratura della porta sul retro. In casa regnava un silenzio surreale, mentre fuori l'aria profumava di estate, di caldo e di erbe aromatiche. Uscii e mi chiusi piano la porta alle spalle, senza farla scattare. Veloce come una lepre, camminando rasente al muro, sgattaiolai dalla proprietà e arrivai alla casa in mezzo al bosco. Era la prima volta che uscivo dalla villa nel cuore della notte: sapevo di rischiare grosso, ma la voglia di rifugiarmi tra le braccia di Luigi era troppa per farmi desistere.

Lui era già lì ad aspettarmi. Mi corse incontro e mi abbracciò forte. In lacrime gli raccontai tutto quello che mi aveva fatto Davide, gli confessai che avevo paura, ma che non potevo fare niente.

«Mio padre lo giustifica. Non mi crede. Pensa che io ingigantisca i fatti!» esclamai impotente tra i singhiozzi.

«Se la tua famiglia non ti protegge, me ne occuperò io» dichiarò lui accarezzandomi i capelli.

«E in che modo? Tu non puoi metterti contro di loro. Ti faranno del male. Ti manderanno a combattere chissà dove. No, non puoi farlo» lo pregai appoggiando la fronte sotto il suo mento.

Luigi mi baciò e mi portò nella casa di legno e, senza dirci più niente, facemmo l'amore. Avevamo tutto e tutti contro di noi: la classe sociale, la dittatura e la guerra. Ma quella notte eravamo solo io e lui.

Dopo esserci amati, stesi supini guardammo il soffitto illuminato da alcune lucciole che erano entrate dalla finestra. Luigi si girò sul fianco e mi accarezzò il viso. «Quando tutto finirà, quando i fascisti e Hitler perderanno il loro potere, ti sposerò, Angela.»

«Davvero?» gli chiesi in un sussurro.

«Sì. Io non dico bugie» mi rispose baciandomi.

«Allora speriamo che la guerra finisca il prima possibile...»

«Faremo di tutto per farla finire. Ci puoi contare» si lasciò sfuggire.

«Non mi vuoi proprio dire cosa sta succedendo, vero?» gli domandai baciandogli le punte delle dita.

«No. Non dopo quello che è accaduto stasera. Ci penso io a te.»

Acconsentii con la testa e lo baciai ancora e ancora. «Devo andare, adesso. Se scoprono che sono uscita di notte...»

«Sì, ti accompagno e poi vado anch'io.» Ci rivestimmo e mi scortò fino alla recinzione parzialmente crollata. Mi baciò sulle labbra e poi si allontanò tra le ombre.

Mi affrettai a superare le pietre sparpagliate per terra e cominciai a correre verso la cucina. La notte era immobile, non si muoveva nemmeno una foglia, ma dietro di me un fruscio improvviso mi fece rabbrividire. Filai più veloce che potevo, senza girarmi indietro. Non mi sono mai sentita più vulnerabile come in quei momenti concitati. Non potevo gridare, mi era impossibile chiedere aiuto:

se mi avessero scoperta fuori a quell'ora, avrei dato a mio padre l'occasione per picchiarmi. Ero sola e non sapevo cosa fare. Per tranquillizzarmi, mi convinsi che fosse un animale che si aggirava nel parco. Ma quello scalpiccio mi spingeva a raggiungere la porta più in fretta possibile e chiudermela alle spalle. L'istinto mi diceva di non guardare dietro di me. Correvo affannata, mentre un dolore alla milza mi lacerava il fianco sinistro.

Inciampai nella notte, caddi per terra. La vista si annebbiò, il rumore di passi si faceva sempre più vicino, una sagoma nera mi sovrastava… Poi il buio.

17

Il frinire dei grilli si fece sempre più intenso. Aprii gli occhi, avevo la gola secca e l'abito umido. Mi portai una mano alla testa dolorante e cercai di capire dove mi trovavo. Il giardino della villa era deserto, il cielo era ancora buio. A fatica, mi rimisi in piedi. La testa mi girava e, per trovare l'equilibrio, mi appoggiai a un cespuglio che si trovava lì vicino. Avevo le idee confuse. Feci un passo e incespicai nei miei stessi piedi. Mi risollevai, mi diedi una sistemata al vestito sgualcito e lentamente raggiunsi la porta della cucina. Rientrai in casa e presi le scale diretta nella mia stanza. Mi buttai a letto e dormii fino all'indomani.

La mattina, Emma venne in camera con una tazza di caffè. Mi stiracchiai e la nebbia a poco a poco si diradò. Ricordai l'incontro con Luigi della sera prima e poi lo scalpiccio indistinto che mi aveva seguita. Ero inciampata in qualcosa, ma i ricordi nella mia mente erano confusi e indistinti. Mi sentivo indolenzita... Rimasi a letto per tutto il sabato.

Il giorno dopo mi lavai e scesi in cucina. Era domenica e la regola prevedeva che andassi a messa con i miei genitori. Quando mia madre mi vide, con un sorriso tirato nel volto, mi consigliò di restare a casa. Mio padre, freddo e impettito, notando le occhiaie e il pallore sul mio viso, le diede ragione e acconsentì a lasciarmi riposare.

* * *

Il lunedì mattina, davanti all'ingresso della scuola capii subito che non ero più la benvenuta. La madre superiora era ferma vicina alla rampa di scale: mi aspettava con le mani giunte e un'espressione contrita, in netto contrasto con i suoi lineamenti duri e austeri. Attorno a lei i bambini scorrazzavano a destra e a sinistra con altre sorelle, che cercavano di farli stare buoni e di indirizzarli nelle classi. Mi avvicinai a suor Ingrid a passi lenti e trascinati, qualcosa mi diceva che il ballo in piazza aveva segnato irreparabilmente il mio destino. Il sesto senso non andrebbe mai sottovalutato, Annabella. *Mai*, ricordalo.

«Madre» la salutai, abbassando il capo.

«Angela, dovrei parlarti, *cara*» mi informò lei con un filo di voce.

Non aveva mai pronunciato e rivolto quell'aggettivo a nessuno, nemmenò alle consorelle che da anni convivevano con lei, e la cosa mi mise in allerta. Con i pugni stretti, la seguii in ufficio. Le vesti nere frusciavano a ogni suo passo e il velo le scendeva pesante sulle spalle. Mi precedette e mi fece segno di chiudere la porta e di accomodarmi di fronte alla scrivania.

«Angela...» cominciò suor Ingrid con evidente difficoltà. «Ti devo chiedere un favore personale» proseguì appoggiando le mani alla scrivania nel tentativo di riprendere il controllo che l'aveva sempre contraddistinta rispetto alle altre sorelle.

«Certo» le dissi sforzandomi di stemperare l'atmosfera, cercando di sostituire i miei sospetti con la positività.

La madre superiora si appoggiò allo schienale della sedia e sospirò. Leggevo nei suoi occhi un senso di colpa e di impotenza che la opprimevano. Ero giovane, ma gli eventi mi avevano insegnato a decifrare le persone. Così raccolsi tutte le forze che possedevo e mi alzai per prima dalla sedia.

«Me ne vado io. Non c'è bisogno che me lo diciate voi, madre...» annunciai con un peso sul petto.

La superiora si levò a sua volta. «Angela, mi dispiace. Io non vorrei...» confessò scuotendo la testa. «Ti hanno vista tutti sabato sera. Ballavi con un fascista molto più vecchio di te. Io devo proteggere i bambini. Questa scuola è l'unico posto dove possono trovarsi e stare tranquilli. Qui non imparano e non vedono la violenza. Sono tutti figli di contadini e operai. Nessuna delle loro famiglie ha mai aderito veramente agli ideali del regime fascista...»

«Lo so» dissi, ricordando mio padre in uno dei suoi tanti discorsi in cui pretendeva che tutti i lavoratori aderissero al partito.

«Angela, ho paura delle ritorsioni che potremmo avere. Mi capisci, vero?»

«Certo» risposi telegrafica con amarezza.

«Io lo so che sei una brava ragazza, e so che non hai niente a che fare con tuo padre e i suoi ideali. Ti conosco, ed è per questo che mi permetto di parlare con te in assoluta libertà. Se solo avessi il minimo dubbio, non mi esporrei così tanto» spiegò tutto d'un fiato. «Angela, potresti tacere il fatto che sia stata io a farti andare via?» mi chiese avvicinandosi a me e posandomi una mano incerta sulla spalla.

Era la prima volta che mi toccava. In poco tempo vidi così tanti e inaspettati comportamenti in quella donna che non me ne capacitavo. Davanti alla sua richiesta mi vennero le lacrime agli occhi e compresi che non ero più una ragazzina, gli eventi mi avevano costretta a diventare un'adulta prima del tempo. «Dirò che sono stanca di insegnare, mi troverò un altro lavoro, se mio padre me lo permetterà... Non voglio che nessuno di voi soffra, madre, soprattutto i bambini.»

La madre superiora si asciugò una lacrima e mi abbracciò. Io mi rifugiai tra le sue braccia e piansi in silenzio, singhiozzando sommessamente. «Madre, quando finirà questo inferno?»

Lei mi strinse e mi accarezzò i capelli. «Presto, cara. Speriamo al più presto...»

Non dimenticherò mai quegli istanti. Quella mattina imparai la lezione più importante della mia vita. Mai giudicare le persone senza averle conosciute. La madre superiora da dispotica e schiva si era tramutata in una sorta di genitore per tutti i bambini innocenti del paese. Accettai e accolsi il mio ruolo di vittima sacrificale con la speranza che tutto sarebbe tornato alla normalità. Che la guerra sarebbe finita. Che i fascisti e i fedeli di Hitler sarebbero stati sconfitti.

Tornai a casa da sola. La piazza era deserta, vedevo le donne in coda dentro alla macelleria in attesa della loro razione di carne. Dal panificio usciva un buon profumo di pane. Estrassi dalla tasca del vestito i miei documenti ben ripiegati, in mezzo ai quali avevo messo la mia tessera annonaria. Entrai tra lo stupore generale delle persone, che mi trafissero con i loro sguardi velenosi, ma non mi feci intimorire. Anzi, sfruttai la mia posizione: ero figlia di un fascista e non potevano farmi niente se non volevano finire nei guai. Aspettai il mio turno con il mento alto e il petto in fuori. Quando toccò a me, la signora Rosa, una donna piccola e robusta che mi conosceva da una vita, mi fece un cenno con la testa e mi allungò la mia razione di pane giornaliera in un foglio di giornale. Non aggiunse nemmeno una parola. Prese la tessera, segnò quello che doveva segnare e passò alla cliente successiva. Al mio passaggio, le donne si spostarono per evitare anche solo di sfiorarmi. Leggevo il ribrezzo nei loro gesti e nella loro finta indifferenza.

Finalmente in strada, respirai a pieni polmoni e mi sedetti su una panchina della piazza. Le gambe mi tremavano. Alzai gli occhi e osservai gli edifici, i negozi, la bellissima facciata della chiesa e il comune che era stato occupato senza rispetto alcuno dai fascisti. Avevo l'impressione di essere una sconosciuta nella terra in cui ero nata. La sensazione di essere fuori posto premeva sul mio petto come un macigno. Fontana a Po, Emma, Adele, Luigi e le persone che mi avevano vista sin da piccina, ora mi sembravano degli estranei. Avevo l'impressione di avere perso le mie radici. E la colpa era solo di mio padre.

Maria, una bambina che frequentava la scuola e che conoscevo bene, mi venne incontro.

«Ciao Angela! Perché piangi?» mi chiese sedendosi accanto a me. Aveva otto anni e dei capelli lunghi e neri come la pece.

«Non è niente. Sono solo un po' stanca...»

Insieme a Maria si era avvicinata anche sua madre, che a differenza della figlia si tenne a debita distanza da me. «Maria, dobbiamo andare, è tardi. Scendi dalla panchina che andiamo» le ordinò.

Mi alzai e lasciai il pane sulla panchina. «Io vado, Maria. Tu fai la brava a scuola, mi raccomando» la incoraggiai con un sorriso.

La bambina mi guardava confusa. «Va bene» rispose incerta. «Ti sei dimenticata il pane, Angela!»

Incrociai lo sguardo della madre. «È per te, Maria. Tienilo pure. Dividilo con i tuoi amici» le dissi e feci per avviarmi. Per quello ero andata al panificio. Volevo regalare ad altre persone la mia razione, di cui non avevo bisogno. E Maria era arrivata nel momento giusto. Quella pagnotta significava che non ero figlia di mio padre. Men che meno figlia di un partito di scellerati, prepotenti e violenti.

«Grazie...» mi disse la madre, in un sussurro.

Mi voltai e le sorrisi. «Di niente.»

18

Sentendo dei passi alle sue spalle, Annabella solleva gli occhi dal diario.

«Va tutto bene?» le domanda Francesco.

Con il cuore e la testa fuori dalla realtà, chiude istintivamente il diario e lo appoggia sulle gambe. «Sì» esclama poco convinta, passandosi una mano tra i capelli e schiarendosi la voce.

Francesco si fa strada con un vassoio colmo di prelibatezze e lo adagia piano su un tavolo. «Ti ho disturbata? Sembri stanca...»

Annabella controlla l'orologio che ha al polso: sono quasi le due del pomeriggio. «Oh, non mi ero accorta che fosse tanto tardi. Il diario... Sì, insomma mi sono fatta assorbire dalla storia e il tempo è volato» gli dice alzandosi e allungando le gambe. «Forse è meglio che ricarichi le batterie. La vita della nonna va presa a piccole dosi...»

«Com'è la lettura? Difficile?»

«A dirti la verità, è stato sconvolgente. Mia nonna ha sofferto le pene dell'inferno. Non immaginavo avesse affrontato così tante ingiustizie! Si trovava in una situazione complessa e la vita non le ha di certo sorriso» spiega Annabella versandosi un bicchiere d'acqua e bevendolo tutto d'un fiato.

«Adesso mangia qualcosa e poi mi racconti. Se ti va...» le precisa Francesco servendole una polenta calda con sopra funghi porcini e formaggio fuso.

«Certo che voglio!»

Lui le sorride e la osserva mangiare tutto con gusto.

Finito il pranzo, Annabella gli riassume tutto quello che ha letto. «Ti rendi conto? Io non conoscevo nulla di lei. E adesso mi trovo qui a chiedermi che cosa ha commesso di così grave da tenersi tutto dentro fino alla morte! Da quello che scrive pare una vittima della sua famiglia e della guerra... Anche se ti confesso che qualcosa mi sfugge. Non è ancora chiaro il quadro della situazione. Vorrei proprio sapere che fine ha fatto quel farabutto di Davide e se, in qualche modo, ha punito la nonna per il suo rifiuto. Deve essere stato un inferno per lei. Un padre padrone, una madre sottomessa e un ragazzo di cui era innamorata che le ripeteva di non dire nulla a nessuno... Deve essere stato come camminare sulle uova...» conclude, bevendo un calice di vino che Francesco, nel frattempo, le ha offerto.

«Ti ha provata, il diario... Sembri arrabbiata.»

«Non direi arrabbiata, piuttosto contrariata... Non avevo capito appieno quanto quegli anni fossero stati complessi e dolorosi. Sì, insomma, la storia l'ho studiata sui libri, ma mi è sempre apparsa lontana, una cosa che non mi ha mai toccata più di tanto. Adesso, invece, mi trovo impigliata in una sorta di viaggio a ritroso, capisci? Non è un film o un libro. Sono le parole vere e autentiche di una donna che per me è stata fondamentale nella crescita. Ah, nonna, se solo lo avessi saputo...» riflette Annabella appoggiando il calice e facendo segno a Francesco di versare ancora un altro po' di vino.

«Se fossi in te, io terrei conto dei suoi desideri. È palese che celare il passato è stato un modo per difendersi e andare avanti.»

«Povera donna, quanto ha sofferto. Mi spiace non averla consolata quando era viva. Tutto qui...»

Francesco si alza e le si avvicina. «Vedrai che tutto acquisterà un senso. Ricorda le parole di tua nonna: 'mai giudicare prima di conoscere'.»

«Hai ragione. Comunque, non la stavo giudicando...» puntualizza Annabella.

«Dai, fai una pausa. Andiamo a farci un giro? Ti va?»

Lei sente le dita di Francesco affondare nei muscoli delle spalle e si rilassa. Chiude gli occhi per un attimo e sospira. «Francesco...» gli dice, «ma dove ti eri nascosto per tutto questo tempo? Perché non ti ho conosciuto prima?»

Francesco la bacia. «Forse era tutto scritto...»

«Molto probabilmente hai ragione» gli risponde lei baciandolo a sua volta. «Ti andrebbe di venire con me alla villa? Vorrei dare un'occhiata nella stanza con i mobili. Non mi va di andarci da sola. Dopo quello che ho letto, mi farà bene stare in quelle camere. Vedrò la casa sotto un altro aspetto... Ma ho bisogno di qualcuno accanto a me.»

«A tua completa disposizione! Prima, però, devi assaggiare il dolce che ha preparato mia madre. Torta alle pere con una mousse al cioccolato fondente.»

«Ci sto. Ti aspetto qui!»

Francesco raduna tutti i piatti sporchi nel vassoio e si allontana. Annabella intanto si accomoda davanti al caminetto e segue con lo sguardo le fiamme. «Sei stata coraggiosa, nonna... Eri una donna eccezionale» sussurra ricordando il suo sorriso. *Non ti sentivi parte di questa comunità e io invece, a distanza di tanti anni, mi ci trovo così bene. C'è qualcosa che mi fa sentire a casa. Era questo il tuo desiderio? Riabilitare il tuo nome?*, si chiede appoggiando il viso tra le mani e chiudendo per un istante gli occhi.

* * *

Tra le camere umide e impolverate, Annabella fa strada a Francesco, che si guarda attorno stupito.

«È bellissima! Alla fine dei lavori sarà uno splendore» commenta alzandosi il bavero del giubbotto.

«Lo so. Spero solo che vadano per il verso giusto. I soldi non mi mancano... Però gli edifici antichi la maggior parte delle volte nascondono parecchi problemi. Questo un po' mi spaventa» gli risponde Annabella.

Francesco sorride e le mette un braccio sulle spalle. «Ci riuscirai. Sei forte. E, a quanto pare, è una bella caratteristica delle donne della tua famiglia!»

«Non mi sembra vero che sei qui... Devo ancora fare l'abitudine a tutto *questo*.»

«Allora arrenditi, perché non ti darò pace. Ci puoi giurare!»

Annabella lo guida fino alla stanza ingombra di mobili al piano superiore della villa. «Non so esattamente cosa sto cercando. Quello che so è che è arrivato il momento di fare i conti con il passato» e apre la porta.

Una folata di aria stantia mista a odore di muffa li aggredisce.

«È meglio aprire i vetri, altrimenti rischiamo di soffocare» le dice Francesco dirigendosi verso la finestra. Dopo avere spalancato le imposte si guarda attorno stupefatto per qualche secondo. «Qui è rimasto tutto come allora! Dio, sembra di ritornare indietro nel tempo» realizza, osservando i mobili d'epoca.

«È vero» commenta Annabella mentre si avvicina a una delle tante cassettiere intarsiate sistemate sulla parete opposta all'ingresso. Facendo forza, tira verso di sé un cassetto che stride nel silenzio della stanza. Il rumore fastidioso le penetra dritto nell'orecchio. «Mamma mia!» esclama portandosi le mani ai lati della testa.

Indossati dei guanti, Annabella fruga all'interno e riporta alla luce vecchi fazzoletti ricamati: tra questi riconosce la stoffa rosa, ormai sbiadita, di quello che Luigi aveva regalato ad Angela. Lo stringe tra le mani, poi lo avvicina al naso, ma l'odore è svanito, resta solo un sentore di chiuso e muffa. Con delicatezza lo rimette insieme agli altri. Nei cassetti successivi trova alcune cornici elaborate d'argento, sporcate dal passare dei decenni e dall'incuria.

«Le foto all'interno sono rovinate. Ci sono piccole e fitte macchie scure che ricoprono quasi l'intera superficie. Non riconosco nessuno...» constata triste, appoggiandole sopra al mobile.

Tra i gomitoli di polvere incollati al legno del mobile scopre un quaderno e una marea di cianfrusaglie mezze rotte, tra le quali molte statuette di ceramica con braccia e testa staccate. «Sembrano pregiate... È un peccato che restino qui. Si potrebbero rimettere a posto. Guarda, Francesco, che dici?» esclama girandosi verso di lui. «Tu cosa ne pensi?» insiste Annabella. «Sono recuperabili?»

«Presumo di sì. Non sono un esperto» afferma prendendo tra le mani le statuine. «Però potremmo fare qualche ricerca in Internet e rintracciare un bravo restauratore.»

«*Potremmo*?» gli chiede lei, posando un braccio di ceramica bianca sopra la cassettiera e guardandolo dritto negli occhi.

«Sì, se ti fa piacere. Quando il lavoro me lo permetterà, ti vorrei aiutare. Hai un bel po' da fare qui dentro...» le risponde indicando le pareti, per poi tuffarsi nei suoi grandi occhi azzurri.

«Ti ringrazio, so quanto sei impegnato all'albergo... Se sei d'accordo, la prossima volta, ricordiamoci di portare degli scatoloni. Così i pezzi più piccoli li spostiamo al sicuro finché non troviamo una persona competente che se ne occupi. Ne parlerò anche con Andrea. Sicuramente lui conosce molti più professionisti di me» gli dice arrossendo e tornando a quello che stava facendo.

«Intanto vuoi una mano con questi cassetti?»

«Sì, dai un'occhiata anche tu. Cerca se c'è qualcosa di interessante negli altri mobili».

Francesco inizia a rovistare qua e là e alza nuvole di polvere che li fanno tossire a turno. Annabella si mette la sciarpa davanti a naso e bocca e spalanca gli altri cassetti. Ci trova dentro una serie infinita di posate annerite, piatti sbeccati, altre statuine e centrini lavorati a uncinetto accartocciati su se stessi. Apre e chiude ante e bauli dove scova abiti d'epoca, utensili per la casa e vecchi libri che parlano del fascismo. Allora è proprio così, come scriveva la nonna... Il bisnonno era davvero un fanatico. *Come hai fatto a sopportarlo, nonna?*, si domanda Annabella, sfogliando le fragili e delicate pagine ormai ingiallite dal tempo.

«Sì, mi devo organizzare per recuperare tutto questo materiale» sussurra tra sé riponendo ogni cosa al proprio posto.

«Scusa?» le chiede Francesco, indaffarato a combattere con un cassetto piuttosto resistente.

«Oh, niente. Pensavo ad alta voce» gli risponde Annabella raggiungendolo. Tutti e due lottano per fare scorrere il legno sui vecchi e arrugginiti binari «A quanto pare è un osso duro!»

«Al mio tre tira più che puoi» propone Francesco.

«Okay.»

«Uno, due e tre! Vai!»

Entrambi impiegano tutta la loro forza e, senza riuscire a fermarsi prima, cadono a terra. Il cassetto finisce con un tonfo sul pavimento rimbombando nell'edificio freddo e silenzioso. «Forse abbiamo tirato troppo!» ridacchia Annabella rimettendosi in piedi.

Francesco con un balzo si rialza e l'aiuta. «Hai ragione» le dice togliendole la polvere dai capelli. «Vedi, siamo una squadra forte insieme. Sei tosta, ragazza...»

«Siamo stati bravi, sì... Appoggiamolo da qualche parte, così vediamo meglio cosa c'è dentro.»

Lo sollevano e lo sistemano su un divano ammuffito con strappi qui e là sul tessuto in broccato. *Doveva essere bello un tempo...*, pensa Annabella spostandosi i capelli dal viso accaldato. All'interno del cassetto, uno strato di polvere scura ricopre varie scatole di latta, usate forse per i biscotti. Altri contenitori di carta sono riposti l'uno sopra l'altro in un angolo.

«Devo fare una fotografia...» annuncia estraendo la macchina fotografica dalla borsa.

Francesco, silenzioso, fa un passo indietro. Annabella prende l'apparecchio e, con un fremito che le scorre lungo tutto il corpo, immortala l'eredità del passato che la nonna le ha lasciato. *Queste immagini sono solo l'inizio*, pensa scattando da diverse angolazioni.

«Sei bella quando lavori...» le sussurra Francesco appoggiandosi allo stipite della porta.

«Non me lo aveva mai detto nessuno.» Annabella rimette la macchina fotografica a posto. «Allora, pensi di rimanere lì imbambolato o mi dai una mano?» gli chiede poi, cercando di sdrammatizzare l'imbarazzo che prova.

Francesco si avvicina e comincia a tirare fuori le scatole e poi, una alla volta, le apre. Annabella, intanto, prende un contenitore di latta e soffia via per quanto è possibile un po' di polvere dal coperchio. Lo rimuove e per un istante resta ad ammirare gli stralci di un passato che le sta riempiendo e modificando il futuro. Dentro ci trova fogli e fogli scritti con una grafia esile e tremante. Le parole, una dopo l'altra, tendono a scendere verso il basso. *Sembrano segni indelebili di un'anima smarrita*, riflette sfiorandole con un dito. Tenta di decifrare quella scrittura e capisce, dal contenuto ancora leggibile, che appartiene alla bisnonna. Quando prende un foglio in mano, vede il nome Carlotta alla fine della pagina. Subito il pensiero corre al diario della nonna, alle pagine lette quella mattina. *Povera donna, doveva essere l'ombra di se stessa*, pensa perdendosi in quell'inchiostro sbiadito dal tempo.

«Ti senti bene?»

«Sì, almeno credo. Ho trovato degli scritti della bisnonna, Carlotta...»

«Davvero?» esclama lui avvicinandosi. «Cosa dicono? Magari raccontano della sua vita, potresti trovarci altre informazioni su tua nonna.»

«Adesso che mi ci fai pensare, hai ragione. Devo portare via tutta questa roba al più presto. Non posso permettere che resti ancora qui. Vorrei preservare queste memorie di famiglia...» si premura Annabella. «Tu hai scovato qualcosa?»

«Per lo più registri contabili e una marea di fogli pieni di numeri riguardanti i raccolti, per il momento» le risponde cingendole le spalle. «Domani mattina veniamo a prelevare tutto e lo portiamo a casa mia, così avrai il tempo per leggere e fare le tue ricerche. Adesso, però, diamo un'occhiata al resto delle scatole.»

«A casa tua? Parli sul serio? Insomma, non voglio esserti d'impiccio. Gli scatoloni ti occuperanno un sacco di spazio...» gli fa presente, dubbiosa se accettare la sua proposta.

«Nessun impiccio! Facciamo così... Trasferisciti da me, anche già stasera. Troverò posto per tutta questa roba e anche per te. Cosa ne pensi?»

Presa in contropiede, Annabella si irrigidisce e cerca di nascondere il disagio che prova giocherellando con la sciarpa. «Senti, lo so che tra noi c'è un sentimento più che forte...» tenta di spiegargli. «Ma non ti sembra di correre un tantino troppo?» conclude con un nodo alla gola.

Francesco sorride e si avvicina a lei. «No, io non corro. Non ti sto ingannando, Annabella. Ti ho già detto che non lo farei mai... Se ti ho chiesto di venire da me, è perché lo desidero...» le dice abbracciandola.

Lei si appoggia al suo petto e respira. *Era quello che volevo sentirmi dire*, pensa stringendosi a lui. «Scusa se mi sono irrigidita. È che la paura di essere presa in giro... a volte, è più forte della razionalità.»

«Lasciati andare. La vita è una sola e noi abbiamo il potere di decidere il nostro destino. Nessuno si metterà tra noi.»

Annabella alza la testa e appoggia le sue labbra con delicatezza su quelle di Francesco. Il senso di protezione che le trasmette la fa sentire al sicuro. Protetta. «Tu sei davvero speciale» gli sussurra in una nuvola di fiato che resta a mezz'aria. «Accetto la tua proposta. Almeno finché non sistemeranno la casa sul retro della villa...»

Francesco ridacchia e ricambia il bacio. «Come vuoi tu. Intanto pensiamo a spostare le tue cose da me. Nel frattempo, portati via almeno questa scatola.»

«Okay» dice Annabella cingendogli il collo con le braccia.

19

Dopo cena, avvolta nel cardigan di lana, con un misto di sensazioni contrastanti, Annabella si prepara una tazza di tè bollente. Cerca la bustina in tutti gli stipetti dei mobili, non le par vero di essere a casa di Francesco. Ma, allo stesso tempo, non si immagina in nessun altro posto. Con lui si sente bene e le risulta tutto naturale, spontaneo. Divertita dalla situazione, sposta le confezioni di pasta e svariate bottiglie di latte in un armadietto in alto.

«Niente nemmeno qui» sussurra.

«Cerchi qualcosa?» le chiede Francesco entrando nella stanza.

«Una bustina di tè, ti prego, dimmi dov'è, non la riesco proprio a trovare...»

Francesco apre un cassetto e le allunga una scatola dai colori accesi con dentro almeno dieci varietà di infusi. «Eccola» le dice baciandola. «È bello averti qui. La casa sembra meno vuota.»

«*Adulatore*» gli risponde Annabella togliendo il bollitore dal fuoco.

«Hai già letto i fogli che abbiamo trovato alla villa?»

«Non ancora, ma se tu vuoi andare a dormire non ci sono problemi. Sarai stanco, immagino.»

«Più che altro non volevo starti tra i piedi. Se vuoi un po' di intimità...»

Annabella versa l'acqua calda nella tazza. «Forse hai ragione, dovrei farlo da sola. A volte mi pare impossibile...»

«Cosa?» le chiede Francesco massaggiandole le spalle.

«Sembra che tu mi conosca da sempre. Mi capisci senza che io dica niente...»

«Magari siamo stati insieme in un'altra vita. Chi lo sa...» e ride. «Adesso vado in camera. Se hai bisogno sai dove trovarmi» le ricorda facendo scivolare sul ripiano della cucina tre cioccolatini.

Annabella muove la bustina del tè nella tazza e accenna un sorriso. «Domani ti racconto tutto. Promesso!»

«Lo so. A domani» le dice baciandola, per poi allontanarsi.

Annabella prende i cioccolatini e la tazza e si accoccola con una morbida coperta sul divano di Francesco. *Adesso vediamo un po' cosa devi dirmi, Carlotta*, pensa appallottolando la carta stagnola del primo dolcetto. Con delicatezza apre la scatola trovata nella villa. Un odore di polvere e muffa le serra le narici. Si passa un dito sotto al naso per trattenere uno starnuto. Con cautela estrae un foglio dall'aspetto fragile e delicato e comincia a leggere.

11 giugno 1940
Ore 4 e 50

Come ho fatto a ridurmi in questo stato? Come ho potuto farmi sottomettere così impietosamente da lui...? Ieri alla radio hanno annunciato che l'Italia entrerà in guerra, e io sono terrorizzata. Vorrei tanto che Angela non fosse nata in questo periodo. Tutto sembra sfuggirmi di mano. Il mondo pare impazzito ed Emanuele è fuori di sé. Più passa il tempo, più il suo delirio per il partito cresce. Adesso comincia a vaneggiare dicendo che nostra figlia deve fidanzarsi con un fascista. Ho il timore che glielo faccia fare davvero. E io, stupida che sono, non ho i mezzi né le forze per poter fermare questa pazzia. Mi pesterebbe a morte, lo so. L'ultima volta che mi ha ridotta uno straccio, a forza di pugni e calci, il medico mi ha fatto capire che, se avesse continuato ancora, per me sarebbe stata la fine. Cosa devo fare? Come posso uscire dalla melma in cui sto affondando? Quando smetterà di picchiarmi?

Il pensiero di lasciare qui mia figlia, sola con lui, mi fa impazzi-

re. Ho promesso al dottore che avrei fatto il possibile perché non accadesse più. Lui mi ha guardata in tralice e, con un'espressione poco convinta, mi ha detto che gli uomini come Emanuele purtroppo non cambiano. Con gli occhi gonfi di lacrime e il petto che mi doleva solo a respirare, gli ho assicurato che non sarebbe più accaduto. Ma aveva ragione lui, e io lo sapevo benissimo.

Il mio primo pensiero ora è solo per Angela. In questo periodo è cresciuta tanto. Non è rimasto quasi nulla dei lineamenti da bimba che aveva. Dio mio, aiutala tu, perché io non sono in grado di arrivare ovunque. Vorrei tanto andarmene lontano. Scappare da questo paese che sembra stringermi in una morsa mortale. Quando esco, leggo negli occhi delle persone un odio sconfinato. Se potessero, me la farebbero pagare, ne sono sicura. Ma quale colpa ho? La mia famiglia mi ha obbligata a sposarmi con lui. L'incertezza di questa vita è quasi più straziante delle botte di Emanuele.

Ci aspettano tempi duri. Nessuno è mai uscito indenne dalle guerre.

Cosa posso fare per salvare Angela?

Carlotta

Annabella accarezza le parole del foglio con un dito. «Oh mio Dio...» sussurra con le lacrime agli occhi.

Si asciuga le guance con il polsino del cardigan e sfila gli altri fogli dalla scatola.

1° gennaio 1941
Ore 15 e 30

Ieri sera, alla festa di Capodanno, quando ho visto il modo in cui Emanuele teneva a braccetto Angela, ho trattenuto a stento l'emozione. Erano anni che desideravo assistere a un tenero gesto d'affetto tra loro. Ho sperato tanto e ho pregato dentro di me che tutto fosse reale... Forse le cose d'ora in poi cambieranno, ho pensato in-

genuamente. Le cose però non sono andate così. Emanuele è davvero un bravo attore quando vuole arrivare ai suoi scopi… Non ci posso credere che sia riuscito a ingannarmi in quella maniera. È capace di fare leva sulle mie debolezze. E io, sciocca, non riesco a difendermi.

Sì, la vita non mi sta facendo sconti, ma Angela non può pagare per le mie mancanze. Non posso sopportare di vedere la delusione e la tristezza nei suoi occhi. E non posso fare avvicinare a lei il figlio del commissario. Non mi piace. Quel ragazzo è pericoloso… come tutti i fascisti, d'altronde.

Dio, perché mi stai facendo questo?

Carlotta

Annabella non riesce a smettere di leggere le parole della sua bisnonna, rapita com'è da quella sofferenza.

17 febbraio 1941
Ore 22 e 50

In questi ultimi giorni Emanuele è più inquieto del solito. È nervoso ed esce quasi tutte le sere. Spero che sfoghi i suoi istinti animaleschi su qualcun'altra…

L'altra mattina ho cercato di capire cosa avesse ma, come al solito, devo avere sbagliato approccio. Eppure, ero certa di avere usato un tono pacato e gentile. Ha inveito contro di me in modo brutale, trascinandomi poi in camera da letto dove mi ha spinta contro il muro dandomi della puttana. Mi ha tappato la bocca con una mano e mi ha alzato la gonna con l'altra gridando come una bestia inferocita. Mi ha sbattuto la testa contro il muro per stordirmi e mi ha presa come un animale. È stato violento. Mi ha fatto male…

Non so più come devo comportarmi con lui. Quando ha finito di fare tutti i suoi sporchi comodi, senza accorgersi della sofferenza che mi aveva causato, mi ha scaraventata sul letto e si è spogliato quasi ringhiando. Puzzava di alcol e aveva gli occhi fuori dalle orbite.

Non me la sento di scrivere quello che mi ha fatto, è stato troppo umiliante. Probabilmente nemmeno una prostituta si abbasserebbe alle nefandezze che mi ha costretta a subire.

Scrivere su queste pagine bianche è l'unico modo per sfogarmi. Mi restano solo loro, silenziose testimoni della vita dura e difficile che sto vivendo. Emma sospetta tutto e anche il personale, ma fanno finta di non vedere e di non sentire. Quando le conseguenze delle 'attenzioni' che Emanuele mi riserva mi costringono a stare a letto, Emma cerca di consolarmi come può. Nei suoi occhi leggo tutta la solidarietà che una donna può dare, ma la mia posizione, purtroppo, ci pone su due livelli nettamente diversi.

Una volta ho provato ad abbattere quella sottile cortina che ci divide, senza però riuscirci. Le parole di Emma quel pomeriggio mi hanno aperto gli occhi e fatto appassire e poi morire ogni speranza. La speranza di avere una confidente con cui sfogarmi e liberarmi dei pesi che mi trascino dietro ogni giorno. Mi hanno chiusa ancora di più nel mio silenzio… Posso contare su di lei in altri modi e devo interpretare le sue parole di conforto senza sconfinare.

Non posso nemmeno permettermi di avere un'amica.

Emanuele mi tiene praticamente isolata dalla società. Se non fosse che mi permette di andare a prendere la mia parte di razioni giornaliere in negozio e di accompagnare Angela a scuola, sono certa che mi rinchiuderebbe volentieri tra le quattro mura di questa stanza.

Carlotta

3 marzo 1941
Ore 17 e 40

Quando Emanuele è uscito per andare al lavoro, questa mattina, ho letto qualche articolo sul quotidiano. Questa guerra mi sembra assurda, e le conseguenze stanno mettendo a dura prova tutti. La gente del paese mi osserva come se fossi l'incarnazione dei privilegi, ma si sbagliano di grosso. Io sono una vittima di un'ideologia malsana e senza senso. È vero, Emanuele si procura dei cibi che la maggior parte delle persone si sogna, ma il prezzo che mi costano è troppo alto. Vorrei tanto gridare a tutti che io sono vittima quanto loro, che non è un arrosto nel mezzo della tavola che ci divide e ci rende diversi. Combatto tutti i giorni per la mia sopravvivenza e, nello stesso tempo, pago le conseguenze di un credo fascista che sta mettendo tutti in ginocchio con la sua arroganza e superiorità. Combatto per proteggere mia figlia. Dio mio, quanto vorrei che gli altri capissero la posizione in cui mi trovo.

Carlotta

Le parole di Carlotta la trascinano in un passato che non conosce, in una guerra che non ha vissuto, in un dolore che solo ora scopre. Rapita, continua a leggere nel silenzio della casa.

10 maggio 1941
Ore 1 e 15

È notte fonda e non riesco a prendere sonno. Penso spesso ad Angela. Ultimamente è cambiata, mi dà l'impressione di essere più grande. I suoi movimenti sono aggraziati, morbidi. Quasi non ci credo che sia diventata una donna. Nei suoi occhi leggo l'amore. È più serena e spesso la trovo con la testa fra le nuvole e l'aria sognante stampata sulla faccia. Faccio finta di non vedere, perché penso che voglia tenere per lei questo sentimento. Forse è un ragazzo che frequenta la scuola, perché qui in casa non può entrare nessuno senza il permesso di Emanuele. Sono preoccupata, però, se suo padre venisse a scoprirlo succederebbe una tragedia, ne sono certa. Per noi sarebbe la fine.

Confesso che ho paura per la nostra vita.

Dovrebbe essere un momento felice e spensierato per Angela e, invece, le tocca vivere il suo sentimento nascondendosi come una preda braccata dal cacciatore. Domani chiederò a Emanuele il permesso di andare in chiesa. Ho bisogno di pregare e isolarmi da quello che mi circonda. Don Saviano è l'unica persona della comunità che ha pietà di me. Ogni volta che gli dico la mia intenzione di confessarmi, Emanuele mi mette le mani al collo. È il suo personale modo di ricordarmi che devo tenere la bocca chiusa, soprattutto con un uomo di Chiesa. L'ultima volta, mentre mi stringeva forte la gola e cercavo affannosamente di respirare, con gli occhi iniettati di sangue mi ha intimato di non dire una parola, di fare la brava moglie o sarebbero stati guai...

Quando sono arrivata in chiesa, accompagnata a distanza da Gabriele, uomo di fiducia di Emanuele e compare di Alberto nel sottomettere i braccianti che lavorano nei terreni di famiglia, don Saviano deve aver visto tutta la disperazione del mondo nel mio sguardo, perché senza dare nell'occhio si è diretto in confessionale e si è chiuso la porta alle spalle. Era un invito silenzioso che ho afferrato subito. Dentro quell'angusto spazio, stanca, mi sono inginocchiata e ho pianto in silenzio con la paura che lo scagnozzo di Emanuele mi sentisse. Don Saviano mi guardava e mi consolava con parole colme di pietà attraverso la grata che ci divideva. Non ce l'ho fatta a tacere, ho raccontato le violenze che subivo. Lui era già al corrente di tutto da tanto tempo. Non ho un'amica ma ho lui, che è l'unico appoggio morale e spirituale che mi aiuta ad andare avanti.

Lui e Angela sono le sole persone che allontanano da me il pensiero di togliermi la vita...

Carlotta

Annabella raddrizza la schiena e si sistema meglio sotto la coperta. Non si capacita di aver avuto un bisnonno così violento e disumano. *Ora capisco perché non mi hai mai raccontato di lui...* Forse la nonna nemmeno sapeva dell'esistenza di questi scritti e se li avesse mai trovati e letti, Annabella nemmeno immagina il dolore che potrebbe aver provato. Sospira, sorseggia il tè, ormai tiepido: non credeva di trovarsi davanti a delle parole tanto crude. Pensa alla paura che le due donne dovevano aver vissuto… Poi a fatica prosegue la lettura.

15 agosto 1941
Ore 23 e 50

Vedere Angela uscire a braccetto con quell'individuo, Davide De Stefani, mi ha fatto soffrire. Questa volta non ho potuto fare niente per lei. Emanuele si è presentato in camera poco prima che arrivasse e mi ha ordinato di stare al mio posto, senza fiatare, con l'alito pesante misto all'acqua di colonia che è solito usare e stringendomi saldamente le spalle.

Angela, mi spiace non avere fatto nulla per evitarlo. Se solo avessi potuto ti avrei protetta. Che madre incapace sono! Non riesco nemmeno a difendere la persona più importante della mia vita.

Carlotta

16 agosto 1941
Ore 1 e 15

È l'una e mezza di questa notte di Ferragosto che sembra non finire mai e, come tante altre notti, non riesco a prendere sonno. Un sospetto mi sta consumando. È da tempo che vorrei confessare i miei presentimenti a don Saviano, o metterli nero su bianco su questi fogli. Mi sono alzata dal letto, convinta di avere trovato il coraggio di farlo. Invece sono qui a combattere contro i dubbi che sembrano non darmi tregua. Se scrivessi o dicessi ad alta voce i miei profondi timori sarebbe come confermare i sospetti abbietti e viscidi che mi scorrono sottopelle come un verme che si nutre senza sosta. Al contrario, se li tengo per me, in fondo al cuore, mi sento una vigliacca.

Sono così stanca e sfiancata dagli eventi che al mattino non vorrei alzarmi dal letto. L'insonnia mi sta divorando e risucchiando le poche energie che mi restano. Quando sono sveglia vago per le stanze della villa, combattendo contro le mie paure. A tratti mi convinco che è impossibile, mentre in altri momenti mi dico che non posso fare niente... Per la mia mente esausta è inaccettabile. Forse è per questo che non mi decido a vuotare il sacco. È troppo grave quello che penso per prenderne atto. Se fosse davvero così...

Carlotta

Annabella si alza dal divano e appoggia i fogli sopra la scatola. Non riesce a non pensare a tutto quello che ha letto e, nel silenzio della notte, si chiede di cosa stia parlando la bisnonna. *Questa storia si fa sempre più fitta. Cosa ti tormentava?* si domanda riempiendo ancora la tazza di tè. Scorre in velocità alcuni fogli dove molte delle parole sono state cancellate da grosse chiazze di umidità. Inchiostro sbavato e schiarito dagli anni trascorsi. Scritti quasi illeggibili di una donna tormentata e maltrattata dalla vita. Annabella si rigira tra le mani quei pezzi di carta, unici testimoni di vite vere consumate tra mille incertezze e paure. Fa una cernita di quelli in condizioni migliori e li sistema da parte sul divano. Quelli più rovinati li rimette nella scatola. *Okay, ricominciamo*, pensa appoggiandosi un nuovo foglio sulle gambe.

16 agosto 1941
Ore 2 e 20

Ma cosa succede questa notte? Non credo che reggerò ancora molto la pressione che mi tengo dentro. Dalla finestra della mia stanza ho visto Angela. Stava scappando in direzione del bosco, oltre la nostra proprietà. Non ho potuto fermarla.

Adesso sono qui che attendo il suo arrivo, temo che le possa succedere qualcosa. Sono preoccupata. È via da più di un'ora e non so con chi sia. E se tutto andasse per il verso sbagliato? Se il ragazzo che le piace le facesse del male?

Non ci voglio nemmeno pensare. Lei è una giovane con la testa sulle spalle, non frequenterebbe mai una persona senza principi. Mi devo fidare, non ho scelta. Non posso muovermi da qui. Ma non toglierò gli occhi dalla finestra finché non tornerà. Se vado a cercarla, rischio di dare nell'occhio. Emanuele potrebbe chiedermi spiegazioni e io non saprei come giustificarmi. Se poi Angela tornasse mentre io sono con lui, finiremmo tutte e due in guai seri. Ci potrebbe davvero uccidere questa volta. Era prevedibile che prima o poi si innamorasse… E suo padre come la prenderà se non accetta la corte di Davide?

Quante domande ho da porti Dio, mentre tu te ne stai lì senza darmi nessun segno. Ho sempre avuto fede in te, fin da piccina, ma adesso inizio a vacillare. Non traggo nemmeno più conforto dalle preghiere che ti rivolgo. Dove sei? Cosa posso fare per farmi ascoltare da te?

Aiuta Angela e proteggila se puoi… Temo e tremo al pensiero che Emanuele possa farle del male.

Carlotta

16 agosto 1941
Ore 8 e 10

Quello che ho visto questa notte mi ha devastata. Non so come reagire. La mia vita da oggi non sarà più la stessa.

18 agosto 1941
Ore 16 e 40

Angela, questa mattina, è corsa da me distrutta dal dolore. Si è confidata raccontandomi quello che è successo a scuola e del colloquio che ha avuto con la madre superiora. Ho cercato di consolarla, dicendole che le cose prima o poi cambieranno. Dalla sua espressione disillusa ho capito che sono stata poco convincente. Come posso confessarle che anch'io ho perso la speranza in questa maledetta società?

Carlotta

19 agosto1941
Ore 21 e 20

Oggi la madre superiora ha voluto parlare con me. Ha imbastito un discorso sul fatto che Angela volesse cercarsi un lavoro e rendersi indipendente. Io però, conoscendo la verità, non ci sono cascata. È ovvio che è stata cacciata perché il figlio del commissario De Stefani le fa una corte spietata. È stata vista da troppe persone la sera della festa in piazza. È stata etichettata e io non ho il potere di cambiare i fatti.

Sono una fallita che cammina sempre sul filo del rasoio. Non potendo espormi con lei, le ho fatto capire con parole appropriate che non la giudicavo per il suo gesto e che avrei provveduto io a mia figlia. Non posso condannare suor Ingrid: tenta di rattoppare le ferite della vita come meglio crede. Cerchiamo tutti di salvarci la pelle. Siamo tutti nella medesima situazione, eppure, al posto di supportarci e sostenerci, ci chiudiamo in noi stessi, diventando irrimediabilmente nemici.

Per fortuna Emanuele non ha detto nulla sul fatto: gli ho detto che Angela si è stancata di andare a scuola perché desiderosa di trovarsi un lavoretto. Lui mi ha guardato storto, poi mi ha detto che avrebbe pensato a tutto lui, a sistemare la figlia da qualche suo conoscente. Presa da una forte nausea, mi sono ritirata in camera mia.

Carlotta

20 agosto 1941
Ore 11 e 30

Affrontare questi ultimi giorni mi è costato un immenso sforzo. È successo tutto così in fretta che non ho avuto il tempo di elaborare. Domenica mattina quando ho visto lo stato in cui era ridotta Angela avrei voluto starle accanto; invece, sono stata costretta a stringere i denti e ad andare a messa con Emanuele. Poi, in seguito all'allontanamento da scuola di Angela ho dovuto parlare con suor Ingrid. Ma adesso, dopo tanta sopportazione, sono crollata. Sono chiusa in camera e non faccio altro che vomitare. Emma mi prepara delle tisane e il medico è venuto a visitarmi più volte per accertarsi delle mie condizioni. Poveretto, non sa più cosa chiedermi per arrivare a una diagnosi. Alla fine, in presenza di Emma, ha abbozzato una causa alquanto peregrina: un probabile virus passeggero portato dal caldo e dall'afa della stagione estiva. Quando Emma si è ritirata in cucina il dottore ha provato in tutti i modi a farmi parlare, ma io non ho potuto dirgli niente. Nulla di quello che avevo visto la sera di Ferragosto…

Devo pensare e, quando questo sudiciume che mi attanaglia l'anima mi darà un attimo di tregua, ci ragionerò sopra.

Carlotta

15 ottobre 1941
Ore 10 e 15

È una mattina soleggiata di metà ottobre. In giardino gli uccellini cantano, nonostante l'aria si sia raffreddata in questi giorni. Si respira già l'autunno. Nell'ultimo mese sono stata travolta da una notizia inaspettata: arriverà un bambino. Sono a dir poco incredula. Alla mia età, dopo tanti anni dalla nascita di Angela, sono costretta a portare a termine questa farsa. Non so se ne avrò le for-

ze. Sono oramai arida di sentimenti. Riesco ad amare solo Angela. Non penso di riuscire a prendermi cura di un altro essere umano, bisognoso di attenzioni costanti. Come farò a superare questa prova? Come potrò sopportare il fardello che mi è stato buttato sulle spalle? Come farò ad accettare questo figlio?

Ormai ho smesso di recarmi anche in chiesa. Don Saviano è venuto qui alla villa per portarmi una parola di conforto e devo ammettere che mi sono congedata da lui in poco tempo e in malo modo. Non è da me, lo so, ma non reggo più la situazione, e credo che per la freddezza con cui l'ho trattato non si presenterà più.

Se esistesse davvero un Dio non permetterebbe il dilagare di tante disgrazie…

Carlotta

Annabella appoggia il foglio sul divano e allunga le gambe prima incrociate. Pensierosa e con il cuore gonfio di dolore, si alza e si dirige in camera da letto. Con gesti lenti, si infila delicatamente sotto le coperte e si stringe a Francesco.

«Sei qui» le dice assonnato, abbracciandola.

«Francesco, davvero ci tieni a me?» gli chiede sentendo gli occhi riempirsi di lacrime.

Francesco la stringe ancora più forte a sé. «Sì, e se sarà necessario te lo ripeterò mille volte al giorno. Non ho vent'anni e non mi farò sfuggire la donna più interessante che abbia mai conosciuto nella mia vita» le risponde baciandole la fronte. «È stata dura?»

«Sì. Domani ti racconto tutto. Adesso abbracciami, ti prego.»

20

«È buonissima! Tua madre è una maestra nel fare dolci. Mi ci voleva davvero» aggiunge Annabella dando un altro morso alla torta che Francesco le ha offerto: soffice e profumata, con uno strato sottile e leggero di zucchero a velo cosparso sulla superficie, come piace a lei.

Francesco sorride e le allunga una tazza di caffè. «Hai ragione, sulle torte è imbattibile.»

«Sei fortunato, sai?»

«Lo so» ammette accarezzandole una guancia. «Prima che ti alzassi ho chiamato Andrea. Mi ha detto che se gli prepariamo tutta l'oggettistica da restaurare ci penserà lui. In mattinata dovrebbe passare alla villa per dare un'occhiata. Ti spiace se ti ho preceduta? Ieri notte hai fatto tardi e pensavo ti facesse pia...»

Annabella gli prende le mani interrompendolo: «Sì, grazie, ma non ti devi giustificare. Sono contenta che mi aiuti, che ti preoccupi e *occupi* di me».

Francesco le dà un bacio sul collo. Annabella gli accarezza i capelli e chiude gli occhi. «Allora vuoi raccontarmi che cosa hai scoperto?»

Con estrema calma, cercando di trovare le parole giuste, gli snocciola tutti i particolari che l'hanno colpita appoggiando la testa alla spalla di Francesco. «La sera di Ferragosto del 1941 deve essere successo qualcosa. Non c'è scritto cosa, purtroppo. La mia bisnonna, Carlotta, era una donna terrorizzata dal marito. Era in gabbia, ma non reagiva. Non aveva nemmeno il coraggio di scrivere le cose su un pezzo di carta... Deve essere stato qualcosa di terribile.» Poi, immersa nei pensieri aggiunge: «Vorrei fare visita alla tomba dei miei bisnonni. Magari più tardi vado al cimitero».

«Se vai stamattina posso accompagnarti, nel pomeriggio invece sarò in albergo. Devo sistemare dei conti. Roba noiosa. Mi spiace non poter stare con te di più... Vuoi andarci domani? Magari riesco a liberarmi» le propone mettendole davanti una tazzina colma di caffè.

«No, voglio farlo oggi. Tu non ti preoccupare, vai pure in albergo» gli sorride, e beve una lunga sorsata di liquido nero e aromatico.

«Sai, forse dovresti continuare con il diario di Angela. Magari scopri cos'è successo. Una cosa è certa: non è una storia semplice da metabolizzare, ma vedrai che ne verrai a capo, Invece, pensavo... Una di queste sere potremmo cenare con mia nonna Adele, magari potrebbe venirle in mente qualcosa che l'altra volta le è sfuggito...»

«Dici? Non vorrei disturbarla... La sera che ci siamo incontrate è stato faticoso per lei. Non voglio turbarla. Però è una bell'idea, ti ringrazio!»

«Okay, come vuoi tu.»

«Intanto il diario lo ricomincio stasera. Voglio sapere la verità...» gli dice con lo sguardo fisso oltre la tazzina, immersa nei pensieri.

* * *

Con l'aiuto di Andrea, Francesco e Annabella cominciano a impacchettare gli oggetti da salvare ritrovati nella villa.

«Sono pezzi bellissimi, dobbiamo recuperarli. Ho già contattato il restauratore. È un uomo di fiducia, molto scrupoloso nel suo lavoro. Vedrai, Annabella, rimarrai soddisfatta» le dice Bellin avvolgendo una statuetta con del tessuto per imballaggi.

«Speriamo, ti ringrazio per l'aiuto e per tutto!»

«Figurati... I ponteggi verranno montati tra un paio di settimane, forse tre, e mi sono già coordinato con il caposquadra degli operai. Tutto procede a gonfie vele per il momento, non hai di che preoccuparti.»

«Mi fido, altrimenti non ti avrei commissionato il lavoro!» scherza Annabella. «Bene o male, mi sono già posta nell'ottica che per i prossimi anni questa dimora sarà il mio unico pensiero. Quanto tempo servirà a rimetterla in piedi, non mi interessa ora. Voglio solo realizzare l'ultimo desiderio della nonna...»

«Farò il possibile» le promette Andrea impacchettando un vaso.

«Mi sapete indicare dove si trova il cimitero?» chiede a tutti e due Annabella dopo qualche minuto di lavoro in silenzio.

«Fuori dalla villa: devi prendere la strada e proseguire verso la fine del paese, per circa un chilometro» le spiega Francesco mentre cerca altri oggetti da restaurare.

«Grazie. Magari dopo pranzo faccio un salto...»

Quando è l'ora di pranzo, i tre giovani, stanchi per il lavoro nella villa, decidono di andare all'enoteca-ristorante all'angolo. Seduti a un tavolino, discutono sul da farsi: Annabella chiede informazioni su alcuni accorgimenti architettonici che Andrea intende mettere in atto.

«Sono davvero entusiasta della passione che hai per questo lavoro» gli confessa Annabella stringendosi nel maglione.

«Be', mi fa piacere che tu lo dica. Hai trovato altro nella casa che deve essere restaurato?»

«No, oggi direi che abbiamo imballato tutto. Ho trovato poi degli scritti della mia bisnonna, ma solo poche pagine sono leggibili» gli spiega Annabella bevendo un sorso d'acqua.

«Interessante. Vuoi che me ne occupi io?»

«No, sono cose personali... Non vorrei che venissero lette...»

«Come preferisci» le risponde lui mettendosi il tovagliolo sulle gambe. «Il resto dell'oggettistica vedrò di radunarlo nei prossimi giorni.»

«Perfetto, fammi sapere se hai bisogno di me» gli risponde Annabella.

«Allora direi che è il caso di fare un brindisi» propone Francesco versando il vino rosso nei tre calici. «All'inizio di questa nuova avventura!» esclama alzando il suo in alto.

«A questa nuova avventura!» brindano con un sorriso gli altri due.

***

Sotto un cielo plumbeo, mentre l'aria fredda le arrossa le guance, Annabella percorre a piedi il tratto di strada fino al cimitero. Si stringe nella giacca di lana e, mentre passeggia, osserva le case del paese. Per strada non c'è anima viva e dietro le tende delle abitazioni scorge i movimenti dei paesani. Li immagina indaffarati nelle loro faccende quotidiane tra le mura riscaldate e accoglienti. *Come sarebbe abitare qui per il resto della mia vita?*, si domanda alzandosi la sciarpa dietro al collo. *Forse è meglio non pensarci. Devo concentrarmi sulla ristrutturazione e sul diario della nonna. È meglio non fare troppi progetti*, pensa. *Devo solo vivere. Ecco cosa devo fare.*

Un cane in un giardino dall'altra parte della via la spaventa con il suo profondo guaire. Annabella d'istinto si ferma e fa un passo indietro, intimidita. Un signore sulla settantina apre la porta e lo richiama in casa. «Basta abbaiare!» grida esasperato. Con un sorriso, Annabella vede il cane, a testa bassa e con la coda tra le gambe, infilarsi dentro l'abitazione.

Riprende a camminare e poco dopo si trova davanti al piccolo camposanto. Il cancello in ferro battuto è aperto. Sul lato destro sono disposte le tombe più recenti, mentre sull'altro lato giacciono quelle più antiche. Lapidi di cemento grigio con vecchie e sbiadite fotografie. Mazzi di fiori finti avvizziti e impolverati sono inseriti dentro vasi rotti, crepati dalle intemperie e dalla mancata manutenzione. Dall'altra parte, alcune donne con addosso pesanti cappotti e guanti di lana stanno spolverando delle iscrizioni sul marmo. Altre spazzano attorno e riempiono i vasi di acqua fresca.

Un brivido le percorre la schiena. *Perché nei cimiteri fa sempre così freddo?*, pensa, rivolgendo la mente alla tomba di famiglia dove solo pochi mesi prima ha seppellito i genitori e poi la nonna. Con un sospiro Annabella si lascia alle spalle la gelida entrata e un vento tagliente la colpisce dritto in faccia, scompigliandole i capelli. Le signore presenti si alzano i baveri dei cappotti e finiscono in fretta le loro faccende. Alcune di loro, levando appena lo sguardo, la guardano curiose. *Sanno che non son di qui*, pensa, continuando a camminare.

Dei fiocchi di neve cominciano a scendere leggeri, mentre Annabella si aggira tra le lapidi più datate. Legge svariati nomi, date di nascita e di morte, molte risalenti ai primi del Novecento. Fotografie sgranate di donne acconciate e impettite sono custodite dentro cornici arrugginite, accanto a uomini in posa con cappelli e baffi che sembrano uscire da un film in costume. *Invece sono vissuti qui. Chissà dove sono i miei bisnonni*, si domanda.

Intanto le donne si affrettano a uscire dal cimitero e si salutano tra di loro senza risparmiarle qualche occhiata. Annabella, in silenzio, finge di non vederle. Immagina che in paese la notizia del suo arrivo non abbia tardato ad arrivare alle orecchie dei residenti. *È se pensassero male di me? Essere la nipote del bisnonno non mi aiuta molto...*

«Annabella?» si sente chiamare.

Lei si gira alla voce. «Adele! Che cosa ci fa qui fuori, con questo freddo?»

«Ti prego, non riferire niente a mia nuora e a Francesco...» le chiede la signora tutto d'un fiato.

Annabella si avvicina e la prende sottobraccio. «Io non dirò niente, però lei si farà portare a casa. D'accordo?» Le sistema lo scialle a fiori sopra una giacca imbottita. Adele alza le spalle rassegnata. «Cosa ci fa qui?»

«Sono venuta a far visita a mio figlio, ai miei genitori, al mio amato fratello e a mio marito. E tu?»

«Volevo trovare la tomba dei miei bisnonni. Curiosità, suppongo. Sto scoprendo così tante cose che mi sembrava giusto dare un'occhiata.»

«Ti porto io, se ti fa piacere.»

«Non vorrei che prendesse freddo. Forse è meglio tornare una mattina col sole...»

«Cara, datti una mossa. Sei arrivata fin qua, non vorrai tornare indietro proprio adesso? Dai, seguimi» la invita tentando di spingerla.

«Come vuole. Immagino che cercare di farla desistere non servirà a nulla…»

«Non ho capito, cara. Cosa hai detto?»

«Niente, niente!» esclama Annabella lasciandosi guidare mentre un sorriso le si dipinge in volto.

La neve non si ferma, mentre sopra di loro il cielo grigio si sta scurendo. «Eccola qui» la informa Adele, indicandole una lapide in marmo.

La tomba è grigia e tetra, spoglia di ornamenti. Un semplice fiore è scolpito appena sopra le tre fotografie: Carlotta Astolfi, Emanuele Bramante e Pietro Bramante. «Non mi aveva detto che Pietro, il fratello della nonna, non era stato ritrovato?» domanda Annabella accigliata.

«Sì, è così. Hanno messo il nome per ricordarlo» le spiega Adele abbassando lo sguardo. «Ora che vedo i loro volti, non sembri nemmeno parente di quel despota del tuo bisnonno…» continua Adele guardando la fotografia.

«Sì, e devo ammettere che ne sono contenta. Era un uomo orribile» le conferma, posando gli occhi sulla lapide.

«Come fai a sapere che era un uomo così, cara?»

«La nonna mi ha fatto avere in eredità un diario, che sto leggendo. Non credevo avesse avuto una vita così difficile…»

«Davvero?» le chiede Adele lasciando in sospeso l'interrogativo per qualche secondo. «Tu sai perché si era allontanata da me?» prosegue speranzosa con espressione supplichevole.

Osservandola, Annabella legge tutta la sua fragilità. Dietro al carattere forte, scorge una donna che attende ancora delle risposte dal passato. «No, non lo so. Se andando avanti troverò qualcosa, verrò subito da lei. Promesso» le dice cingendo con un braccio le sue spalle.

«Grazie» sussurra Adele asciugandosi gli occhi.

«Adele, vorrei domandarle un'ultima cosa. Per caso conosce un certo Luigi Zanini? Abita ancora qui?»

Adele drizza la schiena e la fissa dritto negli occhi. Ha un'espressione lontana, come se si stesse staccando dalla realtà. Pensa con lo sguardo rivolto al passato. «No, Luigi è morto molti anni fa. Era un bravo ragazzo...» le racconta, abbassando la testa. «La sua unica colpa, se così si può dire, è stata la ribellione. E la seconda, se è stata tale anche questa, è l'aver amato la donna sbagliata. Erano perfetti insieme. Ma la posizione sociale di Angela purtroppo...» ricorda, prendendo distanza dal passato e ritornando alla realtà. «Ha combattuto da eroe. Ha lottato insieme a molti altri giovani per la libertà.»

«Nonna lo amava... È stato coraggioso...» le dice Annabella accarezzandole le spalle.

«Ha fatto tutto quello che ha potuto... Come me e tanti altri della mia generazione. Vieni, ti accompagno alla tomba.»

Dall'espressione dura e ferita di Adele, Annabella capisce che è meglio non domandare altro. È doloroso per lei. *Forse nel diario della nonna troverò la risposta*, pensa prendendola sottobraccio. Con passo lento, oltrepassano un giardino dove riposano delle piccole lapidi con fotografie di bambini, e arrivano a una zona staccata dal resto del cimitero, quasi sul retro. L'aria si fa gelida e improvvise folate di vento fanno cadere alcuni fiori appoggiati alle tombe.

«Eccola là. L'ultima vicino al muro» le indica Adele affaticata. «Io resto qui. Sono stanca. Ti aspetto, cara. Tu vai pure.»

«È sicura? Guardi che se vuole ce ne andiamo subito, ripasso un'altra volta.»

«No, vai, io me la caverò» le risponde Adele mettendole una mano sul braccio.

Annabella, titubante, si dirige alla tomba di Luigi. La lastra in marmo è macchiata dal tempo e il muschio ricopre buona parte della lapide. Nella cornice un tempo dorata, la fotografia dell'amore della nonna la osserva. Il vetro che la protegge è crepato nel mezzo, ma Annabella riconosce il viso di un ragazzo giovane, dai lineamenti delicati. *Un combattente*, pensa. Sulle labbra le affiorano mille domande che vorrebbe porre alla nonna: se non fosse stato per lei, non sarebbe qui. Non saprebbe nulla del suo passato e di chi ha amato. Invece ora osserva la tomba del primo amore di Angela. Il pensiero poi vola a Adele, che la osserva da lontano. *Quanto ti voleva bene, nonna! Cosa ti è successo di così grave da non confidarti con lei?*, si chiede sentendo un dolore al petto.

Annabella posa un ultimo sguardo alla tomba, incapace di allontanarsi. Poi, con passi misurati, ritorna da Adele, che l'aspetta con la schiena curva.

* * *

Quando rientra all'albergo, infreddolita e tremante, scorge Francesco alla reception, impegnato a scrivere al computer.

«Oh, eccoti. Ho quasi finito. Stasera ti andrebbe di cenare qui? Non c'è nessun ospite e mia madre mi ha chiesto se ci va di restare.»

«Okay, perfetto, ti ringrazio. Sono stanchissima: mi conviene ricaricare le pile prima di continuare il diario della nonna» gli dice appoggiandosi al banco con i gomiti.

«Tieni» e le allunga un cioccolatino, «comincia da questo.»

Con un sorriso Annabella lo scarta. Il sapore vellutato del cioccolato le si scioglie in bocca. «È squisito, ci voleva! È stato un pomeriggio lungo…»

«Com'è andata? Hai trovato quello che cercavi?» le chiede Francesco, digitando alcuni numeri sulla tastiera. «Mi è spiaciuto non accompagnarti.»

Forse è stato meglio così, pensa Annabella abbassando lo sguardo. *Se avessi visto tua nonna fuori con questa temperatura...*

«Allora, bella turista?» le domanda curioso, poiché Annabella tace.

«Sì, scusa, ero distratta: sì, ho trovato la tomba dei bisnonni» risponde pensierosa. «E comunque bisogna vedere se resterò una turista oppure diventerò una residente... chi lo sa» aggiunge alzando le mani verso l'alto. «Una cosa è certa: ho un bel po' di lavori di cui occuparmi!»

Francesco le si avvicina e le dà un leggero bacio sulle labbra. «Allora speriamo che durino il più a lungo possibile...»

«Vedremo» mormora ricambiando il bacio.

La porta della cucina si apre improvvisamente. Annabella, con il cuore in gola, si sposta da Francesco e si liscia con le mani la giacca di lana. «Clelia! Buonasera! Tutto bene?» saluta con una voce più acuta del solito.

«Io bene, grazie. Abbiamo detto che possiamo darci del tu, no?» le domanda trattenendo una risata e annodandosi il grembiule dietro la schiena.

«Ma certo. Ci mancherebbe altro» conferma Annabella con una risata nervosa.

«Bene, ti andrebbe di aiutarmi in cucina? Ho intenzione di stupirvi stasera!»

«Sì, mi farebbe piacere. È tanto che non preparo una cena con qualcuno. Quando la mamma era viva spesso cucinavamo insieme. Erano i momenti in cui ci confidavamo...» ricorda con la voce lontana.

Clelia le si avvicina. «Io non sono tua madre» le sussurra piano, «ma sono la mamma di questo ragazzo» scherza indicando Francesco. «E cercherò di fare del mio meglio per farti stare bene. Cosa ne pensi?»

«Grazie, Clelia, sei davvero gentile» le dice Annabella sentendosi accolta.

Clelia la prende sottobraccio e la porta via con sé.

* * *

«Tua madre è una donna straordinaria!» Annabella si sfila il cappotto e lo appoggia sul divano di Francesco.

«Ho visto! Praticamente avete chiacchierato per tutta la cena!» le risponde lui seguendola in salotto.

«Sei geloso?»

«Mai e poi mai. Sei uno spettacolo, Annabella. Mi ha fatto piacere che tu ti sia presa una pausa dalle mille preoccupazioni che hai. Te lo meriti...»

«Mi ci voleva. Era tanto tempo che non stavo così bene. Mi sono sentita parte di qualcosa...»

«Parli sul serio?»

«Oh... Forse non dovevo dirti queste cose» si scusa Annabella, gesticolando nervosa. «Mi sto lasciando andare troppo. Sono una stupida» balbetta in fretta.

Francesco l'abbraccia. «Basta con le sciocchezze. Mi fa piacere che tu sia stata bene. Ma la cosa che mi fa stare meglio è sapere che ti senti in famiglia» sottolinea baciandola.

Annabella si rilassa nell'abbraccio e mette da parte tutte le insicurezze. Con un gesto rapido, Francesco la solleva da terra e lei si aggrappa con le gambe alla sua vita.

«Sei una bomba, ragazza» le dice lui portandola verso la camera da letto. «Dio, quanto mi piaci» le sussurra tra un bacio e l'altro.

«Anche tu mi piaci e non immagini nemmeno quanto...» risponde Annabella mentre il cuore le batte forte.

* * *

Un fascio di luce aranciata proveniente dal lampione nella strada illumina la piccola camera da letto. Annabella socchiude lentamente gli occhi, i vestiti sono sparpagliati sul pavimento e vicino alla bottiglietta di profumo di Francesco, appoggiato sul comodino accanto al letto, intravede il reggiseno di pizzo nero. Poi si gira piano sul fianco e lo osserva dormire. *Cosa sto facendo?*, pensa avvolgendosi nelle lenzuola. Con tenerezza allunga la mano e accarezza la schiena nuda di Francesco. *Tu mi hai cambiato la vita.*

Abbozza un sorriso e senza fare rumore si allunga fuori dal letto. Si infila la maglietta di Francesco e a piedi scalzi va in salotto. Prende la macchina fotografica dalla borsa e ritorna in camera. La luce che entra dalla finestra è perfetta... In quello scatto, spontaneo e veritiero, Annabella immortala l'uomo che le sta insegnando a lasciare andare tutte le catene che la tengono legata al passato. *Mi fai stare bene*, pensa. Silenziosamente esce dalla stanza e si chiude la porta alle spalle. Appoggia la macchina fotografica sul tavolo e poi si siede sul divano, stendendo sopra di sé la coperta di lana. Recupera il diario della nonna e riprende la lettura da dove l'aveva interrotta.

21

Dopo essere stata cacciata da scuola, mio padre mi chiamò nello studio per informarmi che mi avrebbe trovato un'occupazione degna della figlia di un fascista. Quelle parole mi facevano venire i brividi, ma non mostrai il mio disappunto al riguardo. Cercavo solo di intuire quale lavoro, nella mente offuscata di quell'uomo, fosse più adatto «alla mia posizione».

«Sono contento che tu voglia cominciare a lavorare. Oramai sei grande abbastanza per dare un contributo alla nazione!» sbraitò, alzandosi in piedi e guardando il ritratto di Mussolini appeso al muro. «Adesso vattene, ho da fare» mi ordinò poi con gli occhi spiritati.

Uscii e mi rifugiai nella mia stanza. Avevo una voglia pazza di scappare via con Luigi, lontano da tutto questo. Qualche settimana dopo, di fronte alla *notizia*, avrei realizzato che la vita per me sarebbe cambiata per sempre. Nulla sarebbe più stato come prima. Io non ero più la Angela di un tempo.

A questo punto del diario, cara Annabella, dovrei raccontarti di com'ero: una ragazzina piena di incertezze e paure incapace di prendere delle decisioni e che ha fatto un errore imperdonabile. Ma svelarti ogni cosa ora non ti farebbe comprendere la situazione in cui mi trovavo. So che questo mio tentennamento, che mi impedisce di alleggerirmi l'anima, è solo un espediente per non farmi odiare da te. La mia priorità, adesso, è metterti al corrente dei fatti accaduti: stabilirai tu stessa se condannarmi o assolvermi dai miei peccati.

Quando venne a conoscenza del *fatto*, mio padre non disse niente. Si fece pallido e serrò forte la mascella. Sembrava una statua di sale. Non mi spiegai perché non mi picchiò. Mi aspettavo di essere presa a schiaffi. Ero già pronta a ricevere tutti gli insulti possibili e inimmaginabili. Invece, con mio grande stupore, rimase immobile, privo di una sola, misera parola da rivolgermi. Si trincerò dietro un muro di silenzio frastornante che mi spiazzò oltremodo.

Immobile davanti a lui, nel suo studio immacolato, ricordai tutte le angherie che era solito riservare alla famiglia e mi domandai per quale oscuro motivo non riversasse su di me la rabbia che cercava, con tutte le forze, di reprimere. Con gli occhi ridotti a due piccole fessure e le mani strette a pugno, tentava di mantenere un certo autocontrollo. Non mi chiese nessuna informazione, eppure i suoi occhi si fecero indagatori, sembravano desiderosi di saperne di più. Da un leggero tremolio di una palpebra mi resi conto che un dubbio stava attraversando la mente di mio padre.

«Bene, prenderemo provvedimenti. D'ora in avanti te ne starai in camera tua, sorvegliata da tua madre. E non ti azzardare a uscire senza il mio permesso» mi intimò ritornando all'improvviso quello di sempre. «Hai rivisto il figlio del commissario?» mi chiese poi schiarendosi la voce, mentre apriva un cassetto della scrivania e tirava fuori una bottiglia di amaro.

Rimasi immobile dove stavo, rigida e spaesata da quella domanda.

Lui aprì la bottiglia e tracannò una lunga sorsata di liquido trasparente. «Allora? Ti ho fatto una domanda» abbaiò contro di me.

Sussultai e chiusi le braccia sul petto come a difendermi. «No, non l'ho visto. Siamo andati solo alla festa insieme» risposi con voce tremolante.

Per preservare la mia incolumità, mi trattenni dal rinfacciargli che era stato lui a obbligarmi ad andare a quella maledetta serata, anche se il petto mi bruciava dalla voglia di buttare fuori tutto quello che pensavo di lui e di Davide. Avevo un impulso quasi irrefrenabile di sbattergli in faccia che, per colpa loro, ero stata cacciata dalla scuola ed emarginata da molte persone, tra cui le stesse suore che tanto mi avevano fatta sentire a casa. La rabbia per le conseguenze dell'ingiustizia che avevo dovuto subire e farmi andare bene per forza bruciava in me. Nessuno aveva chiesto la mia opinione. Mio padre, per primo, mi aveva messo su un piatto d'argento e servita in pasto alle persone del paese, con tanto di cattiveria gratuita.

«Ti ha infastidita?» continuò lui bevendo un'altra sorsata e pulendosi la bocca con la manica della giacca.

L'odore acre di alcol mi arrivò sotto al naso e la nausea giunse come una marea. Trattenni un conato di vomito, mi portai una mano alla bocca e mi allontanai di corsa dall'ufficio. Impassibile davanti alla scena, da quel preciso momento, mio padre non mi chiese più nulla. Si limitò a usare mia madre come mezzo di comunicazione tra noi: era lei che mi riferiva i provvedimenti che mi riguardavano. Come aveva minacciato, il primo fu di non farmi uscire per nessun motivo dalla mia stanza. Le uniche persone che avrebbero potuto vedermi sarebbero state Emma e mia madre. Adele non sarebbe più potuta venire a trovarmi, almeno fino a nuovo ordine.

Ero diventata una detenuta nella mia stessa casa. Non potevo vedere nessuno, non potevo andare a lavorare. Afflitta, mi sedevo sul letto e pensavo a Luigi. Non avevo i mezzi per poter parlare con lui. Non potevo metterlo al corrente *del fatto*... Di noi, del nostro futuro, né proporgli una eventuale fuga insieme. Non potevo amarlo e farmi amare. Non potevo fuggire dal retro per andare da lui, alla casa nel bosco, per baciarlo e indagare se conoscesse un posto tranquillo al mondo dove sparire per sempre. Un posto lontano dal chiasso della guerra e da mio padre.

Mia madre entrava spesso nella mia stanza, mi portava dei quotidiani da leggere e si fermava a ricamare sedendo sulla morbida poltrona vicino alla finestra. Se ne stava a testa china e ogni tanto alzava lo sguardo, fissandomi per qualche secondo con gli occhi colmi di amore materno misto a pietà e a un senso di colpa che non riuscivo ad afferrare.

«Madre, perché mi guardate così?» le domandai un pomeriggio. «Voi non siete la causa di niente. Sono stata io... È una mia responsabilità se adesso mi trovo in questa situazione.»

Lei appoggiò il tombolo sul bracciolo e si avvicinò al mio letto. «Sei sempre la mia bambina» mi disse trattenendo a stento le lacrime e abbozzando un sorriso tirato carico di amarezza. «Se c'è una persona da incolpare quella sono io...» sussurrò, lasciando a mezz'aria la frase senza terminarla.

Confusa, le presi una mano. «Non capisco. Cosa c'entrate voi?» Ero io quella innamorata ed ero io a essermi concessa all'uomo per cui provavo questo sentimento.

Mia madre mi accarezzò una guancia e ritornò a sedere. Prese il tombolo e ricominciò a ricamare. «Un giorno pagherò per tutti i miei sbagli» disse, muovendo dall'alto al basso l'ago con un filo color rosso sangue. «Ti piace?» mi domandò mostrandomi il fiore che stava lentamente prendendo forma sulla coperta di lana.

«Sì, siete brava» le risposi, capendo che non sarei mai riuscita a tirarle fuori alcuna risposta.

Come avrai capito, Annabella, aspettavo un bambino. Una creatura indifesa stava crescendo dentro di me, e io non ero certa di potercela fare senza Luigi.

Le cose andarono proprio come mio padre ordinò. In giro si sparse la voce che mia madre era di nuovo incinta: una gravidanza difficile, che le impediva di uscire e di farsi vedere in paese. Io, figlia devota, mi sarei occupata di lei, tenendole compagnia per tutti i nove mesi. Mia madre si era accollata la responsabilità di un figlio che non era suo e che non partorì mai. Il bambino che doveva nascere agli occhi del mondo sarebbe stato il secondogenito di Emanuele Bramante. E io ero relegata al ruolo di sorella maggiore.

Nessuno sapeva niente, nemmeno gli uomini di fiducia di mio padre. L'unica estranea al nucleo famigliare, a conoscenza di questa trama ordita dall'uomo che mi aveva messo al mondo, era Emma.

Agli inizi di dicembre, ero circa al quarto mese di gravidanza, stanca di starmene chiusa in camera, presi un foglio di carta e scrissi un messaggio per Adele. Non l'avevo più vista da quando mio padre mi aveva rinchiusa nella villa. Ci eravamo salutate quella sera, convinte che ci saremmo riviste, ma non fu così. Il silenzio tra noi era colmo di domande. Le spiegai che mi mancava e che desideravo tanto parlare con lei. Con il cuore gonfio di coraggio, le illustrai tutto quello che mi stava succedendo: era un modo come un altro per combattere l'arroganza di mio padre. Le confessai che non riuscivo a immaginarmi senza Luigi accanto e che la creatura che aspettavo era suo figlio. La pregavo di informare Luigi, di raccontargli del bambino e di mio padre, cosa aveva deciso per me, speranzosa di avere una risposta.

Quando finii di mettere su carta tutto quello che mi dava il tormento, piegai la lettera e la inserii in una busta. Poco dopo Emma arrivò con un vassoio con il pranzo. Quando lo adagiò sul tavolo, mi avvicinai a lei e la strinsi a me. «Emma» cominciai, «puoi dare questa a Adele? Per favore...» la implorai con un filo di voce, infilando la busta nella tasca del suo grembiule.

Lei ricambiò l'abbraccio e mi lasciò fare. Ero solo una povera ingenua, ignoravo la realtà dei fatti.

* * *

L'autunno e l'inizio dell'inverno del 1941 furono stagioni rigide e gelide. Mentre il mondo combatteva contro le devastanti conseguenze dei poteri forti, io attendevo da Adele una risposta che non giungeva mai. Ogni giorno, all'arrivo di Emma, le chiedevo notizie e lei, puntualmente, mi riferiva che non aveva niente da consegnarmi.

«È arrabbiata con me?»

«Non so cosa dirti, tesoro» mi rispondeva la maggior parte delle volte, evasiva. «Adesso devo proprio scappare. Scusami» diceva per poi andarsene di corsa.

Sono stata così cieca… Ma, in fondo, non posso incolparmi per questo motivo: ero giovane e speravo solo che la mia migliore amica si facesse viva. Era l'unica possibilità che avevo di mantenere i contatti con l'esterno fino alla nascita del bambino.

Quell'anno mio padre non volle organizzare nessun tipo di festeggiamento natalizio. Men che meno, nessuna festa per dare il benvenuto al 1942. Usciva spesso e tornava molto tardi. Quando lui era via e il personale si era ritirato per la notte, mia madre mi permetteva di lasciare la stanza e insieme camminavamo per i corridoi della villa. Fare due passi avrebbe giovato al nascituro, mi ripeteva in queste sortite notturne. Una sera, quando eravamo solo io e lei, le feci una domanda che mi tenevo dentro da troppo tempo.

«Perché non mi avete mai chiesto chi è il padre del bambino?» Il cuore mi batteva forte nel petto.

Alla mia domanda si bloccò e abbassò lo sguardo verso il pavimento. Ricorderò per sempre come le sue spalle si ripiegarono quasi su se stesse sotto la camicia, come a voler sparire e dissolversi.

«Madre…»

Lei si riprese quel tanto che bastava per risollevare gli occhi e le scapole. «Immagino che tu te ne sia innamorata. Lo conosco?»

«È un ragazzo del paese. È poco più grande di me, si chiama…» Ma prima di continuare, e rivelare il suo nome, ricordai di quanto Luigi si fosse raccomandato di non dire mai, a nessuno, della nostra storia. «…Non ha importanza. Lui non sa del bambino» farfugliai amareggiata pensando a Adele.

Trattenni le lacrime e mi resi conto che il mio cuore si stava inesorabilmente indurendo.

* * *

In quell'isolamento forzato, le giornate invernali del 1942, corte, grigie e buie, si erano trasformate in trappole del tempo. Tutto si cristallizzava in secondi che non passavano mai. I minuti erano infiniti. E le ore sembravano gironi dell'inferno. Il buio che arrivava troppo presto alla finestra gettava su di me una tristezza immensa. Apatica, mi chiudevo nei ricordi della scuola, quando ero con i bambini impegnati a giocare e fare i compiti. Intanto il mio corpo stava cambiando: la pancia cominciava a vedersi e di notte, quando mi coricavo, le capriole del bambino mi tenevano compagnia. Mi accarezzavo il ventre, piangevo pensando a come quella creatura mi avesse privato di tutte le speranze e i sogni di ragazza. Nelle ore lunghe e interminabili che mi separavano dall'alba, progettavo di fuggire con Luigi.

Mia madre faceva il possibile per sostenermi e assistermi, mentre io invece cominciavo a non sopportarla più. Mi infastidiva il suo atteggiamento di sottomissione. I suoi silenzi erano come la lama di un coltello. Odiavo il modo in cui affrontava la situazione, osservarla mentre ricamava e faceva finta di niente mi sfiniva. Dopo tanti anni di matrimonio e di angherie, non si era ancora decisa a ribellarsi all'uomo che l'aveva trasformata in una schiava. In quei giorni, mentre il bambino cresceva dentro di me, iniziai a odiarla. Avrei preferito vederla combattere, gridare e ribellarsi a tutto quello che la stava travolgendo. Avrei voluto che non si prendesse la responsabilità del bambino. Lei era la nonna, ero io la madre, e covavo un rancore che a stento riuscivo a dominare. Nonostante la fatica della gravidanza, quello che mi faceva stare peggio era dover diventare sorella della mia stessa carne. Il bambino era parte di me, e non capivo come mia madre, per un istinto di protezione a me incomprensibile, si potesse accollare una cosa così grande. La gelosia faceva capolino nel mio giovane istinto materno.

A febbraio il nostro medico di famiglia si presentò alla mia porta, accompagnato dalla mamma. Mio padre se ne stava dietro di loro, impassibile come sempre. Fino a quel momento non era mai entrato nella mia camera. Quando lo vidi, mi venne la pelle d'oca. La sua espressione si era fatta ancora più dura.

«Dottore, ricordatevi quello che vi ho detto...» gli sibilò sistemandosi il panciotto.

«Lo so. Non metterei mai a repentaglio la vita della mia famiglia. Nessuno saprà mai quanto succede qui dentro» gli fece presente il dottor Russo, sostenendo il suo sguardo.

«Mi fa piacere che ci siamo capiti...» sottolineò mio padre prima di andarsene.

Mia madre chiuse la porta e mi lasciò sola. Il dottore mi visitò e si accertò che io e il bambino stessimo bene. Poi prese a parlarmi a bassa voce, temendo di essere udito: avrebbe fatto il possibile per aiutarmi a uscire da quella situazione.

«Spiegherò che avete bisogno di muovervi, signorina, e camminare» aggiunse quando seppe che erano mesi ormai che non vedevo il cielo. «Forse se glielo dico io vi lascerà un minimo di libertà...»

«Grazie, dottore. Mi sento così stanca...»

«Il bambino sta benissimo, ma è importante che anche voi recuperiate la salute» mi disse con aria cupa, guardando la porta. «Io farò del mio meglio per farvi uscire da questa stanza» sussurrò mettendo lo stetoscopio nella borsa. Prima di andarsene mi accarezzò una mano, come fossi sua figlia.

Mia madre attendeva in corridoio la fine della visita. Quando vide uscire il medico, gli domandò se tutto proseguisse per il verso giusto.

«Vorrei parlare con il signor Bramante, signora» annunciò lui. «Comunque, sì, è tutto a posto. L'unica cosa che mi preoccupa è che la ragazza avrebbe bisogno di muoversi e camminare. È pallida, ha necessità di una boccata d'aria. Non mi sembra una richiesta così assurda. Non potete tenere una giovane chiusa tra quattro mura!» si lasciò sfuggire, stizzito.

Sentii mia madre giustificare il provvedimento di mio padre, una scusa come un'altra per coprire la realtà. Non mi interessava. Il dottore aveva subito delle pressioni e delle minacce da parte di mio padre, ma, nonostante questo, non era riuscito a stare zitto e tenersi per sé l'opinione riguardo al modo in cui venivo trattata. Avevo trovato un alleato.

Quel giorno presi carta e penna e scrissi ancora a Adele. Non diedi la lettera a Emma, invece piegai il foglio e lo misi in un sacchetto di velluto che tenevo nascosto nella cassettiera. Il fatto di non ricevere sue notizie non voleva dire che io non potessi continuare a scriverle.

* * *

Tutte le raccomandazioni del medico non sortirono alcun effetto su mio padre. Mia madre non osava nemmeno portarmi per i corridoi della villa da quando il mio ventre si era fatto più ingombrante. Oramai la gravidanza non si poteva più nascondere. E, anche se eravamo sole, non si azzardava a disobbedire agli ordini precisi che le erano stati dati. La odiai con tutte le mie forze in quei giorni. Dentro di me desideravo solo che il bambino nascesse per poter mettere il naso fuori dalla porta. Quella primavera ero arrivata a gridare e tirare addosso a mia madre qualsiasi oggetto mi capitasse a tiro. Il dottor Russo continuava a ripetere che la reclusione non mi faceva bene. Mio padre ne prese atto e, visto come mi comportavo, si decise a lasciarmi uscire. Potevo farlo di sera o durante la notte, celata a sguardi indiscreti.

Annabella mia, sai qual è la cosa che ancora oggi mi sconvolge ripensando a quei giorni duri? È un particolare che ti farà capire molto su quanto il mio 'amato' padre mi avesse condizionato la vita: la porta d'ingresso non era chiusa a chiave. Avrei potuto uscire allo scoperto in ogni momento, andare in cucina e gridare a Barbara, a Silvia, alle altre donne della servitù o ancora agli scagnozzi di mio padre che ero incinta. Che aspettavo un figlio da un ragazzo umile e sputare addosso a tutti il mio ribrezzo e l'odio nei confronti di quel bastardo di mio padre. Invece, remissiva, me ne stavo lì, frustrata e arrabbiata con me stessa, a prendermela con la donna che subiva tutti i miei disagi emotivi, mia madre. Correvo alla porta della mia stanza e appoggiavo la mano sulla maniglia, pronta per abbassarla, ma qualcosa mi impediva di farlo. Arrivai persino a pensare che avrei preferito morire ammazzata di botte piuttosto di starmene chiusa là dentro. Invece, di fronte al dubbio e alla paura, toglievo la mano, tornavo tra le mie lenzuola e piangevo.

«Vieni, stenditi a letto» mi invitò mia madre un giorno. Dalla disperazione mi ero seduta sul pavimento. «Lo so che è difficile. Credimi, presto finirà tutto, e quando nascerà torneremo alla vita di prima...»

«La vita di prima? Vi rendete conto di cosa state dicendo? Quell'uomo ci odia. Io non voglio tornare alla vita di prima!» sbottai furibonda. «E voi sarete la madre del bambino! Con quale diritto decide tutto lui? Questo figlio è mio e di Luigi, non vostro!»

Mia madre tacque. «Luigi?»

Mi sistemai i capelli scompigliati e mi morsi il labbro inferiore. Non dovevo rivelarglielo.

Mi venne incontro e mi scosse. «Luigi chi? Dimmelo, Angela!»

«No, non vi svelerò il suo cognome. Potreste riferirlo a lui. Non lo metterò in pericolo.»

Mia madre mi lasciò e, senza aggiungere una parola, andò a sedersi sulla poltrona. Fuori dalla finestra gli uccellini cinguettavano e il profumo della magnolia aveva riempito tutta la stanza. «Se è chi penso io, è già nei guai...» annunciò con una calma agghiacciante.

Il mio cuore perse un battito. La rivelazione di mia madre mi aveva fatto tornare in me. «Cosa significa?» le chiesi alzandomi, piazzandomi davanti a lei e mettendo le mani sul pancione. «Parlate!»

Lei si appoggiò allo schienale e sospirò. «Sul quotidiano c'è un articolo che parla di un certo Luigi Zanini...»

Il panico mi assalì come una valanga che si stacca dal fianco di una montagna. «Che cosa è successo?» le domandai con un filo di voce.

«Ha picchiato il figlio del commissario De Stefani. Davide. È stato in prigione per diversi giorni… Ma è stato rimesso in libertà. Credo che lo abbiano lasciato andare per altri motivi…»

Delle ragioni non mi importava, non mi interessavano le macchinazioni che stavano alla base di quello strano e insolito rilascio. «Sta bene? Davide gli ha fatto del male?» Le gambe mi tremavano così tanto che le ginocchia, per un attimo, mi cedettero.

Mia madre veloce si alzò e mi condusse a letto. Mi fece stendere e mi versò dell'acqua in un bicchiere. «Tieni, bevi.»

«Ditemi che sta bene…» la implorai.

«Non lo so, Angela. Credo di sì. Sul giornale non c'è altro» mi disse toccandomi dolcemente i capelli.

«È il nostro bambino» singhiozzai accarezzandomi la pancia.

22

Avevo trascorso le ultime settimane a rigirarmi nel letto, in attesa di notizie su Luigi. Mia madre mi ripeteva che non aveva saputo altro riguardo alla faccenda in cui era stato coinvolto. Nel mio totale isolamento credevo di essere io la causa di tutto ciò. Immaginavo Luigi pieno di rabbia e furibondo scagliarsi contro Davide, picchiandolo con pugni e calci. Pensavo in continuazione a cosa potesse passargli per la testa, non vedendomi da mesi. Forse pensava frequentassi un altro e, spinto dalla gelosia, aveva attaccato Davide. Mille ipotesi mi attraversavano la mente. Ero così concentrata su quello che succedeva all'esterno che non mi rendevo nemmeno conto di quello che stava accadendo dentro di me. Al bambino non interessava niente delle circostanze in cui mi trovavo. Lui cresceva, ignaro degli stati d'animo altalenanti che, oramai, facevano parte di me. In certi momenti mi sentivo come se fossi su una giostra che girava a forte velocità senza mai fermarsi. In altri, la speranza e la voglia di interpretare in maniera positiva quello che non vedevo prendevano il sopravvento su tutto. Fisicamente ero prigioniera in pochi metri quadrati, ma la mia mente era una mina vagante.

Il 13 maggio 1942, quando il momento arrivò, avevo la testa traboccante di pensieri negativi. Durante la notte mi convinsi che Luigi non fosse più interessato a me e che Davide gli desse la caccia giorno e notte. Rammentai lo scambio di battute che avevo udito quel pomeriggio d'estate tra la madre superiora e don Saviano. Tutti quei misteri che Luigi non voleva rivelarmi. Mi tornò in mente

Adele, alla festa, quando non aveva nemmeno accennato ad abbassare lo sguardo all'affronto di Davide. Cosa stava accadendo fuori da quelle mura? Temevo che i miei amici si fossero dimenticati di me. Con il cuore a pezzi, mi alzai e mi misi a passeggiare per la stanza. Alle prime luci dell'alba, i dolori si intensificarono così tanto che fui costretta a stendermi di nuovo a letto.

Mia madre mi raggiunse più tardi, con un vassoio di cibo in mano e il suo pancione finto che sporgeva dall'abito che indossava. Serviva a ingannare eventuali curiosi e soprattutto la servitù che lavorava nella villa. Mi salutò e mi sorrise, mentre dentro di me cresceva una cieca rabbia. Non tolleravo quella felicità, quella gioia... Avrei preferito saperla lontana da me. La finzione in cui viveva e la farsa che stavamo interpretando mi davano il voltastomaco.

«Ho dei forti dolori. Non ho fame adesso» la avvisai, avvolgendomi con la coperta.

Lei distolse l'attenzione dal vassoio e si avvicinò al letto. «Quanto forti?» Era sbiancata improvvisamente. La pelle si era fatta sottile e fragile come un foglio di carta di riso.

«Non lo so!» urlai con un nodo alla gola che mi impediva di deglutire. «Mi fa tanto male...»

«Vado a chiamare il dottore. Da quanto tempo hai male?» mi chiese accarezzandomi la mano.

La ritrassi. «Da due o tre ore.»

Nei suoi occhi lessi tutta la frustrazione che si portava appresso giorno dopo giorno. «Torno subito» mi disse allontanandosi.

Ricacciai indietro le lacrime e feci un respiro profondo. Il dolore si faceva sempre più intenso e acuto. Era il mio bambino. Assecondando l'istinto, divaricai le gambe e respirai profondamente; mi distesi sui gomiti e abbassai la testa, chiudendo gli occhi. Poi spinsi con tutte le forze che avevo. Le mie grida squarciarono il silenzio, echeggiando fuori dalla porta che mia madre aveva lasciato aperta nella foga di avvisare qualcuno. Sentii i passi di Emma in lontananza. Me la immaginavo salire gli scalini che portavano al piano superiore. Erano mesi che non uscivo da quella stanza. Erano mesi che non percorrevo le scale che conducevano al di fuori di quelle mura.

Quando il dolore si attenuò, mi lasciai andare sul cuscino e mi scostai i capelli dal volto. Sudavo, ero terrorizzata. Non avevo mai provato un male così intenso, straziante e disperato. Nonostante trattenessi le lacrime che premevano con forza dietro le palpebre, alcune mi scivolarono sulle guance e mi bagnarono il collo. D'istinto mi asciugai con i polsini della camicia da notte. Quando spostai il braccio, sulla soglia, scorsi mio padre fermo a fissarmi. Pareva pensieroso e assorto. Non l'avevo mai visto così. Mi sembrò addirittura vulnerabile.

Vidi le sue labbra muoversi sotto i folti baffi, ma non uscì un solo suono, una sola sillaba. Richiuse ermeticamente la bocca e la sua espressione divenne la solita di sempre, dura e austera. Percepii in quel momento la mia nudità e mi coprii come potevo con il lenzuolo.

«Signore, lasciatemi passare, per favore. Angela...» disse Emma nervosa, cercando di superare mio padre, che si mise di lato per farla entrare; poi se ne andò senza proferire parola.

Un dolore insopportabile mi assalì mozzandomi il fiato. Il bambino era impaziente di venire al mondo, ma io non lo volevo affatto. Avrei preferito tenerlo ancora dentro di me. Non volevo diventasse una proprietà di mio padre.

Ti risparmierò i dettagli del parto, Annabella. Sappi solo che fu difficile ed estenuante. Pietro nacque alle cinque del pomeriggio, dopo nove ore di travaglio. E quando il dottore me lo diede in braccio, la mia vita cambiò per sempre. Quando vidi quel fagotto morbido e grinzoso, con gli occhi chiusi e le mani strette a pugno, capii il vero significato dell'amore. L'amore mio e di Luigi. Lo baciai teneramente sulla fronte.

* * *

Trascorsi le settimane successive a occuparmi del bambino; adesso quella stanza non era più una prigione e lui era diventato l'unica ragione per cui vivevo. Quando lo attaccavo al seno il mondo attorno a me sembrava luminoso: fuori c'era la guerra, ma io ero immersa in una sorta di realtà ovattata e sicura. Era il carburante che mi dava la forza per organizzare i piani per il futuro. Il cuore mi diceva che Luigi stava bene: appena mi fossi rimessa, sarei corsa alla casa di legno e gli avrei raccontato tutto. Di me, di noi, del bambino. Mi ero messa in testa di scappare con lui, di rifarci una vita da qualche parte, lontano da Fontana a Po. Pensai anche di rubare del denaro a mio padre per pagarmi il viaggio.

Mia madre, dalla nascita di Pietro, era diventata assente, apatica, lo guardava con occhi inespressivi. Non riuscivo a capire cosa le passasse per la testa, ma soprattutto non mi capacitavo ancora che lei, per il paese e per tutti, sarebbe stata la madre. Per il momento, infatti, le cose non erano cambiate: mio padre non aveva ancora dettato legge su come gestire «la faccenda di Pietro». Ero contenta di occuparmi del mio bambino e avevo escogitato il modo per ottenere i diritti di cui avevo bisogno: se mio padre si fosse spinto a impormi cose che non volevo, l'avrei minacciato dicendo a tutti che Pietro era mio figlio. Il cucciolo che avevo messo al mondo era diventato il mio asso nella manica. Emma mi aiutava nell'accudimento e io accettavo i suoi gesti premurosi come una bambina bisognosa di attenzioni. Mia madre invece, poco dopo la nascita del nipote, si rifugiò nella sua stanza: dietro la sua inerzia, vedevo una donna spaventata e senza alcuna voglia di ricominciare con un altro figlio. Dedussi che fosse talmente spaventata da fingersi malata.

Le volte che veniva a far visita, il dottore passava prima da me e poi da lei. Pietro aveva poco più di un mese, quando una mattina gli chiesi come stava mia madre: dalla sua espressione capii che tentava in tutti i modi di eludere la domanda. Si limitò a dirmi che aveva lo stomaco sottosopra e che necessitava di riposo. Quella spiegazione non mi bastò e, appena se ne andò, decisi di bussare alla sua stanza.

Dopo mesi che ero stata rinchiusa, uscii dalla camera con passo sicuro. Lasciai Pietro nella culla sotto lo sguardo di Emma, a cui nemmeno più chiedevo notizie di Adele, sapendo che la risposta non mi sarebbe piaciuta. Davanti alla porta di mia madre bussai decisa. Silenzio. Entrai, senza aspettare oltre. La stanza era immersa nella penombra e lei era a letto, sprofondata tra i cuscini e avvolta fino al mento nella coperta, con gli occhi chiusi e le guance umide di lacrime. Furiosa per l'atteggiamento infantile che teneva, mi precipitai alla finestra e la spalancai di colpo.

«Pensate di rimanere lì ancora per molto?» le sputai addosso avvicinandomi al letto.

Lei si portò la coperta sopra gli occhi rannicchiandosi sul fianco. «Lasciami stare, Angela. Ti prego» singhiozzò.

La rabbia che covavo da mesi esplose davanti alle sue parole. «Voi volete essere lasciata in pace?» urlai con tutto il fiato che avevo nei polmoni. «Sono io che ho messo al mondo un bambino, non voi!» continuai, sentendo le guance bollenti. «Dove è finita la madre che, quando ero piccola, cercava di proteggermi? Perché non fate niente per aiutarmi? Ho bisogno di voi, lo capite?» vomitai fuori andando verso di lei per scoprirla.

Chiusa su se stessa, mia madre era così fragile e vulnerabile, con la camicia da notte bianca e i piedi scalzi, che non riuscii più a gridare. In quel momento misi i miei bisogni da parte e assunsi un ruolo che ancora stavo costruendo, quello di genitore. Ritrovai la calma e poi, con gesti delicati, la ricoprii con cura e mi sedetti accanto a lei. Timorosa ed esitante, appoggiò la testa sulle mie gambe e pianse senza dire nulla.

«Ci riusciremo, vedrete» le sussurrai accarezzandole i capelli sciolti e disordinati. Non rispose, ma smise di singhiozzare e si asciugò gli occhi. «Anche se non so ancora come...» le confessai tenendomi dentro una tempesta di emozioni che sembravano squarciarmi il petto.

Più tardi, quando tornai nella mia stanza, sola, capii che la bambina di un tempo non esisteva più. Di lei non avevo alcun ricordo.

Tutto il lavoro sarebbe spettato a me. Mi sarei dovuta preoccupare di mia madre, di Pietro e, allo stesso tempo, guardarmi le spalle da mio padre. Per un attimo rimpiansi la vita sospesa da prigioniera che avevo fatto prima della nascita del bambino... Poi presi in mano le redini della situazione. Parlai con Emma e le diedi ordini su quello che c'era da fare.

«Mia madre non è in grado di fare niente in questo momento. Quindi ci penserò io. Per un po' la sostituirò» la informai.

«Lo so, piccola, e sembra non migliorare. È come caduta in una sorta di autodistruzione...» mi disse rimboccando le coperte a Pietro che dormiva nella culla.

Mi morsi il labbro e aggrottai le sopracciglia. «Non c'è bisogno che mi chiami *piccola*. Sono cresciuta in fretta» le ricordai andando fuori dalla stanza. «Ci vediamo dopo. Vado a prendere la mia razione di cibo in paese, ho bisogno di uscire» aggiunsi dal corridoio mentre mi allontanavo a grandi passi. Non udii la risposta di Emma, non volevo nemmeno preoccuparmi della sua reazione di fronte alle parole dure che le avevo rivolto. Nella mia testa non c'era spazio per altre preoccupazioni, men che meno per aver urtato la sensibilità altrui. Emma avrebbe compreso il mio stato d'animo.

Passai davanti al salone degli specchi e mi precipitai fuori, all'aria aperta. La giornata era soleggiata, l'aria profumava di fiori e vita nuova, anche se le conseguenze della guerra erano visibili ovunque. Mi fermai per qualche secondo a guardare ciò che mi circondava. Respirai a fondo, poi controllai che non ci fosse nessuno nei paraggi. Svelta, mi incamminai verso il passaggio aperto nella recinzione. La casa nel bosco era il mio unico pensiero. Mi tolsi le scarpe e corsi a piedi nudi: erano mesi che non mi sentivo così, l'aria mi bruciava i polmoni, le gambe si muovevano da sole, il sole mi scottava il viso, dentro di me il cuore batteva forte. Passo dopo passo, mi stavo riappropriando del mio corpo e la pancia che mi aveva accompagnata nell'ultimo mese dopo il parto lentamente stava scomparendo sotto gli abiti che indossavo. Gli alberi del bosco erano di un verde brillante e tra le foglie filtravano raggi di sole che sembravano danzare con la natura. L'erba sotto i miei piedi era morbida e fresca. Tutto sapeva di rinascita.

Quando intravidi in lontananza la scala a pioli, mi bloccai. Il cuore sussultò nel petto. Avevo l'impressione di trovarmi in un posto diverso da come lo ricordavo. Appoggiai la schiena a un albero: ero io a non essere più la stessa. Non ricordo quanto tempo rimasi lì ferma ad assaporare il gusto della libertà mista alla consapevolezza di essere non più una ragazzina, ma una donna con un figlio. Ero una nuova Angela.

Attorno a me tutto taceva. Con le scarpe in mano, salii a fatica la scala e mi accomodai dentro a gambe incrociate. I ricordi mi assalirono. Rividi la sera in cui io e Luigi facemmo l'amore, i baci e le carezze che ci eravamo scambiati e le parole dolci che ancora mi risuonavano in testa. Un brivido mi percorse la schiena. Fremevo dalla voglia di dire a Luigi del nostro bambino. Assorta nei miei pensieri, quasi non mi resi conto del rumore di passi che si stavano avvicinando. L'eco di voci maschili si mescolava al vento che scompigliava le fronde.

«Dobbiamo fare attenzione. Se ci dovessero scoprire saremmo spacciati...»

«Perché credi abbiano rilasciato Luigi, eh?»

Le voci di Luca e Stefano erano chiare. Di Luigi, però, non c'era traccia.

«Mi prendi per uno stupido? Lo so anch'io il motivo!» Il tono di Stefano era concitato.

«Dobbiamo recuperare quello che serve e poi metterlo al sicuro. Per il momento non possiamo fare altro» dichiarò Luca.

Non capivo di cosa stessero parlando, ma intuii che Luigi stava bene e che lo avevano lasciato andare. Era quello che mi interessava.

«Muoviti, vai a prendere la roba. Prima ce ne andiamo e meglio è» disse a Stefano con un leggero tremore della voce.

Restai immobile, nascosta nella casa di legno. Dopo quello che avevo udito non me la sentivo di sbucare fuori all'improvviso. Senza muovere nemmeno un muscolo per la paura di provocare qualche suono, ispezionai la casa e valutai che non c'era niente. Era tutto vuoto. Non sarebbero saliti quassù.

I loro passi si fecero più distanti, sentii un rumore di foglie spostate e di colpi secchi; facendo attenzione a non farmi sentire, scostai lo straccio che fungeva da tenda alla finestra. Stavano scavando in un punto preciso del terreno, quando tirarono fuori una cassa di metallo. La aprirono e presero qualcosa dall'interno che non riuscii però a vedere; poi lo infilarono nei sacchi che si erano portati dietro e che giacevano ai loro piedi. Rapidi, Stefano e Luca rimisero tutto a posto, coprirono la cassa con nuova terra e se ne andarono senza scambiarsi una parola.

Quando non sentii più i loro passi, con cautela scesi dall'albero e mi avvicinai alla terra smossa, dove era stata riposta la cassa. Volevo sapere cosa nascondesse, ma non avevo nulla con me per scavare...

«Angela?»

Con un nodo in gola mi girai. Luigi stava in piedi con un'espressione incredula stampata in viso. I capelli arruffati, la bocca socchiusa e il colletto della camicia aperto. «Dio, sei tu?»

La sua voce mi suonò diversa, lontana. Erano mesi che non la udivo, che non ascoltavo più parole d'amore. Il suo aspetto duro e rigido contrastava con lo stupore che aveva dipinto negli occhi. All'improvviso tutta la mia voglia di ritrovare Luigi mutò in titubanza. Non ero certa che lui volesse vedermi. E non ero sicura che lui, nel frattempo, non avesse intrecciato una relazione con un'altra ragazza.

«Sì, sono io» sussurrai con un filo di voce. La confidenza tra noi non c'era più.

«Non ci credo… Sei davvero tu!» Mi si avvicinò, passandosi una mano tra i capelli.

Quel gesto risvegliò in me sentimenti che pensavo sopiti. Mi straziò l'anima.

«Dove sei stata, Angela? Sei sparita…»

«Mio padre mi ha impedito di uscire di casa per tutto questo tempo…» spiegai cercando di nascondere l'imbarazzo che mi pervadeva.

«Quell'uomo è un... un pazzo!» esclamò prendendomi per le spalle. «Tu stai bene?» mi domandò con uno sguardo che non conoscevo. «Ti ha fatto del male?»

«No, non mi ha fatto niente. Solo che ha voluto che assistessi mia madre. Sai ha avuto una gravidanza difficile...» mentii, cercando di nascondere con le braccia quell'accenno di pancia che ancora si intravedeva sotto l'abito e che certo mi avrebbe tradita. La realtà era ben diversa da come me l'ero immaginata. Non eravamo più le stesse persone di prima. «Perché non mi hai cercata, Luigi?» chiesi riacquistando sicurezza.

«Ho mandato Adele non so quante volte a casa tua. Andava anche all'insaputa di sua madre. Gli uomini di tuo padre, però, la cacciavano dicendo che non era la benvenuta. Ha incontrato anche tuo padre, una volta. Lui le ha dato della poveraccia. Non la voleva lì, le ha detto che doveva considerarti *morta*. Non sai quanto c'è rimasta male...» mi raccontò stringendomi all'improvviso a sé.

Il profumo della sua pelle mi inebriò e, nonostante i dubbi, mi lasciai andare. Tra le sue braccia, senza nemmeno accorgermene, ritrovai un nuovo inizio. Un nuovo percorso. Bastò un solo e semplice abbraccio per eliminare la distanza che si era messa tra di noi in quei mesi. Lo strinsi a mia volta e mi appoggiai al suo petto. Il mio cuore batteva insieme al suo. «Quanto mi sei mancato» sussurrai, chiudendo gli occhi. Desideravo con tutte le mie forze che quel preciso momento non finisse mai. «Sono stati mesi infernali...» e mi strinsi tra le sue braccia ancora più forte.

Lui mi baciò i capelli. «Anche tu mi sei mancata...»

«È stata dura per noi... Ho così tante cose da dirti, Luigi. Cose importanti» gli mormorai deglutendo mentre pensavo al nostro bambino nella culla. «Prima, però, dimmi perché hai preso a cazzotti Davide De Stefani. L'ho letto sul giornale... Come ti è venuto in mente? E sei finito in prigione... Come ti hanno trattato?» gli chiesi alzando la testa e sprofondando nei suoi occhi castani.

«Ha decisamente esagerato quel figlio di...» iniziò senza finire la parola. «Se ne andava in giro dicendo a tutti che si sarebbe fidanzato con te. Così, una sera, sono andato a cercarlo, gli ho dato una spallata di proposito mentre entravo in un bar. E lui, idiota, mi ha subito attaccato. Ci siamo picchiati, sì, ma se tornassi indietro lo farei ancora» spiegò senza mai smettere di guardarmi. «L'ho fatto per te, Angela. Non sopportavo più la sua arroganza. Mi hanno arrestato, è vero. Ma non importa. La prossima volta gli farò chiudere la bocca una volta per tutte, a quel bastardo. Le ho prese, sai. Me ne hanno date di santa ragione in cella, ma per te questo e altro.» Mi accarezzò una guancia. «Quanto sei bella...» disse baciandomi sulle labbra.

Erano giorni, settimane e mesi che non sentivo il suo sapore. E quel contatto risvegliò tutte le emozioni che mi tenevo dentro da troppo tempo. Lo abbracciai e lo baciai con un'intensità e un desiderio che non avevo mai provato prima di allora. L'ultimo bacio l'avevo dato che ero una ragazza. Adesso invece lo baciavo da donna, provando un sentimento saldo in me, come le radici dei tigli.

Ero pronta a rivelargli tutto. Mi staccai a fatica dalle sue labbra dolci e morbide. «Ti devo parlare Luigi» richiamai la sua attenzione, accarezzandogli le spalle. «È importante, davvero...»

«Certo, dimmi.»

«È successa una cosa nel periodo in cui non ci siamo visti. Pietro, il bambino...»

«Oh, sì. Tuo fratello, ho saputo della nascita. In paese non si è parlato d'altro nell'ultimo mese... Sta bene? A chi assomiglia?» mi chiese serio. «Non è che assomiglia a tuo padre? Piccoli fascisti crescono...» commentò pungente. «Scusa, non volevo dire così. Tu non c'entri niente, e nemmeno tuo fratello» mi disse in fretta, prendendomi le mani.

L'aveva chiamato «fratello», come tutti. Abbassai gli occhi, non sapevo da dove cominciare per comunicargli che era diventato padre.

«A volte mi chiedo se ha senso mettere al mondo un figlio di questi tempi, così pazzi e pieni di disgrazie... La guerra non è finita» continuò, lasciandomi le mani. «Ma un giorno la pagheranno. Ho troppi conti in sospeso con questa gentaglia...»

Davanti alla sua collera, rimasi zitta. Pensavo a quanto la situazione fosse paradossale: sotto di me era sepolta una cassa contenente cose delle quali non sapevo nulla; dentro di me riposava un segreto da rivelare, il frutto del nostro amore, Pietro. Dirlo o non dirlo? Ascoltando le sue parole pensai di tacere la verità...

«Sono uno stupido, sono solo idee… Che ne so io, no? Ti ho interrotto, cosa dovevi dirmi?»

Raccolsi tutto il coraggio che avevo in corpo: tenere per me questo segreto non avrebbe portato a nulla di buono. Anche se dall'altro lato temevo la sua reazione.

«Luigi, ho messo al mondo io il bambino» sussurrai. «Quello che tu chiami fratello, in realtà è tuo figlio, Pietro. Mio padre mi ha rinchiusa in casa, non voleva che si sapesse in giro… Abbiamo mentito sulla gravidanza di mia madre, in modo da non destare scandalo. In pochi erano al corrente della verità. Mi era proibito uscire, parlare con qualcuno, anche solo chiedere aiuto…»

Luigi mi fissò, le sue labbra strette erano un filo sottile.

«Dimmi qualcosa, per favore. Grida! Arrabbiati! Ma ti prego, *parla…*»

«Dici sul serio?» balbettò.

«Non ti mentirei mai…»

I suoi occhi si riempirono di lacrime. Lo abbracciai, diventammo un'unica persona. Finalmente un unico essere.

23

Dopo un mese dalla nascita del bambino, mio padre ancora non si era avvicinato a Pietro, gli stava a debita distanza. A tratti sembrava quasi temerlo. Era evidente a tutti che non gradiva la presenza del nascituro. Negli occhi delle domestiche leggevo un certo sconcerto al riguardo: da uno come Emanuele Bramante ci si aspettava un comportamento più che altezzoso, visto l'arrivo di un maschio in famiglia. Invece lui taceva, persino con i suoi uomini di fiducia. Mia madre, invece, trascorreva le giornate chiusa nel suo mutismo.

Stanca di tutto ciò, una mattina vestii Pietro, lo presi in braccio e lo portai fuori dalla villa. Dissi a Emma che andavo in paese, in realtà lo portai alla casetta di legno. Volevo che Luigi lo vedesse. Quando arrivammo allo spiazzo nel bosco, lui era seduto per terra, in attesa. Non appena mi scorse in lontananza, con il nostro bambino al petto, si alzò e mi venne incontro. Nei suoi occhi vidi così tanto amore che nessuna parola esistente a questo mondo potrebbe descriverlo. Fu un momento indimenticabile, ancor'oggi impresso nel profondo della mia anima. Emozionato e tremante, Luigi prese tra le braccia suo figlio, avvolto in una coperta leggera di lino, che mia madre aveva ricamato nelle lunghe giornate d'attesa precedenti al parto. Lo guardava come se fosse la cosa più bella che avesse mai visto. Mentre mi beavo della loro vista, nella mia testa ricominciai a progettare la fuga.

«È una meraviglia, Angela. Cosa abbiamo fatto...» mi disse strofinando la punta del suo naso contro quella di Pietro.

«Un bambino bellissimo, che assomiglia tutto al papà!»

«Papà... Oh, mio Dio, non mi sembra vero» e continuò a cullarlo ridendo. D'un tratto il suo sguardo si fece serio. La gioia scomparve dal suo viso.

«Cosa c'è?» domandai, preoccupata per la velocità con la quale aveva cambiato umore.

«Non potrò mai dargli il mio nome, vero? Tuo padre starà già organizzando il battesimo...»

«Farò il possibile per rimandarlo. Nel frattempo, credo sia meglio stabilire un piano.»

Gli dissi che volevo scappare via, lontano, insieme a lui e al bambino. Ero così concentrata su di me, su quello che avevo sofferto, da non vedere la devastazione che la guerra mieteva in tutta Italia e in Europa.

Luigi mi diede il bambino in braccio. «Angela, tu stai sognando. Non possiamo fuggire. Io sono tenuto d'occhio. Se mi allontanassi dal paese, mi seguirebbero ovunque, lo capisci?»

«Perché dici questo?»

«Perché è così, Angela. Perché pensi che mi abbiano rilasciato? Conoscono il mio odio nei loro confronti... Ma non sono solo, siamo in tanti. Io, però, ho avuto il coraggio di prendere a cazzotti uno di loro. Tutti mi rinfacciano che sono stato uno stupido a rischiare così. Che dovevo starmene tranquillo e buono, senza dare nell'occhio. Io, invece, l'ho affrontato!»

«Di chi stai parlando? Chi ti dice quelle cose, Luigi?» chiesi, cullando Pietro.

Lui impallidì. «Di nessuno... Non ti preoccupare. Non è il caso di discuterne ora.»

«Luigi, io non ti capisco. Rischi la vita per me e poi non vuoi dirmi cosa succede!»

Cominciò a camminare avanti e indietro, quasi a voler mettere ordine nei pensieri. «L'ho fatto per difenderti, è vero, ma il resto è meglio che tu non lo sappia. Te l'ho ripetuto tante volte: non insistere, ti metterei in pericolo. Credi che a Davide abbia rivelato la verità? Credi davvero che gli abbia detto che lo picchiavo per te? No, Cristo! Non ho potuto farlo, Angela!» La sua espressione era dura per la rabbia. Leggevo nei suoi occhi, velati da piccole venuzze rosse, l'odio e l'astio che crescevano nel petto. «Non certo in quella situazione, ti avrei messa nei guai. E io non avrei più potuto vedere la luce del sole. Ho una missione nella vita e, quando sarà il momento, te ne parlerò. Nel frattempo dovrò sopportare la punizione di vedere mio figlio battezzato con un nome che non è il mio» sottolineò con amarezza.

Ferita dalle sue rimostranze, abbassai lo sguardo. Mio padre era un violento, rappresentava il peggio che un uomo può racchiudere in sé, io portavo lo stesso cognome ma non ero certo come lui. Lasciai che le parole di Luigi mi scivolassero addosso, senza sollevare polemiche inutili e sterili: non volevo litigare dopo tanto tempo che non stavamo assieme. Fu la presenza di Pietro a darmi il coraggio di soprassedere. La rabbia di Luigi mi colpiva ma, nonostante questo, lo amavo. Sapevo che non mi avrebbe mai messo le mani addosso. Era un uomo impulsivo, che scalpitava contro una società piena di ingiustizie e brutalità. Nei mesi in cui non lo avevo visto, il fuoco che aveva dentro era divenuto un incendio, che nemmeno io ero capace di domare.

«Deve essere una cosa importante, se la proteggi così tanto...» gli dissi, stringendo Pietro tra le braccia. «Quindi, tutti i sogni e i progetti che ho fatto per noi due...»

«...sono impossibili da realizzare. Almeno per adesso» finì lui scandendo ogni parola.

* * *

Quando rientrai alla villa, misi sul tavolo la razione di viveri che mi ero fermata a prendere prima di tornare. Non volevo che la mia bugia venisse scoperta: se mi fossi presentata senza quel poco di cibo disponibile, tutti mi avrebbero guardato con sospetto, sebbene gestissi ormai io la servitù. Quella bugia era divenuto l'unico modo per poter vedere Luigi.

A Fontana a Po, quando mi incontravano con il bambino, i paesani facevano finta di niente. Nessuno si fermava per fare un complimento al nuovo arrivato. Io stessa faticavo ad assumere il ruolo di sorella: per quanto mi sforzassi, il mio istinto materno prendeva il sopravvento.

La domenica mattina andavo a messa con mio padre, che stava a fianco della carrozzina di Pietro con aria inespressiva. Mia madre prese a unirsi a noi durante l'estate. Con l'arrivo della bella stagione, si era fatta coraggio, sollevandosi dallo stato di prostrazione in cui versava. Ma io conoscevo la verità: che si reggeva in piedi grazie alle pillole che il dottore le aveva ordinato. Mio padre aveva fatto il possibile per procurargliele. Pur di mantenere le apparenze, aveva smosso mari e monti per fargliele arrivare dall'ospedale in città.

Una domenica, terminata la funzione, don Saviano ci fermò per salutarci e, molto stupito, chiese a mio padre perché non avesse ancora battezzato Pietro. Il bambino era ormai cresciuto, non c'era ragione di rimandare il sacramento. A quel punto, mia madre, sentendo un pianto provenire dalla carrozzina, mi spostò di lato con un gesto della mano e prese in braccio Pietro.

«Ho avuto delle complicazioni dopo il parto, siamo stati costretti a rimandare, don Saviano» gli disse, cullando il piccolo.

«Don Saviano, *noi* non abbiamo nulla da nascondere» sibilò mio padre alzando un sopracciglio senza distogliere lo sguardo dal parroco. Il sacerdote non disse nulla, abbassò gli occhi e con un gesto meccanico si sistemò la tonaca. «Mia moglie ha ragione. Purtroppo, le cose sono state molto più complicate del previsto» sottolineò mio padre lisciandosi i baffi e guardandomi di sottecchi. «Se per voi va bene, sarà Angela a occuparsi di tutto. È stata brava con la madre durante la gravidanza. Quindi sono certo che se la caverà a organizzare un semplice battesimo» concluse fulminandomi con lo sguardo.

Lo sfidai a mia volta e sostenni lo sguardo senza paura. Vedevo nei suoi occhi tutto l'astio di cui si nutriva e che, oramai, l'alcol aggravava giorno dopo giorno. Da quando era nato Pietro, aveva smesso di ubriacarsi in casa. Almeno aveva la decenza di farlo fuori. Molto spesso rimaneva a dormire nella casa sul retro insieme ad Alberto e Gabriele. Ci diceva che così era più comodo per il lavoro. Tutte bugie: voleva stare il più lontano possibile dal bambino e da me.

Quella domenica mio padre capì che non gli conveniva pestarmi i piedi. Con la sua presenza, Pietro mi dava una forza e un coraggio inesauribili; così, senza dirci altre parole inutili, mio padre intuì che io avevo la situazione sotto controllo e che non gli avrei mai più permesso di farmi del male.

Don Saviano mi prese da parte e ci accordammo per il giorno del battesimo. Mia madre ci osservava da lontano, aveva gli occhi vuoti, spogliati di ogni voglia di vivere. Io facevo del mio meglio, Annabella, ma non riuscivo a scuoterla dal suo torpore.

L'indomani misi al corrente Luigi della data del battesimo.

«Prima o poi il momento doveva arrivare. Lo sapevamo tutti e due» sospirò e si mise in bocca il filo d'erba con cui stava giocherellando.

«Ho fatto di tutto per spostare la cerimonia. Di fronte all'invito di don Saviano non ho potuto fare niente...» constatai cingendogli le spalle. «Senti, Luigi, mio padre ha fatto una velata insinuazione al parroco» provai a spiegargli con disinvoltura, schiarendomi la voce. «Non ho capito a cosa alludesse.» Ero al corrente che Luigi frequentava spesso la parrocchia e non mi ero scordata la conversazione tra il parroco e la madre superiora che avevamo udito da dietro la porta del fienile sul retro della scuola.

«Che vuoi dire?»

Gli raccontai come si erano svolti i fatti.

«Lo sapevo. È da tempo che sospettano di *noi*. Mi hai dato la conferma!» esclamò, alzandosi di colpo. «Devo andare» mi disse incamminandosi.

Lo osservai allontanarsi da me e un senso di vuoto mi occupò il petto e la mente. Per Luigi nostro figlio era in secondo piano. La politica, sola, lo accendeva. A pensarci ora, che sciocca ero stata anche solo a pensarlo! Lui si dava da fare e io dubitavo del suo comportamento! Non capivo che era un uomo che stava in bilico tra il suo credo e l'amore che provava per me. Era un idealista che combatteva con un sentimento che lo metteva in seria difficoltà.

Il caldo di quell'estate fu soffocante. I braccianti, per lo più vecchi, donne e ragazzi, gli unici rimasti per i lavori agricoli, venivano massacrati in campagna dai ritmi che mio padre con i suoi uomini imponeva loro. Mentre camminavo per il paese, la gente mi osservava sempre con disprezzo, mascherato da un velo di paura e timore. Anche mia madre, che mi accompagnava, veniva trafitta dagli sguardi che le persone le lanciavano. Mi sembrava impossibile che nessuno si accorgesse di come fosse una donna consumata dal dolore, viva per modo di dire. Qualche giorno prima del battesimo mi chiese di darle ancora delle pastiglie.

«Se ne prenderò di più, ce la farò» si giustificava sorridendomi malinconica.

Non mi fidavo a lasciarle il bambino e mi accertavo sempre che ci fosse qualcuno della servitù con lei quando io non ero presente. Una volta, di ritorno dalle commissioni, la sorpresi in piedi, di fianco alla culla, a fissarlo, con un'espressione confusa, disperata. Era pallida e aveva le labbra viola dal freddo, nonostante facesse caldo. Quando appoggiò le mani dentro al lettino, l'istinto mi fece accorrere per prenderlo dalle sue braccia.

«Madre, state bene?» le chiesi senza mostrare i miei timori.

Lei alzò la testa. Aveva gli occhi cerchiati di rosso, come se non dormisse da parecchi giorni. Era pomeriggio e indossava ancora la camicia da notte.

«Madre, mi sentite?» le ripetei, avanzando verso di lei e stringendo Pietro al petto.

Senza dire una parola, si allontanò verso la porta, trascinando i piedi. Tremante, la seguii con lo sguardo avviarsi nella sua stanza, mentre la paura mi scorreva sottopelle. Da quel pomeriggio cominciai a vegliare su Pietro come un falco. Non lo perdevo mai di vista.

La parte più dura da sopportare era la sera, quando la servitù se ne andava e rimanevo sola con lei in quella grande proprietà. Ti confesso, Annabella, che più di qualche volta le ho somministrato dei sonniferi in più per paura di trovarmela vicino nel cuore della notte, al buio. Il dottore glieli aveva prescritti per aiutarla a prendere sonno. Nonostante questo, la paura per me e per mio figlio mi spinse comunque a chiudere a chiave la porta della nostra stanza.

Il giorno del battesimo mia madre era vestita e pettinata come non l'avevo mai vista. Sembrava un'altra. Nonostante il suo aspetto ordinato, non mi feci ingannare: quando la vidi in cima alle scale, le strappai Pietro dalle braccia e lo portai al pianoterra io stessa. Lo sistemai nella carrozzina e prima di uscire lo baciai sulla fronte. Mio padre mi fissò e subito dopo le bisbigliò qualcosa all'orecchio. Lei non rispose. Prese semplicemente la carrozzina e la spinse in avanti, lungo il giardino fino al cancello della villa, indifferente alle malvagità di suo marito.

Dopo la cerimonia, per l'occasione mio padre avrebbe messo in scena lo spettacolo che ognuno in paese si aspettava dal padrone di casa: un pranzo con tutte le persone di sua conoscenza. Organizzai tutto io, insieme a Emma. Avevo curato ogni aspetto nei minimi particolari, nonostante dentro di me mi sentissi una miserabile: il cibo che avevamo a disposizione poteva sfamare parecchie famiglie. Una volta pianificato tutto, dissi a Emma che quanto avanzato poteva portarselo a casa. Era l'unico modo che avevo per espiare la colpa di essere la figlia di un ricco fascista.

In chiesa si presentarono gli amici di mio padre, tra cui il commissario De Stefani, suo figlio Davide e la moglie, una donna bassa dall'aspetto insignificante. Davide non mi tolse mai gli occhi di dosso. Dopo le prime preghiere di rito, don Saviano fece avvicinare i miei genitori, il padrino che era il commissario, e la madrina che ero io, al fonte battesimale. Ero così concentrata sui gesti del parroco che non degnai nemmeno di una sola occhiata il padre di Davide. Sapevo da tempo che sarebbe stato il padrino di Pietro, e oramai mi ero abituata all'idea. Nonostante tutto, nonostante una gravidanza taciuta, mio padre perseguiva ancora il suo obiettivo di farmi fidanzare con Davide. E la presenza del suo caro amico era il messaggio che voleva che io recepissi forte e chiaro.

Quando don Saviano fece scivolare sulla testa di Pietro l'acqua benedetta, un nodo di emozioni mi serrò la gola. Trattenni a stento le lacrime. Il mio bambino se ne stava con gli occhi brillanti spalancati. Curioso, osservava e ascoltava le parole di don Saviano che rimbombavano nella chiesa. Chiusi gli occhi e immaginai Luigi di fianco a me.

«Angela, ti senti bene?» mi chiese mia madre in un sussurro.

«Sì, un po' di stanchezza, non preoccupatevi» le risposi. «Sto bene» aggiunsi in fretta.

Udivo le parole del parroco lontane e monotone. Ero chiusa nel mio dolore. Per tutti ero la sorella maggiore, niente di più. Avrei voluto gridare che quell'essere perfetto, che stringeva i pugnetti e dispensava sorrisi, era mio. Ero io che l'avevo partorito, io, con tanta fatica e amore. Invece dovetti tacere e fermare l'istinto che solo una madre può comprendere.

Mentre don Saviano recitava l'Ave Maria, vicino alla porta laterale della chiesa, con il cappello calato sugli occhi, scorsi Luigi. Teneva le mani nelle tasche dei pantaloni sgualciti. Era scuro in volto e serrava forte la mandibola. Per un istante temetti, e in cuor mio sperai, che interrompesse quella farsa senza senso. Non era solo: Stefano e Luca erano con lui, silenziosi e con il cappello tra le mani. Capii che erano a conoscenza della verità. Mi fecero un leggero segno di saluto con la testa. Ricambiai con molta discrezione, senza farmi notare da mio padre. Quando il parroco invitò i presenti ad alzarsi, se ne andarono tutti e tre; al momento di uscire Luigi si voltò a guardarmi un'ultima volta, prima di chiudersi la porta alle spalle.

Ricordo che fu una giornata difficile. Dare il cognome Bramante a Pietro equivaleva a mettere fine ai sogni che tanto mi avevano accompagnata e dato forza durante i mesi di gravidanza. Ma in quel momento potevo concentrarmi solo sui problemi quotidiani. Lentamente accettavo che le conseguenze della guerra fossero l'ostacolo che mi impediva di avere la vita che desideravo. Mentre il parroco si accingeva a terminare la funzione, compresi che avrei dovuto affrontare ogni giornata un passo alla volta.

Appena uscimmo dalla chiesa, i presenti si avvicinarono ai miei genitori. Svelta, presi Pietro in braccio e mi allontanai dalla folla. Alcuni mi lanciarono occhiate cariche di domande. Sentivo dentro di me il bisogno di abbracciarlo e stringerlo al petto. Annusai i suoi capelli e gli diedi un bacio sulle guance rosee e paffute. Di contro, Pietro mugugnò irrequieto, segnale che voleva dormire. Lo sistemai nella carrozzina e poi la feci dondolare, finché non si acquietò e chiuse gli occhi. Gli appoggiai la coperta leggera sopra, cercando di non svegliarlo.

«Sei brava con i bambini» mi sentii dire.

Davide era alle mie spalle, impettito come sempre, e sul volto un'arroganza molto più marcata dell'ultima volta in cui l'avevo visto e mi aveva giurato che me l'avrebbe fatta pagare.

«Grazie» commentai sbrigativa per poi tornare a guardare Pietro.

«Saresti una brava mamma. Davvero...» e sogghignò.

«Sono troppo giovane» mi smentii.

«No, i figli vanno fatti *giovani*» disse sottolineando l'ultima parola con un sorriso pericoloso stampato sulle labbra. Il cuore mi balzò in gola. Non riuscivo a capire se fosse un'allusione oppure una provocazione. Temetti che potesse conoscere la verità e subito pensai con angoscia a Luigi. «Non credi, Angela?» insistette lui.

«Non lo so. Adesso devo andare...» risposi brusca, appoggiando le mani sulla carrozzina.

Lesto come un gatto, mi strinse il polso con una presa solida e ferma. «Mi sei sfuggita per tutti questi mesi. Ma adesso che tua madre sta bene...» mi sussurrò all'orecchio.

Infuriata, abbassai il polso con un colpo secco, sciogliendo la presa. Lui, notando la rabbia e il ribrezzo che provavo, fece un passo indietro. «Non finisce qui...» mi sibilò. «Ho parlato con tuo padre e credo che la cosa si farà. Prima te ne fai una ragione e meglio è, Angela. Non vedo l'ora di portarti a letto... Sei davvero una meraviglia. Ti sogno spesso quando vado al bordello...» disse sospirando e inumidendosi le labbra con la lingua.

Schifata dalle luride parole che erano uscite dalla sua bocca, con le gambe che mi tremavano dal terrore, mi allontanai in fretta e raggiunsi mia madre, impegnata a dispensare finti sorrisi e parole di circostanza. Mio padre mi guardò velocemente e poi posò lo sguardo su Davide, senza osare parlarmi.

* * *

L'estate passò, portando con sé l'autunno e infine l'inverno. Pietro cresceva forte e sereno, e io ne osservavo i progressi; mio padre poi ricominciò a rientrare a casa alla sera, e presto anche le cene e le feste ripresero alla villa. Decise di assumere nuovo personale, su mio stesso suggerimento: la mole di lavoro era troppo grande perché Emma potesse gestirla. Mia madre intanto tirava avanti, e anch'io in qualche modo trovai un equilibrio che mi permise di affrontare la realtà. Mi chiesi spesso perché, dopo il battesimo, Davide non si facesse più vivo. Mi aspettavo mi desse il tormento, ora che avevo ripreso a uscire. Credevo di doverlo sopportare durante le serate che si svolgevano alla villa, invece, con mio grande stupore, non ebbi più sue notizie. Rimasi comunque cauta e in allerta, sebbene sorpresa che non avesse posto in atto la sua vendetta.

Quando potevo incontravo Luigi di nascosto, anche se all'inizio del 1943 era diventato sfuggente e spesso adduceva scuse per non vederci. Stanca dei suoi comportamenti, una mattina lo misi alle strette.

«Adesso basta! Voglio sapere la verità. Cosa stai combinando?» urlai contro di lui mentre discutevamo nel bosco.

Luigi si accarezzò la barba incolta che non curava più da diverse settimane. Si guardava attorno per accertarsi che non ci fosse nessuno nei paraggi. «E va bene... È inutile mantenere il segreto. È giusto che tu sappia tutto, poi deciderai tu da che parte stare.» Mi spiegò che la parrocchia di don Saviano era diventata la sede del movimento antifascista di cui facevano parte lui e altri ragazzi del paese. Il parroco teneva le fila di tutto. Quando me lo disse, compresi finalmente la provocazione sottile che mio padre aveva rivolto a don Saviano quella domenica dopo la messa, quel «*noi* non abbiamo nulla da nascondere» carico di significato. Luigi mi raccontò delle azioni che avevano in mente di compiere: intrufolarsi in municipio e bruciare le liste di leva, rubare la macchina da scrivere e tagliare i fili telefonici. Per lui era una lotta doverosa nei confronti del popolo. Mi confessò che partecipava anche ad alcune riunioni organizzate da un certo Agostino Parisi. Questi insegnava a tutti loro le norme cospiratorie, come organizzare gruppi di partigiani giovanili e come si dovevano comportare negli ambienti pubblici per non dare nell'occhio. Mi disse che la regola l'aveva infranta nel momento in cui aveva picchiato Davide.

Incredula, rimasi ad ascoltarlo, percependo solo lontanamente in che pericolo si stava cacciando. «Perché fai tutto questo? Se ti iscrivessi al partito fascista non rischieresti nulla...» aggiunsi senza pesare ciò che dicevo. Ero disperata, Annabella, e non mi rendevo conto che le mie parole erano veleno per lui. Se ci ripenso adesso, mi chiedo come ho fatto solo a pronunciarle... Allora non mi importava quale fazione avesse scelto, da che parte stesse: volevo solo che non lo ammazzassero. Questa paura si può forse etichettare come una colpa?

Luigi mi guardò negli occhi e strinse forte i pugni trattenendo la rabbia. «Non potrei mai farlo. Ma non vedi cosa stanno facendo alle nostre vite? Alla nostra terra? A tutti noi?» gridò prendendomi e scuotendomi le spalle.

«No, non lo capisco davvero. Mio padre ti perdonerebbe se solo tu aderissi al partito fascista. Ti proteggerebbe. Pensa a noi, ti prego, al nostro futuro...» gli risposi abbracciandolo forte, singhiozzando.

«Ma di cosa stai parlando?» chiese arrendendosi davanti alla mia ingenuità e stringendomi a lui. «Tuo padre ci ha tenuti separati per mesi e adesso credi davvero che possa proteggermi? Tu, piccola mia, sogni. Non ti rendi conto...» e sospirò profondamente.

«Sì, forse non comprendo tutto questo odio che ci circonda, ma voglio solo che tu non muoia» confessai.

Intenerito dalle mie paure, mi baciò la fronte con delicatezza. «Lo so... Ma non posso. Cerca di metterti nei miei panni, per favore» disse, abbassando la voce.

Tutti e due rimanemmo fermi in quell'abbraccio, persi nel silenzio che ci schiacciava sotto il suo peso.

Più tardi, quando fui di nuovo a casa, presi in braccio Pietro e lo coccolai. Si era fatto grande e se lo mettevo in terra tentava di gattonare.

«Come facciamo a salvare la vita del papà?» gli sussurrai, baciandolo sulla fronte. Una lacrima mi scivolò sulla guancia.

* * *

Il 25 gennaio 1943 giunse una notizia inaspettata. Davide De Stefani, che non vedevo dal battesimo di Pietro, era stato trovato morto in un vicolo del paese. La telefonata anonima del ritrovamento del cadavere era arrivata in commissariato all'alba. Un uomo aveva dichiarato di aver scoperto il corpo mentre si dirigeva al lavoro. Quando lessi l'articolo sul giornale locale mi abbandonai su una sedia. Dopo mesi che io e mio padre non avevamo alcuna conversazione che andasse al di là di semplici ed elementari comunicazioni quotidiani, fui io la prima a rompere quel silenzio tra noi.

«Come è successo?» gli chiesi arrotolando il giornale, nervosa. Temevo che Luigi fosse l'esecutore, eppure, preoccupata per la sua reazione, gli avevo taciuto la conversazione avuta con Davide fuori dalla chiesa dopo il battesimo.

«Quei bastardi antifascisti gli hanno teso un agguato durante la notte, mentre usciva da un locale...» spiegò, sorvolando su quale tipo di locale fosse. Si schiarì la voce e guardò fuori dalla finestra. «L'hanno colpito alla testa con un piede di porco. Gliene hanno date così tante che l'hanno ridotto uno straccio» aggiunse battendo furioso un pugno sul davanzale.

Sussultai, i pensieri mi vorticavano in testa come una giostra incapace di arrestarsi. Mi ripetevo senza sosta che non era stato Luigi, che l'uomo che amavo non avrebbe mai potuto commettere un atto così barbaro e crudele come un omicidio. Poi un pensiero ancor più terrorizzante mi colse all'improvviso: anche se Luigi non avesse ucciso quell'uomo, sarebbe certo stato il primo sospettato. La sua vita era in pericolo.

* * *

L'indomani tutte le paure che non mi avevano permesso di dormire quella la notte si materializzarono davanti ai miei occhi. Al mattino il giornale recitava in prima pagina, a caratteri cubitali:

Ricercato Luigi Zanini. Chiunque abbia informazioni è pregato di recarsi al commissariato.

Con le mani che tremavano, continuai a leggere l'articolo: sembrava che un testimone avesse visto Luigi aggirarsi nella via in cui era stato rinvenuto il corpo di De Stefani la stessa sera dell'omicidio. Non solo: sulla sua testa pendeva una taglia che i fascisti pubblicizzarono i giorni seguenti. Era diventato il loro bersaglio, il loro capro espiatorio. Sapevo che se lo avessero trovato, non avrebbe avuto alcuna possibilità di difendersi. Per lui il destino era già stato scritto, ordinato e commissionato da persone molto più influenti e potenti. Persone che volevano sapere dove si riunivano i ragazzi della Resistenza. Svuotata di tutte le forze che fino a quel momento mi avevano sorretta, appoggiai il giornale sul tavolo. Pietro dormiva nella carrozzina e, quando posai lo sguardo su di lui, scoppiai a piangere, incapace di tenere dentro di me tutte quelle emozioni dolorose.

* * *

Il funerale del giovane De Stefani si tenne in città, nel duomo, un edificio quasi del tutto integro nonostante i bombardamenti degli ultimi mesi. Non fu una funzione religiosa, semmai una parata che trasformò un fascista in un martire. Il messaggio era freddo e calcolato nei minimi particolari, espressione di una propaganda subdola e oscena: un giovane e intraprendente fascista era stato ammazzato dai partigiani. Chi era il colpevole, ora?

Nonostante la gente fosse ormai abituata alla povertà, quella mattina la chiesa era addobbata con composizioni di fiori candidi freschi. La bara era nera e intarsiata con dettagli ricchi e pesanti. Un massiccio crocefisso color oro adornava il coperchio lucido e un cuscino di fiori bianchi era stato adagiato sopra. Tutte le famiglie più abbienti presenziavano alla cerimonia, sedute composte nei banchi: uomini vestiti di nero con un'espressione da vittime stampata sulla faccia che contrastava nettamente con il loro portamento fiero e altezzoso. Accanto a loro, le donne indossavano la veletta nera sugli occhi, sulle loro labbra invece brillava un rossetto rosso acceso.

Costretta a partecipare, di malavoglia lasciai a casa Pietro. Mio padre era silenzioso e, di tanto in tanto, si toccava i baffi. Anche mia madre ci aveva raggiunti; arrivata in chiesa, si sedette e rimase per tutto il tempo a testa china, sgranando il rosario che teneva in mano. Prigioniera tra i loro corpi, avvertivo un disagio che non avevo mai provato prima di allora. Mi sentivo come una pecora accerchiata da un branco di lupi. Avevo avuto un figlio da un partigiano accusato di aver ucciso a sangue freddo un fascista, figlio del commissario del paese. Dovetti combattere con tutta me stessa per tenere sotto controllo l'adrenalina che mi suggeriva di scappare il più lontano possibile da quella chiesa.

24

Fu un inverno lungo e avvilente: le speranze di rivedere Luigi e di convincerlo a desistere dai suoi intenti lentamente perdevano di significato. Alla sera, quando mi coricavo, sognavo Luigi ammanettato e poi fucilato in qualche angolo buio del paese. Vedevo il suo sangue scorrere per terra e mischiarsi alla polvere. Mi svegliavo sudata e ansimante, per poi abbandonarmi a un pianto silenzioso. Non volevo che Pietro mi vedesse così in pena: quando stavo con lui cercavo, per quanto mi era possibile, di essere una madre serena. La guerra stava facendo già troppe vittime, volevo preservarlo dal male e dal dolore che ci circondavano.

Il giornale riportava ogni giorno notizie di nuovi attacchi contro i fascisti. Giovani con il fazzoletto sulla bocca tendevano agguati alle camicie nere che giravano per Fontana a Po; quando venivano scoperti, questi ragazzi erano condotti in caserma. Come puoi immaginare, Annabella, il commissario De Stefani aveva parecchio da fare in quel periodo. Le volte che veniva a cena da noi, si vantava dei suoi arresti e di come trattava quanti osavano ribellarsi al fascismo. Dal modo in cui parlava e agiva, era evidente come il rancore e il dolore per la morte di Davide si riversassero nel suo lavoro. Erano stati *loro*, gli antifascisti, a uccidere suo figlio. Mentre ascoltavo, dentro di me temevo per la vita di Luigi. Pregavo silenziosa per la sua salvezza.

Un pomeriggio, senza badare al buio che stava calando, mentre Pietro già dormiva, mi diressi nel bosco. Era da tempo che non facevo visita alla casa sull'albero. Non sapevo dove si nascondesse Luigi, non sapevo cosa facesse durante il giorno, ma i miei piedi mi portarono lì. Arrivata, mi accorsi che la scala a pioli era stata tolta. Cosa significava? Un silenzio surreale mi avvolse, mentre in me cresceva una rabbia improvvisa. Con le lacrime che mi bruciavano gli occhi, andai nel punto dove avevo visto Stefano e Luca estrarre la cassa. In ginocchio, a mani nude, cominciai a scavare nel terriccio umido e compatto che mi si infilava sotto le unghie. Volevo la verità, ero stanca di restare all'oscuro di tutto; volevo guardare con i miei occhi la realtà.

«Maledetta guerra» inveivo asciugandomi la fronte con la manica del cappotto. «Maledetta...»

Scavavo con foga, incurante del sudore che mi imperlava la fronte; quando toccai la cassa, la tirai con tutte le forze che possedevo, lasciandola cadere vicino alle mie gambe. Infine, l'aprii. Dentro c'era materiale da guerriglia: bombe a mano, coltelli a serramanico e tre pistole. Senza toccare nulla, mi alzai e indietreggiai spaventata. Alle mie spalle, non vidi alcuni rami caduti, il cappotto si impigliò... Ma prima che cadessi ferendomi, due braccia mi sostennero e mi aiutarono.

«Non avresti dovuto, Angela.»

«Luigi, sei tu!» esclamai recuperando l'equilibrio e cercando di pulirmi le mani nel cappotto.

«Ti ho detto di stare fuori da questa faccenda» mi ricordò andando verso la cassa, richiudendola e sotterrandola di nuovo.

Il suo comportamento freddo e distaccato, quel tono inespressivo della voce mi misero in allarme. Lentamente retrocessi. Temevo potesse farmi del male, come aveva fatto a De Stefani. Il virus del dubbio aveva contagiato anche me. Così presi fiato e gli feci la domanda che lui, dalla postura curva e rassegnata, già si aspettava.

«Sei stato tu?» gli chiesi con un filo di voce. «Luigi, hai ucciso Davide?»

La nebbia stava scendendo fitta e pesante su ogni foglia e albero che ci circondava. I vestiti che indossavo si stavano bagnando e appesantendo di umidità.

«Se ti dicessi di no... mi crederesti?»

«Se fosse la verità, certo che ti crederei.»

Luigi si avvicinò a un albero e diede un pugno al tronco. Quando vidi il sangue colargli dalle nocche, corsi da lui. Aveva gli occhi velati dalle lacrime e un'espressione contrita. «Dammi la mano» lo esortai sfilando un fazzoletto dalla tasca del cappotto. «Non c'era bisogno di fare così. Bastava dirmi che sei innocente.» E con un nodo alla gola, sollevata, gli fasciai le dita. «Chi ha fatto il tuo nome? Chi ti ha incastrato?»

«Non lo so. Non ne ho idea. Avranno pagato qualcuno...» spiegò con una smorfia di dolore. «Quei figli di puttana!»

Gli legai la fasciatura improvvisata e lo fissai dritto negli occhi. «Stai bene? Hai dove nasconderti?» gli domandai preoccupata. «Ti serve qualcosa?»

Luigi mi abbracciò. «Ho molti appoggi che mi stanno aiutando. Mi sposto spesso per non mettere nei guai le persone che mi tengono al sicuro. Salterebbe tutto se mi trovassero.»

Lo strinsi a me, incapace di lasciarlo andare. «Cosa succederà, adesso?»

«Dovrò restare nascosto. Almeno fino a quando riusciremo a ribaltare la situazione...»

Ci guardammo negli occhi, poi mi staccai e ci sedemmo per terra. «Ho paura, Luigi. Tutte le notti faccio lo stesso incubo...»

Lui mi cinse le spalle. «Non mi farò uccidere da quelli. Non l'avranno vinta.» Per un momento tacque. «E Pietro... Cresce?»

«Sì, è diventato bellissimo. Vedessi che sorrisi che fa...» gli risposi orgogliosa. «Dicono che mi assomigli molto.»

«Allora sì che è bellissimo...»

Sorrisi alla sua sciocchezza. «L'importante è che stia bene. Tutto il resto non conta» asserii, pratica e incapace di ricevere complimenti. «Senti, Luigi... Ma in quanti siete? Siete coinvolti in tanti, sono preoccupata...» gli chiesi, cambiando argomento.

Lui mi accarezzò una mano. «In tanti. Fatti bastare questo. Molti che non conosci. Siamo sparsi per tutta la regione e quando possiamo ci vediamo in posti segreti. Per il momento ci stiamo spostando in continuazione per depistare la polizia.»

«Capisco» dichiarai senza però comprendere fino in fondo in che inferno sopravviveva.

«Adele è una di noi.»

Adele... Sorrisi pensando a lei. Mi ricordai della sera del ballo, quando in piazza non aveva abbassato lo sguardo davanti a Davide. «Perché non viene mai qui nel bosco?»

«È impegnata, lavora in comune adesso... Tra di *loro*» mi rispose alzando il mento. «Suo padre, dopo tutte le pressioni che ha subito, si è dovuto iscrivere al partito pur di farla entrare in posti utili per combattere il nemico. Diciamo che Adele è in prima linea.»

«È sempre stata coraggiosa...» commentai cupa. «Non come me...»

Luigi mi abbracciò. «Tu sei una cosa diversa. Tu sei troppo buona per schierarti» mi sussurrò all'orecchio.

Annabella, ti confesso con molta vergogna che, in quel momento, invidiai Adele. Lei era capace di prendere posizione e rischiare la vita pur di difendere i più deboli. Io, invece, mi sentivo una bambina viziata e inesperta nonostante avessi avuto un figlio. Una parte di me, nel profondo, era risentita del fatto che non mi avesse mai cercata. Ma, quando capii il motivo, tutto il mio risentimento svanì: la lettera che avevo scritto a Adele e consegnato a Emma non era mai arrivata a destinazione. Emma aveva protetto la figlia. Le aveva taciuto tutto per non farle correre dei pericoli. Se mio padre avesse scoperto che Adele, o qualcun altro esterno alla famiglia, era a conoscenza della gravidanza, le ripercussioni sarebbero state devastanti. Ora che anch'io ero madre, compresi appieno il gesto di Emma. Con tristezza pensai che forse le cose dovevano andare così, le nostre vite erano destinate a dividersi.

«Quelle armi nella cassa... Le ho viste. Cosa ci fate?»

«Stiamo organizzando dei colpi...»

«Ma così diventerete come loro! Non vorrai uccidere anche tu?» esclamai confusa. «Ti è già andata bene una volta. Perché vuoi rischiare ancora? Pensa a nasconderti! Fallo per il nostro bambino» dissi alzandomi e allontanandomi.

Luigi sospirò e si sollevò a sua volta. «No, non posso. Mio figlio non avrà un padre vigliacco e ipocrita. Mio figlio avrà un padre che lotta e lotterà per la liberazione del Paese e di tutti noi. Anche per la tua, Angela...» Mi venne vicino e mi prese per le spalle. «Io ti voglio un bene dell'anima, ma tu non capisci! Sai cosa stanno facendo agli ebrei? Sai che li hanno ridotti alla fame? Che gli hanno tolto il lavoro, la casa e tutto quello che hanno? La loro dignità...» concluse interrompendo la frase a metà e lasciandomi.

«No, non lo so. Perché sono una povera stupida che se ne sta fra quattro mura!» gridai stringendo i pugni e sentendo le guance bollenti. «Io non sono in prima linea. Non faccio parte di nessun gruppo, di nessuno schieramento. Io voglio solo vivere! Credi sia semplice stare dove sto? Ho un padre padrone, che ha il controllo su tutto e su tutti. Una madre che si regge a stento in piedi, e un figlio. Un figlio a cui ho dovuto, per forza di cose, dare il nome dell'uomo che più odio al mondo!» gli urlai. L'aria fredda mi bruciava i polmoni ogni volta che respiravo. «Tu credi davvero che sia facile?»

Luigi rimase immobile, la mia ira era tale che non seppe cosa dire. Mi fissava con espressione incredula e afflitta. Forse non aveva mai pensato o analizzato a fondo la mia posizione in tutta quella storia. Era così impegnato nella lotta che non aveva voluto vedere, immedesimarsi. Questo pensavo, spostandomi delle ciocche di capelli che mi erano andate davanti agli occhi durante lo sfogo.

«Hai ragione, scusa. Non volevo insinuare niente. So che per te è difficile e sono davvero dispiaciuto...» replicò con aria contrita. «È complicato per tutti.»

«Sì» dissi asciutta. «Adesso devo rientrare. Se mio padre non mi trova in casa...» e lasciai intendere le conseguenze. Poi mi girai per andarmene.

«Angela» mi chiamò lui. «Quando riuscirò, mi farò vivo io.»

«Lo so» gli risposi allontanandomi da lui.

«Ti lascerò un biglietto nella cassa qui sotto. Ricordati...» mi spiegò con un filo di voce.

Sono stata egoista, non capii ancora il peso che gli eventi avrebbero avuto in seguito. Annabella, se Luigi fosse qui adesso, di fronte a me, mi scuserei con lui per non averlo compreso fino in fondo. Non ho nessuna giustificazione da darti, se non la mia giovane età. Nonostante vivessi sottomessa a un padre padrone, non mi rendevo conto, o forse non avevo il coraggio di farlo, di quanto fosse fondamentale prendere una posizione. Il mio unico pensiero era sopravvivere, accettando anche di non espormi.

* * *

Poco tempo dopo l'incontro con Luigi, mentre andavo al panificio con mia madre, una mattina vidi in piazza una strana agitazione. Davanti al comune stazionavano varie macchine della polizia e parecchie camicie nere, scure in volto, che salivano e scendevano dall'ufficio del municipio. Tra i volti dei presenti, riconobbi anche Adele, poco lontano dal capannello di persone che osservava la scena. Era seduta su una panchina sotto al porticato, sul viso le scorgevo un'espressione imperturbabile e seria. La nostalgia mi attanagliò al solo vederla. Nonostante i mesi passati lontane, avrei tanto voluto parlarle e confidarle quello che avevo vissuto. Trattenni l'impulso di andarle incontro. Adele, però, girò il capo proprio nella mia direzione, come se avesse captato la mia presenza. I suoi occhi scuri incrociarono i miei. La fissai, e la sua testa fece un movimento impercettibile. Capii. Sebbene fossero mesi che non ci parlavamo, compresi il suo messaggio: allontanati. Quindi si girò verso un poliziotto che le si era avvicinato. In fretta strinsi la mano di mia madre, prendemmo la nostra razione di pane e con gli occhi bassi ci rifugiammo a casa.

Entrate nella villa, sentii la voce di mio padre provenire dallo studio. Era al telefono. «Sì, hanno distrutto tutti gli uffici. Dimmi cosa posso fare e io ti darò una mano...»

Mi si mozzò il respiro: il sabotaggio era andato a buon fine. Se Luigi avesse partecipato all'azione, oppure no, lo ignoravo. Cercando di trattenere l'ansia che non mi dava tregua, trascorsi la giornata insieme a Pietro, costringendomi a pensare ad altro. Era l'unico modo che conoscevo per andare avanti.

Il giorno seguente il giornale riportò con dovizia di particolari i danni che avevano subito gli uffici comunali. C'erano le fotografie di alcuni ragazzi in camicia nera che rimettevano il quadro del Duce appeso al muro. In terra si notavano fogli bruciati, scrivanie rovesciate, telefoni con i cavi tagliati e cassettiere aperte con i documenti sparpagliati.

D'istinto mi portai una mano sulla bocca. «Oh, Dio!»

«Oh Dio, cosa?» mi chiese mio padre, entrando in sala da pranzo.

Cercai di ricompormi. Credevo se ne fosse già andato. «Quello che è successo...» dissi allungandogli il giornale.

«Lo sapevo già da ieri. Vigliacchi. Prima o poi li prenderemo!» esclamò sedendosi.

Emma arrivò con la colazione. Notai che era più stanca e pallida del solito. Immaginai fosse per Adele, la preoccupazione per le sorti della figlia doveva sciuparla.

«Oh, Emma» le rivolse la parola mio padre. «Ringrazia tua figlia da parte mia. Ieri è stata di grande aiuto. Vedo che a casa avete capito da che parte stare...» Emma deglutì e abbozzò un sorriso incerto. «Adesso rimettiti al lavoro» le ordinò subito dopo.

Emma mise la caffettiera sul tavolo e se ne andò svelta.

Mio padre si versò il 'caffè', il Caffeol, una miscela composta principalmente da orzo. Era evidente il disgusto che provava. «Questa è una porcheria! Sembra impossibile avere del caffè decente in questo periodo» imprecò. Erano settimane che tentava in tutti i modi di procurarsene, ma per il momento non era ancora riuscito.

Nemmeno ascoltai le sue lamentele: con il battito accelerato, attesi tutta la mattina un segnale da Luigi, la prova che stava bene ed era ancora vivo.

* * *

Quella fu la prima di tante altre attese che avrei vissuto nei mesi successivi. Andavo spesso nel bosco, nella casa di legno, sperando di trovare un biglietto per me, un messaggio da Luigi, ma nulla. Era stato lui a dirmi che si sarebbe fatto vivo… Non solo: la stessa cassa era stata svuotata, non c'erano più le armi che avevo visto quel pomeriggio. Amareggiata e impensierita, me ne tornavo a casa a testa china.

Le cose cambiarono improvvisamente la notte tra il 24 e il 25 luglio 1943: con la caduta del regime, l'arresto di Mussolini da parte del Re e la nomina del maresciallo Pietro Badoglio, i fascisti abbandonarono codardamente il comune, sede del fascio in paese. Lo lasciarono nelle mani degli antifascisti che, dopo avere letto la notizia pubblicata sui giornali, insieme agli abitanti di Fontana a Po scagliarono dalla finestra del terzo piano del municipio le effigi del Re, di Mussolini e dei gerarchi. Tutti quegli oggetti rotti, squarciati e presi a calci con rabbia furono incendiati e bruciati in piazza, fino a essere ridotti in una cenere nera e impalpabile. Attorno al grande falò la gente inneggiava alla libertà e gioiva per la liberazione dal fascismo. Nessuno sapeva dove fosse Mussolini, nemmeno i giornali ne erano a conoscenza. Di lui non si avevano notizie.

Come puoi immaginare, Annabella, mio padre visse tutto ciò come un lutto. Il suo amato idolo, che rappresentava gli ideali in cui aveva creduto e riposto così tanta fiducia, non era più al potere. Quel giorno di luglio non si azzardò a mettere piede fuori casa. Rimase tutto il tempo nel suo studio. I suoi uomini andavano e venivano per riferirgli dei disordini nei campi, che riuscirono a fatica a sedare a forza di minacce e di manganellate. Mia madre si chiuse a chiave nella sua stanza per paura che suo marito sfogasse su di lei tutta la rabbia che aveva in corpo. Io, invece, mi occupavo di Pietro pregando che Luigi fosse vivo e che tornasse presto da me.

Il 26 luglio trascorse immerso in una calma piatta. L'incertezza del futuro era palpabile. Cosa sarebbe accaduto ora? Dopo aver ritrovato la sua incrollabile arroganza, mio padre ritornò al lavoro.

Il 27 luglio i giornali urlavano l'assunzione dei poteri da parte del Re. Badoglio aveva appena formato un governo militare e fornito direttive precise alle forze dell'ordine e ai soldati in distaccamento: chiunque avesse compiuto atti di ribellione o violenza di qualsiasi tipo sarebbe stato fucilato sul posto senza troppe cerimonie. Pensai a Luigi e a tutti i ragazzi partigiani che lottavano da tempo e credevano di essere oramai al di fuori di quel regime dittatoriale che aveva schiacciato i loro genitori e loro stessi per ventun anni. Sai, Annabella, quando apprendevo queste notizie mi sembrava di leggere la realtà attorno a me con un filtro diverso, tutto mio. Mi sentivo una spettatrice sprovveduta di un film di cui non capivo la trama. Non partecipare attivamente alla lotta mi faceva sentire esclusa.

Così, stanca di quel ruolo che avevo assunto senza nemmeno accorgermene, in un pomeriggio di quasi fine agosto raggiunsi mio padre nei campi. Quando mi vide da lontano mi venne incontro con un'espressione accigliata.

«Cosa ci fai qui? Non è posto per donne, stupida che non sei altro!»

«Voglio tornare a scuola, padre, dare una mano alle suore. Devo fare qualcosa, non voglio restare chiusa in casa...»

«Davvero?» mi domandò lui drizzando la schiena e passandosi una mano sui baffi. «Be', sei davvero sciocca. Non se ne parla. Pensi davvero che ti lasci entrare in quella scuola? Se così possiamo chiamarla...»

«Cosa intendete?» chiesi incrociando le braccia. Sentivo il suo sguardo carico di odio trapassarmi. Pensai a Pietro per farmi forza e non cedere alla sua pressione.

«Io so molte più cose di quelle che immagini. Non credere...»

Un brivido mi percorse la schiena. «So che è partito tutto da lì, da quella scuola. Sono certo che quei maledetti antifascisti si riunissero lì dentro.»

«Mi state forse accusando?»

«Tu?» esclamò lui, ridendo di gusto. «Tu sei troppo ingenua per prendere parte a questi gruppi. Non ti metteresti mai contro tuo padre e la tua famiglia» osservò torcendosi i baffi. «Altrimenti la pagheresti cara...»

Le parole mi arrivarono dritte allo stomaco. Un senso di nausea mi investì all'improvviso. Deglutii a fatica. «Tenete fuori Pietro da questa storia» lo avvertii. «Non vorrete che tutti sappiano quanto meschino siete?»

«Attenta a come parli, ragazza. Non vorrai *tu* che quel piccolo bastardo sappia di cosa sono capace...»

Le minacce mi fecero tornare subito alla realtà: non ero mai stata in grado di contrastarlo per davvero. L'unica mia arma, la verità sul fatto che fossi io la madre di Pietro, mi si era ritorta contro. Il pensiero che potesse fare del male al bambino annullò ogni potere che credevo di essermi conquistata. Rassegnata e con un peso sul petto, abbassai lo sguardo e tornai sui miei passi.

«Vai, mocciosa. Vai a casa, è quello il tuo posto!» gridò lui ridendo. «Tu e quella poco di buono di tua madre siete identiche. Buone a nulla!»

Una tempesta di rabbia prese il sopravvento. Strinsi forte i pugni, mi voltai e camminai verso di lui. «Voi» cominciai sottovoce. «Siete un parassita. Potete dirmi quello che volete, ma io non vi permetterò di mettere le mani addosso a Pietro. Se ci proverete, sappiate che sarete voi a pagarla. Sarò anche una poco di buono, come affermate voi, padre, ma ricordate che sono una madre. E non sono come vostra moglie...» aggiunsi puntandogli il dito contro il petto.

Per una frazione di secondo, rimase interdetto, incapace di rispondermi. Poi sulle sue labbra si disegnò un sorriso malvagio che presto divenne una risata di scherno. «Sei troppo giovane per capire cosa stai dicendo. Vattene. Sei una bambina. Ecco cosa sei» sibilò. «Vattene subito!» ordinò liquidandomi.

Rabbiosa e con il fiato corto, non staccai lo sguardo da lui finché non si girò e si allontanò tra i campi coltivati.

Me ne andai a casa con le gambe tremanti e il cuore che mi tamburellava forte nelle orecchie. In cucina Pietro era in braccio a Emma; ogni giorno cresceva di più, diventando sempre più bello. Con un nodo alla gola mi fermai a guardarlo. Aveva gli occhi espressivi e vivi come quelli di Luigi. Nonostante questo, colsi per la prima volta in lui una certa somiglianza con mio padre. Non era possibile, non volevo crederci: mi auguravo che crescendo avrebbe perso quei tratti degli uomini Bramante. Quei tratti che ora richiamavano in me solo odio e disgusto.

Con mia grande tristezza, non riuscii più a tornare a scuola. La mia vita iniziava e finiva alla villa. Alcune delle ragazze assunte tempo prima per badare alla casa si erano licenziate; decisi così di darmi da fare al posto loro. Pur di non rimanere ferma a pensare, oppure trascorrere ore intere nella stanza di mia madre che se ne stava a letto per la maggior parte del tempo, livida delle botte che mio padre ancora le dava nel cuore della notte, preferivo pulire ogni angolo della villa. Quando Pietro dormiva lucidavo mobili, rattoppavo gli abiti scuciti o davo una mano in cucina con le verdure; di quelle ne avevamo ancora a sufficienza. La situazione politica cominciava a pesare sul nostro quotidiano e anche per noi il cibo, da sempre abbondante, era diminuito.

Tra agosto e settembre di quell'anno le voci a Fontana a Po annunciavano che la guerra sarebbe finita di lì a pochi mesi. La realtà però era ben diversa da quello che tutti noi speravamo: gli aerei alleati che volavano sopra le nostre teste con il loro rumore assordante erano il segnale che i combattimenti non erano ancora terminati. La gente era stanca, impoverita e abbattuta, ma non per questo si arrese, anzi. Quando si venne a sapere che i tedeschi avevano deportato nei loro campi di concentramento i soldati catturati nel viaggio di ritorno, e che gli uomini e i ragazzi tornati dalle loro famiglie, dopo tre lunghi e interminabili anni di guerra, erano braccati come animali dai nazifascisti dislocati nei centri abitati, quella stessa gente reagì con una vera e propria ribellione generale. Con tutte le forze che ancora aveva, si oppose a quel sistema di oppressione e morte. Tutto l'Alto Polesine, ragazzi, giovani uomini, vecchi e donne, più che mai determinati e furiosi per le angherie subite, si scrollarono di dosso le paure che ancora si portavano dietro come zavorre, almeno fino al 12 settembre, quando Mussolini fu liberato dai tedeschi e, in balia del potere di Hitler, instaurò nell'Italia settentrionale la Repubblica di Salò.

Fu un anno di lotta continua ed estenuante: furono bruciati diversi fienili in zona e tutta la provincia divenne bersaglio di questi attacchi. Nella voglia di smascherare chi si nascondesse dietro gli incendi, i fascisti arrivarono a impaurire con minacce nemmeno troppo velate anche la madre superiora e molte maestre delle scuole della zona, affinché interrogassero persino i bambini. Una mattina, andando a prendere la mia razione di pane, sentii due donne raccontare a mezza voce che un bimbo, di fronte alle insistenti domande dell'insegnante, aveva dichiarato che la colpa era «dei fiammiferi». La maestra sotto pressione, a detta delle due donne, lo aveva picchiato con un sonoro schiaffo e una violenta bacchettata sulle mani.

Nelle settimane che seguirono, furono catturati molti antifascisti: era una caccia continua, giorno e notte. In paese, tra le vie semideserte, si vedeva girare in perlustrazione nella sua macchina grigia il commissario De Stefani. Con l'atteggiamento altezzoso e insolente di chi ha la situazione in pugno, abbassava il finestrino e lanciava occhiate cariche di significato a quanti incrociavano il suo sguardo. Gli abitanti, quando lo scorgevano passare, chinavano la testa con la speranza di non essere notati o fermati, cercando di nascondersi il prima possibile dentro qualche casa. Infatti dopo quell'estate di ribellione, la voglia di lottare per molti si era gradualmente affievolita. Tutti erano a conoscenza di cosa accadeva se finivi nelle loro mani: dritto in questura e buttato in una lurida gattabuia, dove venivi torturato e massacrato di botte pur di estorcerti una confessione. Le famiglie di quanti erano incarcerati, madri, mogli o sorelle, andavano ogni giorno sul posto per poter parlare con i loro congiunti, senza però ottenere nulla. La polizia si divertiva a fare girare queste donne da un ufficio all'altro, su e giù per i numerosi piani dell'edificio come trottole impazzite, finché ritornavano a casa a testa bassa con un peso sullo stomaco e pregando di poter riabbracciare ancora i loro cari.

Dopo mesi nei quali non avevo ricevuto alcuna notizia, nell'ottobre di quell'anno trovai un biglietto nella cassa celata sottoterra. Luigi voleva vedermi la settimana successiva, in piena notte. Giunse il momento, era una serata gelida, l'umidità era avvolgente quanto il manto nero della notte. Il cielo scuro, senza luna, rendeva difficile orientarsi; facendo molta attenzione a non inciampare, camminai verso il muretto della recinzione. Prima di arrivare, però, sentii in lontananza la voce di mio padre. Da come biascicava le parole, compresi che era ubriaco. Mi nascosi dietro alcuni cespugli, il buio ora mi era amico. Aspettai che la voce si allontanasse fino ad affievolirsi, mi accertai che non ci fosse più nessuno nei paraggi e me ne andai. Pregai per mia madre e per Emma, che era rimasta alla villa, ignara della mia uscita, per badare a Pietro – le avevo detto che non mi sentivo bene e che avevo bisogno del suo aiuto –: quando beveva, mio padre diventava capace di tutto. Io ero abituata a sentirlo urlare e maltrattare mia madre. Emma invece non era mai stata testimone di un attacco d'ira di quell'uomo e non era mai stata a portata d'orecchio quando si verificava.

Cercando di contenere la paura, accelerai il passo, percorsi la strada veloce come una lepre, con il fiato corto e il freddo pungente che mi penetrava nei polmoni. Luigi comparve all'improvviso da dietro il tronco di un albero.

«Sei tu, amore?» mi sussurrò.

Corsi da lui e l'abbracciai così forte che quasi non lo feci respirare. In un tumulto di emozioni ci baciammo. «Sei vivo! Sei qui con me!» esclamai mettendogli le mani tra i capelli e tirandolo verso le mie labbra.

«Sì, sono qui» e mi baciò con passione.

Lo squittio di una civetta risuonò nel silenzio della notte. Con fatica mi staccai da lui. Era dimagrito dall'ultima volta che l'avevo visto. Teneva una piccola torcia in mano, indossava abiti logori e troppo grandi per lui. Gli cadevano addosso facendolo assomigliare a uno spaventapasseri. Aveva il volto scavato e sofferente. Gli accarezzai le guance.

«Come ti sei ridotto...» constatai mentre un dolore sordo mi dilaniava in profondità.

«Non hai idea di che vita facciamo» mi rivelò lui sistemandosi la sciarpa bucata che si era attorcigliato al collo. «Non stiamo mai nello stesso posto per più di ventiquattro ore...»

«Non state?»

«Siamo un gruppo di ricercati. Spesso ci dividiamo per sicurezza. Dobbiamo proseguire la lotta» mi rispose con un orgoglio vibrante nella voce.

«Ti ho portato del pane e un'arancia» e sfilai il tutto dalle tasche del cappotto.

Lui si avventò sul cibo, affamato, e lo divorò in pochi morsi. Non sapevo da quanti giorni fosse a digiuno. Vedendolo così, trattenni a stento le lacrime.

«Grazie, mi ci voleva» mi disse mangiando l'arancia.

«Non ho potuto portarti di più. Le scorte scarseggiano anche per noi ora» tentai di giustificarmi imbarazzata. Nemmeno sapevo cosa fosse la vera fame. «Se avessi portato via altro, mio padre se ne sarebbe accorto. Scusami...»

Lui si avvicinò a me e mi abbracciò forte. «Va bene così. Non preoccuparti.»

Annabella, bambina mia, questo è uno dei ricordi più vividi che ancora possiedo. Se ci penso, mentre ti scrivo, mi sembra quasi di sentire il profumo di arancia che mi invase le narici quando lo strinsi a me… Passammo poco tempo insieme, quella notte. Luigi volle sapere del bambino, di me, del paese. Non mi raccontò nulla, ascoltava attento le mie parole. Poi, com'era arrivato, lo guardai dileguarsi nel buio della notte.

25

Nonostante mio padre fosse un ricco proprietario terriero, il 1944 fu un anno difficile anche per lui. Malgrado la sua fortunata posizione sociale ed economica, a un certo punto non riuscì più a procurarsi merci e viveri di qualità provenienti dal mercato nero. La fame, quella portata dalla guerra, non badava alle tessere di partito. Quell'anno, il piedistallo su cui si era adagiato per tanto tempo cominciò a scricchiolare sotto il peso del quadro politico mondiale. Mio padre aveva perso lo smalto che lo faceva sentire così pieno di sé. Le feste che tanto amava organizzare per mostrare ai compaesani la ricchezza e il prestigio che possedeva erano cessate ormai da parecchi mesi. La situazione non lo consentiva più, e lui reagiva a questi mutamenti con la rabbia e la violenza che lo avevano contraddistinto da sempre.

Io e Luigi continuammo a vederci, ma i nostri incontri erano sempre più furtivi e rari man mano che i mesi passavano. Divorata dalla paura, pregavo giorno e notte che non gli succedesse niente di grave. Pregavo che non lo trovassero mai.

Una mattina, un articolo sul giornale locale attirò la mia attenzione: lessi il titolo più volte, ma non volli credere a quelle parole.

Don Saviano Rocca arrestato insieme ad altri uomini nei sotterranei della chiesa.

Con avidità iniziai a scorrere le righe: aspettavo di vedere il nome di Luigi nell'elenco degli arrestati. Non c'era, e lentamente ripresi a respirare. C'erano però i nomi di Stefano e Luca. Cosa sarebbe successo? Li avrei mai più rivisti? Le gambe mi tremavano e il cuore mi batteva all'impazzata mentre le parole dell'articolo si stampavano nei miei occhi.

La primavera era ormai alle porte, e con essa il secondo compleanno di Pietro. La sera mi chiedevo se sarei riuscita a rivedere Luigi, a mostrargli il bambino; l'aveva visto una sola volta da quando era nato e, guardando quel batuffolo sempre sorridente scorrazzare per casa, immaginavo l'espressione felice che si sarebbe dipinta sul suo volto scavato scoprendo quanto era cresciuto.

Allora avevo quasi diciassette anni e me ne sentivo addosso almeno il doppio. Dall'inizio della guerra ero passata dall'essere bambina, alla scoperta dell'amore, al diventare madre. E, in quel momento, ero anche una donna che sperava che il suo uomo non venisse fucilato dal nemico. È vero, non combattevo sul campo, in prima linea, ma mi battevo ogni giorno per onorare la responsabilità che avevo nei confronti di Pietro e di mia madre. Come puoi immaginare, saperla a casa, chiusa nella sua camera, vittima di mio padre e di una profonda depressione, era un pensiero costante in me. Talvolta, nella stanchezza, avrei preferito che non ci fosse...

Con mia grande gioia, rividi Luigi poco dopo il compleanno di Pietro. Ci incontrammo di notte, con il favore delle tenebre. Pietro lo lasciai a casa. Quella volta, nel bosco, scoprimmo che qualcuno aveva distrutto e fatto a pezzi la casa di legno. Decidemmo così di spingerci verso un pioppeto, poco distante dalla villa e vicino alla sponda del Po. Il grande fiume scorreva incurante degli eventi. La luna si rifletteva sulle sue acque rapide e minacciose, che quella notte invece mi apparvero meno spaventose. I mulinelli che caratterizzavano il suo corso avevano trascinato nel fondo molti incauti, compresi dei soldati tedeschi che avevano sottovalutato la potenza del fiume. Osservarlo abbracciata all'uomo che amavo mi dava ora un senso di pace.

Dopo quella notte non ci vedemmo più per mesi. Quando lo rincontrai era ormai estate, mi raccontò di aver preso parte a un'azione contro un gruppo di Brigate nere, responsabili di rastrellamenti e assassinii compiuti nella zona. Quella che lui mi descrisse come un'operazione semplice, facile e sbrigativa, e che doveva richiedere a dir tanto mezz'ora, si era trasformata invece in una tragedia. Un uomo restò ucciso per errore. Luigi e gli altri compagni non capirono come fosse capitato, nessuno del gruppo seppe chi gli avesse sparato contro. Ma nella confusione, le Brigate nere erano riuscite a scappare e a mettersi in salvo. Mentre mi raccontava di quella notte, i brividi mi scossero, anche se attorno a noi l'aria era rovente. Mi disse poi che il quotidiano locale aveva riportato la notizia accusando i partigiani del delitto, definendoli «assassini di civili». Ascoltando le sue parole, mi domandavo cosa sarebbe accaduto, quando tutto ciò sarebbe finito. Avevo l'atroce presentimento che una sciagura ancora peggiore, una sofferenza ancora più profonda, ci attendesse presto.

Da tempo sapevo che Luigi e i suoi compagni erano ricercati dalle Brigate nere e dai tedeschi. Perlustravano i campi di granturco, incendiavano i granai dei contadini e prelevavano dalle case tutti gli uomini che trovavano. Anche suo padre venne arrestato. Luigi invece, fortunatamente, fino a quel momento l'aveva scampata.

«Se non riusciamo a trovare un posto dove rifugiarci stiamo sotto la pioggia. Trascorriamo intere notti bagnati fradici senza vestiti per cambiarci e qualcosa con cui asciugarci» mi confessò in uno dei nostri incontri. «Appena possiamo ci rifugiamo nelle stalle, e cerchiamo di riscaldarci nei pagliai. Più di una volta siamo andati a dormire con gli animali. Sapessi da quanto tempo non tocco un letto...» mi precisò guardandomi con gli occhi duri e lucidi di lacrime, «forse dall'inizio della Resistenza. Sono stanco, Angela... Dove ci porterà tutto questo?» mi chiese strofinandosi il naso con il dorso di una mano, sussultando a un rumore sordo in lontananza.

Impotente di fronte alla cruda realtà, lo abbracciai baciandogli la fronte, mentre lui si rannicchiava vicino a me. Quando lo vedevo in quelle condizioni, e pensavo alla vita terribile che conduceva, rimanevo senza parole. In confronto a lui ero una privilegiata. Una sera, chiesi a Luigi di salvare la vita a mio padre, anche se era fascista: gli confessai che mia madre non era in grado di mandare avanti la tenuta e prendersi la responsabilità del lavoro agricolo. Era una donna debole, non aveva le forze per nulla, nemmeno per occuparsi della sua famiglia.

Mi disse che dovevo stare tranquilla, non lo avrebbe permesso. «Ti amo troppo per farti del male. Non potrei mai ferirti così...» sussurrò al mio orecchio stringendomi forte a sé.

Se non fosse stato per lui, mio padre sarebbe morto molto tempo prima. Ancora oggi mi rendo conto di avere messo Luigi in difficoltà con quella richiesta. Nonostante le angherie fisiche e psicologiche che mio padre ci faceva subire, aveva cercato comunque di risparmiarlo. Luigi aveva ragione: ero troppo buona. Non volevo avere sulla coscienza un omicidio. Non volevo diventare come gli oppressori. Portavo il cognome Bramante, ma non sarei stata vile come mio padre.

* * *

Quella sera non mi aspettavo di vederlo. Non ricevevo sue notizie da giorni. Pietro si era da poco addormentato. Irrequieto come non mai, aveva trascorso l'intera giornata piangendo e facendo i capricci. Sfinito, dopo avergli dato il poco latte che era rimasto, si era assopito ed era scivolato in un sonno profondo. Erano quasi le due di notte quando sentii bussare alla porta. Mi alzai dal letto, cauta mi avvicinai alla maniglia. Girai la chiave nella serratura e socchiusi appena l'uscio. Una spinta mi costrinse a indietreggiare. Luigi era davanti a me, scarmigliato e sudato. Portava una camicia logora e dei pantaloni con dei buchi sulle ginocchia.

«Cosa diavolo ci fai qui? Come hai fatto a entrare? Se ti trovano sei morto!» La paura per la sua vita si mischiò all'ira per la situazione in cui ci aveva messi. Se qualcuno ci avesse visti eravamo finiti.

Luigi mi prese il viso tra le mani e mi baciò. «Dovevo venire da te. Non so quando staremo di nuovo insieme. Abbiamo deciso di spostarci lontano...» mi rivelò. «Ho bisogno di vedere mio figlio un'ultima volta» e guardò il lettino che avevo sistemato in fondo alla camera.

Si avvicinò al bambino, mostrando una delicatezza che contrastava con il suo aspetto trasandato e da fuggitivo, quale era diventato. Appoggiò le mani sulle sponde di ferro e si sporse in avanti per ammirarlo. Alla vista di Pietro, i tratti del viso si fecero morbidi ed eterei. In adorazione, studiava i lineamenti di suo figlio come se fosse la cosa più cara e irraggiungibile che avesse al mondo. Gli uomini della mia vita così vicini e allo stesso tempo così distanti, divisi da una realtà spietata e inumana.

«È bellissimo» disse accarezzandogli le guance. «Si è fatto grande...» Le sue mani si muovevano sulla pelle di Pietro come una piuma leggera.

«Sì, cresce...»

«Ti assomiglia» e alzò lo sguardo verso di me. «Angela» continuò «Io so che sono stato un pazzo a venire qui, ma credimi...» Incespicò nelle parole, a disagio. «Non so quando ci rincontreremo...»

Con le lacrime agli occhi e il terrore di non rivederlo più, mi avvicinai e gli buttai le braccia al collo. Lo spinsi verso il letto e, incuranti dei pericoli attorno a noi, facemmo l'amore in silenzio, un'ultima volta. Era il 17 luglio 1944.

«Tu mi fai morire» sospirò lui tra un bacio e l'altro.

Presa dalla passione, mi lasciai andare. Mia madre non ci avrebbe sentiti, intontita com'era dai sonniferi; sapevo che mio padre era uscito, ma confidai che l'avrei sentito se fosse tornato prima. Era la prima volta che ci amavamo in un letto. Dopo mesi di fatiche e restrizioni, Luigi aveva abbandonato lo stato di allerta a cui era abituato; il suo respiro si era fatto sempre più regolare e pesante. In quel momento mi sentii una donna completa. Avevo con me le uniche due persone che contavano veramente. Senza accorgercene, ci addormentammo tutti e due.

Alle prime luci dell'alba, aprii lentamente gli occhi. I passerotti cinguettavano e l'aria estiva era già calda e carica di umidità. Mi girai, Luigi dormiva accanto a me in mezzo ai cuscini. Con una stretta al cuore, lo chiamai sottovoce. Era tardi, non poteva restare. Quando realizzò di essersi addormentato, sgusciò fuori dal letto e si rivestì in fretta e furia.

«Come ho potuto stare qui tutto questo tempo!» si rimproverò recuperando le scarpe.

Svelta mi infilai la vestaglia. «Luigi... io ti amo» gli dissi cercando di trattenere in me quel ricordo per sempre.

Luigi mi prese tra le braccia. «Anche io» e sorrise come non faceva da anni.

All'improvviso la porta si spalancò.

Il mondo ci crollò addosso.

Mio padre, che sino a quel momento non aveva mai osato mettere piede nella mia stanza, si piazzò davanti all'unica via d'uscita, furioso in viso.

«Eccolo qui!» esclamò. «Adesso te la fai con un partigiano. Un antifascista!» continuò, guardandomi dalla testa ai piedi con disprezzo. Dietro di lui, nel frattempo, sopraggiunsero i suoi uomini.

«Vi prego. Io amo vostra figlia... Non fatele del male» cercò di difendersi Luigi scivolandomi davanti.

«Tu sei solo un pidocchio. Ecco cosa sei!» gridò mio padre facendo un passo in avanti. «Pagherai per questo, ci puoi giurare. Verme!» sbraitò rabbioso.

Mentre i suoi uomini mi prendevano per le braccia e mi immobilizzavano, mio padre puntò una pistola al petto di Luigi che, pallido in volto, alzò le mani in segno di resa. Gridai il suo nome, per un brevissimo istante ci guardammo negli occhi. Pietro cominciò a piangere disperato. In quel momento mia madre arrivò incerta sulle gambe, stringendosi nella vestaglia. Non osò nemmeno guardarmi, mentre io la imploravo con gli occhi.

«Occupati del moccioso» le gridò contro mio padre, con un brusco movimento del capo. Lei prese il bambino e lo portò dritto in camera sua.

«Portatela sul retro» ordinò mio padre ai suoi uomini.

Come un coniglio intrappolato, mi feci trascinare all'esterno. Lottai con tutte le mie forze per sfuggire alla loro presa, ma ero troppo debole. Mentre mi portavano di peso fuori casa, temetti che volesse ucciderci entrambi. Pietro sarebbe cresciuto senza genitori...

«Siete dei bastardi come lui!» urlai poi, cercando di dibattermi. Non mi risposero. Sul loro volto scorgevo un'espressione impassibile.

Nel momento in cui girai l'angolo della villa, scorsi un gruppo di Brigate nere in piedi nell'aia. Con le loro divise perfette aspettavano mio padre. Lo vidi arrivare, Luigi camminava pochi passi davanti a lui.

«Muoviti, porco!» sbraitò lui, cacciandogli nella schiena la canna di ferro.

Uno degli uomini presenti sorrise soddisfatto. «È un bel po' che ti cerco, Luigi» disse sfilando un manganello da dietro la cintura. «Finalmente è arrivato il momento di saldare i conti...»

Nella testa mi passarono mille pensieri. Non potevano ucciderlo lì. Dovevano dimostrare la sua colpevolezza alla polizia. L'idea di un'esecuzione sommaria era inaccettabile. Non lì, non senza un giusto ed equo processo. Le orecchie mi ronzavano, il cuore batteva in modo assordante.

Mio padre spinse Luigi verso i suoi compagni delle Brigate. «Adesso è finita. Tu non lo rivedrai mai più» mi disse con voce ferma. «E noi ritorneremo a mangiare del cibo decente» e rise della sua stessa ironia. Poi si avvicinò e mi diede uno schiaffetto su una guancia. «Svegliati, bella! Non vorrai perderti lo spettacolo...» Mi tenne ferma la testa obbligandomi a non distogliere lo sguardo.

Gli legarono le mani dietro la schiena, lo fecero inginocchiare e, con la stessa corda, gli bloccarono i piedi. «Adesso non potrai più scappare» commentò uno di loro.

Poi si misero tutti dietro Luigi, puntandogli le pistole dritto alla schiena e alla testa. Lui, fiero e orgoglioso, volse lo sguardo verso il cielo. Una tortora, in quel momento, volò ad ali spiegate sopra di lui.

Le gambe mi cedettero e gli uomini di mio padre mi tirarono su con uno strattone. «Ti amo! Ti amo!» urlai con tutto il fiato che avevo in gola.

Mio padre furente mi tappò la bocca. «Puttana!» mi insultò. «Dovresti ringraziarmi, ti ho risparmiato la vita. Se non fosse stato per me, ti avrebbero uccisa» mi sibilò all'orecchio. Il suo alito puzzava di alcol e sigarette.

«Ti amo anche io!» gridò Luigi. Una lacrima scivolò sulle sue pallide e livide guance.

Lottai con tutte le forze, mio padre continuava a schiacciare sempre più forte la mano sulla mia bocca. Cercai di morderla, ma la presa era così soffocante che non ci riuscii... Il rumore degli spari echeggiò nei campi circostanti, infrangendo il silenzio del mattino. I passerotti, spaventati, si levarono in volo dagli alberi.

Un dolore straziante mi fece quasi perdere i sensi. L'amore della mia vita non c'era più. Il suo corpo giaceva a terra inerme, abbandonato come un pupazzo di stracci. Una chiazza di sangue si allargò sull'aia. Chiusi gli occhi per non vedere. Per non dover ricordare. Per cancellare. Ma, oramai, il ricordo era impresso nella mia mente.

Mio padre mi tolse la mano dalla bocca, scoppiai a piangere disperata. Anche gli uomini mi lasciarono. Caddi a terra come un sacco svuotato del suo contenuto. Mi piegai su me stessa e gridai al cielo tutto il dolore che mi trafiggeva.

«Bastardi!» urlai guardando dritto negli occhi il capo di quegli assassini.

Inespressivo e senza traccia alcuna di pentimento, puntò il manganello verso di me. «Fate stare zitta la ragazza. Altrimenti sarò costretto a prendere provvedimenti...» ordinò rivolgendosi a mio padre.

Lui mi afferrò per un braccio. Mi sollevò da terra e mi trascinò verso casa, senza dire una sola parola. Fu l'ultima volta che lo vidi, non potei nemmeno toccarlo, accarezzare quelle sue guance scavate… Venni portata al piano superiore e, per punizione, mio padre mi rinchiuse nella mia stanza. Per ben tre giorni mi fu impedito di uscire, di vedere Pietro. In quella solitudine capii finalmente che l'uomo che mi aveva dato la vita aveva barattato quella di Luigi per tornare a godere dei privilegi che possedeva un tempo.

Quando finalmente mi lasciò libera, scoprii che quel giorno altre quaranta persone erano state fucilate senza pietà sulla riva del Po. Cosa restava della mia vita ora?

26

«Non immaginavo...» dice sottovoce. Annabella si asciuga le lacrime che le solcano il viso.

Francesco apre la porta della camera. Ha gli occhi assonnati e indossa solo dei boxer neri. Quando la vede, si avvicina. «Ehi... Tutto okay?» le chiede asciugandole le lacrime e lanciando un'occhiata al diario.

«Non hai idea di quello che ha dovuto sopportare mia nonna... È davvero assurdo. È successo tutto in quella casa che io dovrei ristrutturare!» esclama Annabella, tirandosi la coperta vicino al viso.

«Ti va di spiegarmi?»

«Non adesso. Ho bisogno di calmarmi, di fare una doccia. Scusami...»

«Hai ragione. Rilassati. Intanto preparo la colazione.»

Sotto il getto di acqua bollente, Annabella ripensa alla storia della nonna: era lei la madre di Pietro, aveva tenuto dentro quel segreto per anni. *Che vita tremenda*, riflette ricordando l'omicidio di Luigi. Era sola, senza un'amica con cui parlare... *Adele!*, pensa con un sussulto, *le lettere che la nonna le ha scritto, dove sono? Devo dargliele!* Veloce, Annabella esce dalla doccia e si avvolge nell'accappatoio. Poi davanti a una tazza di caffè bollente, racconta a Francesco le pagine del diario lette durante la notte.

«Non so davvero cosa dire. È assurdo tutto questo. Non capisco come si possa trattare una donna in quel modo...» commenta lui soffiando sulla tazza. «E quel poveretto... Ammazzarlo così, davanti ai suoi occhi! Lui e i suoi compagni hanno dato la sua vita per noi... Se siamo liberi lo dobbiamo a quei ragazzi che hanno lottato per cambiare il futuro... A volte nemmeno ce ne rendiamo conto» aggiunge Francesco sgomento.

«E se una volta ristrutturata, nella villa ci facessimo una specie di museo? Sì, insomma, una parte potremmo adibirla al ricordo delle vittime della guerra, le persone di Fontana a Po che hanno lottato e che sono morte per la libertà. Potrei scattare delle fotografie del paese oggi e confrontarle con quelle del passato, recuperando magari anche documenti o altri reperti. Cosa ne pensi?»

Francesco la fissa per un lungo attimo. «Sarebbe bellissimo, Annabella... E se vuoi, conta su di me, ti aiuterò.»

«Sarebbe davvero importante per me...»

«Io sono qui. Non scappo da nessuna parte» le ricorda lui, baciandole la punta del naso.

«Prima, mentre ero in doccia, mi sono ricordata che mia nonna non ha più parlato con Adele dopo la gravidanza. Le aveva scritto delle lettere, che però non ha mai spedito: e se le recuperassi? Spero ci siano ancora, in qualche cassettiera... Adele ha diritto a una spiegazione, a chiudere con un passato doloroso. Sono anni che si fa troppe domande e credo sia giusto che sappia la verità! Cosa ne dici? Le farebbe piacere?» gli chiede Annabella trattenendo il respiro.

«Immagino di sì, anzi, grazie che hai pensato a lei in tutto questo...» le risponde Francesco con dolcezza.

«Prima di buttarmi sul progetto della casa-museo, però, devo finire il diario: sento che la storia non è conclusa, che c'è ancora molto da raccontare. Non so ancora cosa è successo a Pietro poi...»

«Okay, direi che la prima cosa è trovare quelle lettere. Sai, mia nonna non mi ha mai rivelato che faceva parte della Resistenza. Sei stata tu, con il diario di Angela, a riportare alla luce tanti ricordi... Quante cose non sappiamo dei nostri famigliari, vero? Era stata una combattente, e ancora non ci credo...»

«Forse non ti ha detto niente per non risvegliare il dolore che ha provato. È una sorta di autodifesa, quella di non esternare ciò che si è visto e sentito. E adesso, leggendo il diario della nonna, capisco il motivo.»

Che donne coraggiose!, pensa Annabella accarezzandogli la mano.

* * *

Arrivata alla villa, Annabella si incammina verso l'aia, sul retro della casa. Sebbene ora resti ben poco dell'antico splendore, i suoi pensieri volano al racconto della nonna. Vede Luigi inginocchiato per terra, il sangue, il suo corpo accasciato. Chiude gli occhi, sente la nonna piangere disperata mentre degli uomini la trascinano via...

L'aria fredda la fa rabbrividire. Le sembra di sentire qualcuno, lì, accanto a lei, una presenza...

«Mi spiace tanto nonna» sussurra. «Ti prometto che farò il possibile...»

Poi, asciugandosi una lacrima comparsa all'improvviso, raggiunge Francesco, che l'aspetta all'ingresso principale. «Eccomi, sono pronta... Abbiamo un bel po' di lavoro da fare» e gli sorride mentre apre il portone.

Salgono insieme gli scalini e ritornano nella stanza dove sono ammucchiati tutti i mobili. Con le mani protette dai guanti, aprono ogni cassetto, spostano sedie, sollevano scatole e scatoloni dai contenuti misteriosi. Impolverati e infreddoliti, non demordono nella speranza di trovare le lettere.

«Erano accatastati bene, direi...» osserva ironica Annabella spostandosi i capelli dal viso accaldato.

«Cosa?»

«I mobili!»

«Dai, coraggio, con un po' di pazienza ce la faremo. A giudicare dal materiale che c'è qui, avrai un bel po' di oggetti da esporre nel museo...» scherza.

«Vero! Però vorrei tanto trovare quelle lettere...»

«E se non ci fossero più? Ci hai pensato all'eventualità?»

«Hai ragione... Vorrà dire che le racconterò a voce i fatti. Certo non è lo stesso delle lettere...»

Francesco annuisce. «Sono fiducioso. Abbiamo trovato quelle della bisnonna Carlotta, vuoi che non ci siano queste?»

Dopo aver controllato il contenuto di un armadio intero, nel cassetto sottostante le ante, Annabella rinviene un sacchetto di velluto viola ancora chiuso con un fiocco. Lo tasta: il contenuto è morbido, le sembra di sentire della carta all'interno...

«Francesco, ho trovato qualcosa!» lo chiama sciogliendo il nodo.

Lui si avvicina. «Sembra interessante...»

Annabella infila la mano ed estrae il contenuto. «Non ci credo. Sono loro!» esclama con gli occhi lucidi. «Possiamo finalmente darle a Adele. Oh, nonna, ce l'ho fatta...»

«Eccole, finalmente...» sorride Francesco.

«Ho l'impressione che la nonna abbia voluto farmi trovare ogni cosa al posto giusto. È come se mi avesse lasciato tutti i pezzi di un puzzle da rimettere in ordine. Eppure, leggendo la sua prima lettera, quella che mi ha lasciato il notaio, ero convinta che non fosse tornata qui...»

«Chissà, magari andando avanti con il diario troverai qualcosa.»

Annabella sospira. «Se anche fosse così, era quello che voleva. Quindi farò di tutto pur di accontentarla.»

* * *

Quella stessa sera, a cena con Clelia e Francesco, Annabella consegna il pacco di lettere a Adele. Non ha voluto leggerle: non era lei la destinataria di quelle missive a lungo dimenticate.

«Ecco, queste sono per lei» le dice passandole il sacchetto di velluto.

Adele, esitante, allunga la mano. Con delicatezza sfila le prime lettere: sul retro c'è scritto il suo nome. «Angela...?» pronuncia il nome come un soffio lieve e leggero. Ha riconosciuto la grafia.

«Sì, sono sue. Le legga con calma e poi, se vorrà, ne riparleremo. Forse l'aiuteranno a capire cosa è accaduto a mia nonna, cosa è successo alla vostra amicizia...» le dice Annabella accarezzandole una mano.

«Mi hai fatto il regalo più bello del mondo» e sorride con gli occhi umidi.

«Mi spiace che la guerra vi abbia divise.»

Clelia e Francesco stanno zitti e osservano l'anziana con aria preoccupata.

Adele scuote la testa. «Non è colpa di nessuno. La vita è imprevedibile, tutto qui. Comunque, grazie» le ripete emozionata.

Annabella le sorride. «Di niente. Le promesse vanno mantenute.»

Terminata la cena, Annabella e Francesco si alzano da tavola. Adele è già davanti al caminetto intenta a leggere. Rimasta sola, Clelia prende da parte la ragazza.

«È stato un gesto davvero bello, cara. Io non sapevo niente di questa storia. Quando Francesco mi ha raccontato... Non ci potevo credere. Non so come ringraziarti.»

«È giusto così. Spero che la nonna mi veda e che sia felice...»

Clelia le sorride e l'abbraccia. «Quando hai voglia di parlare, io sono qui. Anche se ti viene voglia di cucinare!» le ricorda.

Annabella, commossa, la ringrazia e la saluta, seguita da Francesco.

* * *

«Pensavo di riprendere la lettura. Ti spiace se resto qui, in salotto?» chiede chiudendosi la porta di casa alle spalle.

«No, fai quello che devi fare. Ho delle fatture da controllare. Credo che andrò a letto con il portatile, così non ti disturbo» la saluta Francesco dalla camera.

«Sei sicuro? Grazie…»

Annabella si prepara una tazza di cioccolata calda, poi si accomoda sulla sedia imbottita vicino al divano. Abbassa le luci e apre il diario dove aveva lasciato il segno. Sospira e ricomincia a leggere…

27

La vita dopo la morte di Luigi mi dava il voltastomaco. Caddi in una profonda depressione, nulla riusciva ad alleviare il dolore che mi lacerava dentro. Al mattino faticavo ad alzarmi e la notte non riuscivo a prendere sonno in alcuna maniera. I cibi non avevano più sapore. Ero come anestetizzata dal vuoto che aveva lasciato in me la morte dell'uomo che amavo. Una voragine impossibile da colmare mi divorava il cuore. Vagavo per casa come un fantasma irrequieto. Osservavo la porta della camera di mio padre con odio e disprezzo. Cercavo vendetta, ma il dolore aveva il sopravvento. In quel periodo fu mia madre a prendere il controllo della situazione. Le nostre vite si erano capovolte: la debole diventò la forte, e la forte divenne lo spettro di se stessa. Nemmeno Pietro, con i suoi grandi e spontanei sorrisi, era capace di guarirmi. Il dottore adesso veniva a visitare me, non più lei. Si accertava che stessi bene e poi mi dava blandi consigli. Le medicine scarseggiavano. Mio padre, invece, orgoglioso del suo operato, mi disprezzava. Se mi incontrava, mi insultava dandomi della prostituta. Nonostante una rabbia furibonda si impadronisse di me ogni volta che lo vedevo, non ero capace di replicare, di ribellarmi.

Solo una volta lasciai che il rancore che nutrivo nei suoi confronti agisse al posto mio. Sedevamo in sala da pranzo, mio padre vaneggiava su come i fascisti avrebbero presto ripreso il controllo, sottolineando come le cose di lì a poco sarebbero cambiate. Non lo ascoltavo: della politica non mi interessava niente, non più. Nulla di tutto quello che succedeva al di fuori di quelle mura aveva un valore per me. Spesso mi trovavo a pensare alla morte: che mi uccidesse una bomba, una delle tante che erano cadute su molte abitazioni del paese. Almeno avrei smesso di stare tanto male. Solo Pietro riusciva a risvegliarmi da quei pensieri ossessivi e mi riportava alla realtà. Quel giorno mia madre, con cui non avevo più parlato dopo la morte di Luigi, aiutava Pietro a mangiare. A un certo punto, il piccolo cominciò a piangere, stanco di stare a tavola.

«Piagnucola come il padre!» esclamò mio padre indispettito.

La rabbia mi invase: non avevo più intenzione di fuggire o di nascondermi. «Voi… Non osate parlare di Luigi!» sibilai guardandolo dritto negli occhi.

«Non ti permettere, ragazzina!» mi avvertì lui, alzandosi da tavola minaccioso.

«Non permettetevi voi! Siete un bastardo, ecco cosa siete. Avete ammazzato un uomo onesto per cosa? Per avere del cibo? Questo schifo che abbiamo a tavola!» gridai gettandogli addosso la poca roba che c'era davanti a me. «Per cosa, padre? Per i vostri ideali insensati, avete ucciso un uomo! Una persona che meritava di vivere molto più di voi e che mi amava più di ogni altra cosa! Spero che voi, e tutta la vostra razza, possiate marcire all'inferno.» Ero madida di sudore, il vestito di cotone mi si appiccicò addosso come una seconda pelle.

Lui si avvicinò, mi prese per le braccia e, senza che nemmeno me ne accorgessi, mi spinse con le spalle al muro. Sbattei la testa contro la parete. «Tu devi imparare a stare al tuo posto! Non ti permettere mai più di parlarmi in questo modo. Tu…» mi disse ansimando, «…non farai niente. Se non stare buona e obbedire…» aggiunse guardandomi nella scollatura dell'abito e inumidendosi le labbra con la lingua. «Potresti lavorare in un bordello, visto come ti vesti…» mi insultò.

A quelle parole, veloce, gli sferrai un calcio in mezzo alle gambe. Lui mi lasciò all'istante e, dolorante, cadde in ginocchio.

Mi allontanai da lui e corsi alla porta. «Sì, come le puttane a cui avete detto che dovevo mettermi con un fascista. Perché non andate da loro a farvi curare…?» gli urlai tagliente. «In fondo, voi siete esperto del settore. Siete un porco assassino che è solo capace di sottomettere e picchiare le donne. Voi siete un depravato!» dissi con tutto il disprezzo che avevo. «Non permettetevi mai più di toccarmi. La prossima volta, la pagherete cara. Ve lo giuro…» lo minacciai. Mi alzai la scollatura dell'abito e, scossa dai tremiti, me ne andai in camera.

Nei giorni successivi non incrociai più mio padre. Trascorreva la notte con i suoi uomini nella casa sul retro, e di giorno restava nei campi. Le mie minacce forse l'avevano intimorito: se osava avvicinarsi lo avrei denunciato, avrei raccontato tutto, di Luigi, della gravidanza, delle violenze.

Dopo quel confronto brutale, decisi di riprendere in mano la mia vita e ricominciare a vivere. Non sopportavo che Pietro mi vedesse in quelle condizioni, così prostrata e addolorata. Senza chiedere alcun permesso, mi presentai alla Croce Rossa della città: volevo dare una mano. In poco tempo, mi affiancarono ai soldati che tornavano dal fronte incapaci di parlare, vittime di traumi senza ferite. Alcuni di loro erano sotto shock, guardavano fuori dalla finestra immobili e inespressivi; altri invece si abbandonavano a crisi di pianto, o attacchi nervosi di risa. Molti soffrivano di insonnia, pronti a scappare in caso di attacco. Per loro la guerra non era finita, si combatteva nelle loro teste, nei loro occhi che avevano visto la morte.

Mi faceva sentire utile occuparmi di quei ragazzi che tanto avevano sofferto. Davo loro da mangiare e li lavavo come fossero dei neonati. La guerra li aveva cambiati e resi simili a pupazzi senza più anima o desideri. Riuscire a strappare loro un solo sorriso rappresentava per me una gioia immensa. Un piccolo miracolo in mezzo a tanta miseria.

Lavorai alla Croce Rossa fino alla fine della guerra. Non mi importava dei turni massacranti e delle lunghe notti di servizio: dare sollievo agli altri era diventato il mio unico scopo. A casa mio padre aveva smesso di mangiare con noi; erano finite anche le sue violenze su mia madre. Si era assopito in una sorta di letargo. Ci parlavamo solo se spinti dalla necessità: non dimenticavo il male che mi aveva fatto. Ma non mi faceva più paura, tutta la pressione psicologica che aveva esercitato su di me fino a quel momento si era dissolta con la morte di Luigi. L'avermi privato della sua presenza e del suo amore fu la terapia che mi fece uscire dal tunnel nero in cui proprio mio padre mi aveva cresciuta. Spesso mi pentivo di avere chiesto a Luigi di risparmiargli la vita. Se solo avessi saputo come sarebbero andate le cose, non mi sarei opposta al suo destino. Davanti alla scelta tra lui o mio padre, non avrei mai dubitato chi salvare. La giovane e buona Angela non esisteva più.

Il 29 aprile 1945 i quotidiani raccontarono in prima pagina la fine di Mussolini, fuggito la sera del 25, subito dopo la sconfitta delle forze italo-tedesche. Catturato dai partigiani, due giorni dopo, venne fucilato sul lago di Como insieme all'amante, il 28 aprile.

Come puoi immaginare, Annabella, alla notizia mio padre precipitò in uno stato di sconforto che lo accompagnò per il resto dei suoi giorni. La morte del suo idolo rappresentò una sconfitta pesante da accettare. L'atteggiamento spavaldo cessò, e insieme scomparvero carisma e determinazione. Mia madre, invece, sembrò rinvigorita: davanti al mio impegno nella Croce Rossa, riprese lentamente il controllo della casa, tornando a occuparsi di tutto. Iniziò anche a badare a Pietro, che aveva imparato a chiamarla mamma. Ogni volta che si rivolgeva a lei così, mi si spezzava il cuore. Sentire quella parola piena di amore indirizzata alla donna che non l'aveva portato in grembo, che non lo aveva amato dal primo istante, faceva riaffiorare i rancori che cercavo di seppellire in me. Fu così che una mattina, esasperata dalla situazione, andai da un avvocato in città. Quando gli confessai la verità, il mio desiderio di essere riconosciuta come madre di Pietro e di togliergli così il cognome Bramante per dargli quello di Zanini, mi fece chiaramente capire che non era il caso di sollevare un polverone per una questione burocratica.

«Forse dovrebbe lasciare le cose come stanno… Per il bene del piccolo, dico» aggiunse con aria rassegnata. «È impossibile dare il cognome del suo defunto *amante* al bambino. E poi, cosa pensa direbbe la gente se sapesse che lei ha avuto un figlio fuori dal matrimonio? Crede che qualcuno avrebbe pietà di lei? Mi ascolti: per il bene suo e del piccolo, stia al suo posto. Alle donne capitano queste cose, cosa crede? L'importante è che restino nascoste. Non vorrà mica essere additata da tutto il paese! Si fidi di me e lasci perdere questa storia.» L'avvocato non aveva tempo da perdere.

A ripensarci ora, non so perché non mi rivolsi a un altro. Ma in quel momento le sue parole mi parvero sagge: attorno a me c'era una comunità lacerata dalla guerra appena conclusa, uomini e donne costretti a ricominciare una nuova vita, talvolta anche lontano. Vedevo famiglie piangere un figlio che non avrebbe più fatto ritorno dal fronte. Forse lasciare le cose come stavano era la soluzione migliore per Pietro. Il legame che ci univa non sarebbe mai cambiato, eterno e indissolubile; nessuno ce lo avrebbe portato via. Avevo ancora una casa, un posto dove potermi riparare dal freddo e dal caldo, e del cibo in tavola. Di cosa dovevo lamentarmi? Sminuivo e ridimensionavo i miei problemi: era l'unico modo che conoscevo per affrontare il futuro.

Gli anni del Dopoguerra furono molto faticosi. Ma dove c'era da aiutare, cercai di esserci. Se serviva, mi spostavo anche da una località all'altra per portare le provviste alle famiglie più povere. Buona parte veniva dai campi di mio padre: prendevo quanto serviva con il suo tacito consenso e, con l'aiuto di altri volontari, lo consegnavamo. Pietro spesso veniva con me e, ben presto, iniziò a imparare cosa significasse donare.

«Angela» mi ripeteva, «da grande voglio diventare come te, come la mia sorellona» e rideva. Gli piaceva chiamarmi così.

Lui rideva, io soffrivo.

In paese aiutai la madre superiora nel ricostruire la scuola; quando mi vide, dopo tanto tempo, mi abbracciò teneramente. Ripresi anche le lezioni con i più piccoli, ma presto mi accorsi che molti dei bambini erano scomparsi. Il parroco, don Saviano, non lo vedemmo mai più. Al suo posto la diocesi mandò un giovane prete, don Ignazio, una persona intraprendente e che non si perdeva mai d'animo. Mi prese come punto di riferimento, tanto che quando aveva bisogno di una mano mi chiamava per prima.

Gli abitanti di Fontana a Po, quelli che erano rimasti vivi, presero a vedermi sotto un altro aspetto. Molti di loro mi fermavano per strada e si complimentavano con me per l'impegno che mettevo nella ricostruzione e nell'assistenza ai poveri. Non ero più la figlia di un fascista, ai loro occhi adesso ero Angela. Finalmente potevo essere me stessa. Spesso mi fermavo nella casa dove un tempo abitava Luigi. Suo padre era stato ucciso, era rimasta sua madre, una donna con lo sguardo spento e vuoto. Quando la vedevo alla porta, sola e vestita di nero, avrei tanto voluto confessarle che una parte di Luigi era ancora viva. Non era tutto perduto.

Adele la incontravo di sfuggita. Le nostre vite avevano preso due direzioni diverse. Non ti so spiegare perché non riuscii più a riallacciare l'amicizia con lei. Forse i fatti che erano accaduti ci avevano cambiate per sempre. Mi resi conto che niente sarebbe tornato come prima. Delle bambine di un tempo non era rimasto nulla, e io volevo portarmi dentro il ricordo di quell'immagine. Due bimbe che si volevano bene come sorelle.

In pochi anni Fontana a Po si risollevò dal baratro e, lentamente, anche la gente ricominciò a vivere come un tempo. Ognuno di noi custodiva nel cuore i propri dispiaceri e lutti. Imparammo a lenire le ferite che non si sarebbero mai rimarginate, con gesti semplici e solidali.

Mio padre si trasformò in un uomo silenzioso. Beveva spesso rintanato nella casa dei suoi scagnozzi; aveva smesso di uscire per il paese la sera, temeva delle ritorsioni: di fascisti ancora convinti che avevano subito «punizioni esemplari» da parte di antifascisti si parlava spesso tra la gente. Era già stato fortunato che nessun bracciante o compaesano lo avesse accoltellato nei mesi dopo la morte di Mussolini in qualche via buia. I suoi uomini, i complici dell'omicidio di Luigi, erano ancora lì, al suo fianco, fedeli come sempre. Nessuno di loro, compreso mio padre, aveva pagato per quell'assassinio. Il commissario De Stefani, nonostante l'odio che provava per la morte del figlio, affidò il caso ad altri sottoposti. Ne uscì, in qualche modo, pulito. Il corpo di Luigi fu trovato insieme alle altre quaranta vittime sulla riva del Po il 17 luglio 1944. Da quel giorno Fontana a Po fu soprannominata dalla stampa 'il paese delle vedove'. Nessuno mai alla villa fece domande sugli spari che quel giorno di luglio si udirono all'interno della proprietà. Io ero l'unica testimone e, se anche fossi andata a denunciare il fatto, mi sarei scontrata con una realtà dura da combattere; le persone, comprese le istituzioni, volevano solo dimenticare l'orrore che avevano vissuto. Era la parola di una ragazza contro tutti. Da vigliacca mi arresi.

Perciò, nonostante il vizio di bere, in un certo senso mio padre si era calmato. Quel lato duro, aspro del suo carattere non era capace di modificarlo, ma l'arroganza di un tempo era svanita. Anche la politica era scomparsa dai suoi discorsi. Eppure, mentre lo osservavo aggirarsi silenzioso per il giardino, avevo l'impressione che qualcosa lo tormentasse. Da tempo avevo notato che non mi guardava più negli occhi. Che si vergognasse di quanto aveva fatto? Dubitavo.

Nell'ottobre del 1948, Pietro cominciò la scuola. Si era fatto grande ormai... Imparò a leggere e a scrivere, e volle dormire in una stanza tutta per sé. Alla sera, prima di coricarmi, bussavo alla sua stanza per leggergli una favola. Quando si addormentava tra le mie braccia, ascoltavo il suo respiro regolare e gli accarezzavo il viso e i capelli castani. Era il momento che preferivo della giornata. L'unico in cui mi sentivo la madre che ero.

Al mattino, quando lo accompagnavo a scuola, era pieno di vita e voglia di imparare. Saltellava a destra e a sinistra senza mai fermarsi. Le maestre mi dicevano che era bravo, pronto a intervenire e attento. Talvolta, quando riferivano a mia madre che aveva fatto piangere un altro bambino, o era stato prepotente, la paura che assomigliasse a mio padre ritornava a galla. In fondo l'esempio maschile che aveva avuto era lui e a questo non potevo porre rimedio.

Come avrai capito, Annabella, fare da madre e da sorella non era semplice. In equilibrio tra due ruoli totalmente diversi, dovevo sempre controllarmi: la paura che Pietro, o ancora peggio qualcuno del paese, scoprisse la verità mi terrorizzava. Cosa ne sarebbe stato della mia reputazione? Avevo poco più di vent'anni e un figlio nato fuori dal matrimonio. Solo la menzogna mi proteggeva dalle umiliazioni e dallo scherno che la società mi avrebbe riservato. Sentivo ancora le parole dell'avvocato risuonare nella mia testa. Ma sapevo che prima o poi avrei dovuto affrontare la realtà dei fatti: non potevo fuggire per sempre.

Quando eravamo soli, portavo Pietro lungo la riva del Po. Osservavamo l'acqua scorrere veloce, impetuosa. L'aria fredda che ci scompigliava i capelli mi ricordava Luigi. C'eravamo incontrati così tante volte su quelle sponde. Era come se lui fosse ancora lì con noi, a vegliare su suo figlio.

Un pomeriggio, mentre lo osservavo tirare i sassi nell'acqua, Pietro si voltò verso di me. «Perché nostro padre è sempre così?» mi chiese all'improvviso.

«In che senso?» domandai cauta.

«È arrabbiato e triste allo stesso tempo.»

«Oh... Forse è stanco. Non è giovane come noi, Pietro...» scherzai nel tentativo di sdrammatizzare la situazione.

«Non mi prende mai in braccio. È cattivo con me...»

Allarmata, mi avvicinai subito a lui e me lo misi sulle ginocchia. «Cosa intendi dire?»

Lui giocherellò con l'orlo dei pantaloni. «Non mi parla mai e mi guarda in modo strano.»

«Ma no, che dici...»

«Invece sì, è arrabbiato con me!»

Lo abbracciai forte e in quel momento mi pentii di non avere fatto niente per riconoscerlo e allontanarlo da quella casa. «No, tu non hai fatto niente. Sei un bravo bambino» lo rincuorai asciugandogli le lacrime. «Il fatto è che è un po' vecchio, tutto qui. Devi portare pazienza con lui» continuai stringendolo forte. «Ma adesso, cosa ne dici di raccogliere altri sassi insieme?» esclamai facendogli il solletico.

Pietro rise e si rimise in piedi in fretta, dimenticando presto la tristezza. Aveva una capacità incredibile di capire subito le cose e, da quel momento, non diede più peso all'umore dell'uomo che chiamava padre. Ma dentro di me quelle parole restarono impigliate. Era una menzogna così pesante da raccontargli e da raccontarmi... E soprattutto da sopportare. Era un gioco che cominciava a farsi insostenibile e pericoloso. Se solo avessi potuto dirgli che il suo vero papà era stato un uomo meraviglioso! Per un attimo mi chiesi se un giorno, quando Pietro sarebbe cresciuto, avrei avuto il coraggio di confessargli tutta la verità. Adesso però non era il momento di pensarci.

Annabella, ho scritto queste pagine perché tu potessi conoscere la verità. Il momento è arrivato. È ora che mi liberi del peso che per tanti anni ho custodito nel cuore. Anche se io non sarò più con te nel momento in cui leggerai queste righe, spero con tutta me stessa che il tuo affetto per me non si tramuti in odio. Non potrei sopportare di perderti per sempre, di saperti lontana con il cuore da me.

Era il 14 novembre 1948, un pomeriggio d'autunno, avevo sbrigato le ultime faccende a casa, quando andai a prendere Pietro a scuola. Nonostante il tepore del sole, l'aria era già frizzante e mi pizzicava le guance: la stagione invernale era quasi alle porte. Lo aspettai fuori dal cancello, quando lo vidi arrivare lo presi in braccio e lo strinsi forte a me.

«Ciao, ometto. Come è andata oggi?» gli chiesi mettendolo per terra. «Quanto pesi!» scherzai dandogli un buffetto.

«Bene, mamma!» esclamò. «Sorellona, scusami» si corresse, sistemandosi imbarazzato il cappello. Gli strinsi la mano e ingoiai l'amaro che sentivo in bocca.

Indossava una giacchetta di panno, dei calzoni corti al ginocchio e i calzettoni lunghi. Sotto portava un maglioncino a girocollo che io stessa avevo fatto durante l'estate. Mi piaceva confezionargli dei vestiti: mentre lavoravo a maglia, potevo lasciare libero l'istinto materno. Mi sentivo una madre simile a tutte le altre, come se non avessi nulla da nascondere.

«Oggi ho fatto un disegno bellissimo. I miei compagni erano invidiosi!» mi raccontò orgoglioso.

Cominciò a parlarmi delle materie che aveva seguito e a cosa avesse giocato durante l'intervallo. Era entusiasta, mi spiegava tutto con dovizia di particolari. Io lo ascoltavo e sorridevo. Era un gran chiacchierone, Pietro. Molte volte non ero nemmeno capace di interromperlo. Domandava sempre il perché di tutto, era curioso e desideroso di scoprire il mondo. Era un bambino adorabile, sveglio e vispo, pieno di energie. Quando arrivammo alla villa, lasciai che giocasse con la palla in giardino.

«Fai il bravo, però. Ti vengo a chiamare per la merenda» lo avvisai accarezzandogli una guancia.

«Ti voglio bene, Angela» mi disse mentre mi allontanavo.

«Anche io...» gli risposi fermandomi a guardarlo.

Andai in cucina, la villa sembrava deserta. Preparai una tazza di caffè e mi sedetti al tavolo. A un tratto udii mio padre gridare. Mi alzai di colpo e mi accertai dalla finestra che Pietro stesse giocando; speravo non avesse sentito le grida provenire dal piano di sopra. Salii le scale di corsa e imboccai il corridoio che portava allo studio.

«Se solo tu fossi stata una donna più soddisfacente!»

Rallentai il passo. Mi tolsi piano le scarpe e le tenni in mano, avvicinandomi alla porta in punta di piedi. Il freddo del pavimento mi intorpidiva le dita e risaliva lungo le gambe. L'istinto mi suggeriva di appiattirmi al muro e origliare la conversazione. Non era da me, ma sentii che era la cosa giusta da fare. La porta dello studio era socchiusa, la casa era immersa nel silenzio. In lontananza, attutita dalle finestre chiuse, sentivo la palla di Pietro colpire il muro di cinta. Il cuore mi batteva forte, un presentimento premeva sul petto.

«Allora è colpa mia?» chiese mia madre con un filo di voce.

Sentii il rumore di un bicchiere sbattuto sulla scrivania. Pensai che fosse presto per bere, ma non per mio padre.

«Tu sei stata lo sbaglio più grande della mia vita» biascicò lui. Udii la sedia strisciare per terra e poi il rumore di chi vi si siede pesantemente. «Sei così inutile… Ma ti sei vista allo specchio? Sembri un cane spaurito in cerca di affetto. Sei una donna vecchia oramai, insignificante, che nessun uomo vorrebbe nel suo letto. Dio, guardati! Non fai altro che starmi addosso. Tu sei la mia rovina. Se avessi saputo come fare godere un uomo a letto… Be', non sarebbe successo niente. Ma tu cosa fai? Piangi. Piangere è la tua specialità. Non hai fatto altro per tutta la tua vita. Sei sbagliata, donna! Ecco cosa sei. Sbagliata, stupida e inutile!»

Un silenzio denso calò nella stanza. Trattenni il respiro e strinsi i denti. Le parole di mio padre superavano ogni limite, ma non potevo muovermi o mi avrebbero scoperta.

«Emanuele, io sarò sbagliata come dici, ma tu sei una bestia…» ribatté mia madre con la voce carica di rancore.

«Senti, senti… Come ti permetti di rivolgerti a me in questo modo, puttana?» gridò alzandosi.

La sedia cadde per terra. Sussultai e strinsi forte le scarpe.

«Ah sì? Be', questa *puttana* ti è stata sempre vicina e ti ha coperto in tutto! Anche quella sera, Emanuele, anche quella sera… Ma a te questo non importa, vero? Come non ti è mai importato nulla di me e di tua figlia… Pensavi non ti avessi visto, vero?» domandò con la voce rotta. «Invece ho visto tutto dalla finestra! Ho sopportato le conseguenze delle tue perversioni e delle tue angherie per anni, adesso basta! Sono stanca!»

Le mani mi tremavano, facendo molta attenzione appoggiai le

scarpe a terra, temendo mi cadessero. Non capii di cosa stesse parlando mia madre: quale sera? Cos'era successo? Cosa aveva visto dalla finestra? Rimasi ferma lì in attesa.

«Che ti succede, non hai niente da dire?» continuò. «Il grande uomo ha perso le parole?» Mio padre non rispondeva. Dal silenzio, immaginai che il colpo che gli aveva sferrato mia madre fosse arrivato dritto e implacabile a segno. «Tu non hai idea di cosa abbia significato assistere a quello spettacolo... Ti è piaciuto? Dimmelo! Mio Dio, come hai potuto farlo? Braccare una persona innocente e indifesa come fosse una preda di caccia. Come hai potuto? Ti sei fatto delle domande al riguardo?» insistette implacabile come non l'avevo mai sentita.

Lui taceva.

Un brivido freddo mi percorse la schiena. Braccare una persona innocente: cosa sapeva mia madre? Udii il rumore dei suoi tacchi camminare avanti e indietro per la stanza.

«Non so se riuscirò a stare zitta, Emanuele. Mi sono accollata la responsabilità delle tue azioni, è vero, ma è un fardello troppo grande da portarmi nella tomba... Io me la ricordo Angela, correva nel giardino pensando di essere sola quella notte, ma non era così... Non è vero, Emanuele?»

Qualcosa si mosse dentro di me. Ricordi sfocati, che pensavo dimenticati per sempre, affioravano alla mia coscienza. Immagini evanescenti comparivano davanti ai miei occhi, per poi offuscarsi appena cercavo di metterle a fuoco. Il cuore prese a battere all'impazzata, cercai di respirare, l'aria sembrava uscita dai miei polmoni... Cosa c'entravo io? Cosa mi aveva fatto mio padre?

Poi all'improvviso ricordai.

Ferragosto del 1941. Davide era venuto a prendermi a mia insaputa per accompagnarmi alla festa in piazza, aveva cercato di baciarmi, l'avevo scacciato in malo modo. Ero corsa nel bosco in cerca di Luigi. E poi, tornando verso casa... Quei passi dietro di me che mi avevano spinta a correre per mettermi al sicuro. Qui la mia memoria mi tradiva: era successo qualcosa... Con il terrore che scorreva sottopelle mi sforzai di ricordare, cercai di ripercorrere ancora una volta quegli attimi. Davide, il bacio, la chiave appesa al chiodo, il profumo dell'estate, la casa sull'albero, io e Luigi nudi, poi la corsa fino a casa e... Il mio cuore perse un battito. L'immagine di una mano che mi alzava il vestito prese forma nella mia mente.

Un senso di nausea mi investì, gli occhi mi si riempirono di lacrime e di vergogna. Appoggiai le mani al muro per non perdere l'equilibrio. Il mondo franò sotto ai miei piedi. Non riuscivo a muovermi, a pensare, ad agire. Non volevo crederci, non potevo crederci.

Annabella, raccontarti tutto questo apre in me ferite che pensavo sanate. Non riesco a scrivere quello che mi successe allora: un dolore mi attanaglia ancora il cuore, la vergogna mi impedisce di raccontare oltre. Se lo scrivessi, non riuscirei ad andare avanti nel mio racconto. Ma devi sapere la verità, non voglio più nasconderti nulla. Perché quella miseria umana che mi aveva fatto vergognare tanto, non era l'unica cosa che scoprii quel giorno.

Inchiodata alla parete, mi costrinsi a respirare. Mia madre aveva ricominciato a parlare. Colsi di sfuggita il *suo* nome...

«Te ne stai zitto... E di Luigi, cosa mi dici? Se non fosse stato per me non l'avrebbero mai preso» sputò fuori con la voce rotta.

Chiusi gli occhi. A quelle parole avrei preferito la morte. Era stata mia madre, ci aveva traditi... Il dolore mi lacerava il petto, non riuscivo a contenerlo. Barcollai fino alla finestra: non potevo continuare a vivere, non così. Poi udii il rimbalzo, la palla di Pietro come un orologio scandiva il mio presente e il mio futuro. Non potevo lasciarlo solo, dovevo affrontare anche quel dolore immenso. Tutto e solo per mio figlio. Tornai vicino alla porta e mi misi di nuovo in ascolto.

«È stato un caso che quella notte sia entrata nella stanza di Angela... Volevo vedere per controllare che stesse bene» continuò mia madre. «Sarò una donna inutile come dici tu, ma come tutte le madri ho sempre cercato di fare del mio meglio. Non era la prima volta che entravo nella stanza di nostra figlia di notte. Se vuoi saperlo, era una mia abitudine. Era un modo per sentirmi meno in colpa nei suoi confronti. Ma quella sera non era sola... Quando l'ho vista lì, mezza nuda abbracciata a Luigi, non sapevo che fare. Davanti a me c'era una figlia che io e te avevamo tradito in tutti i modi possibili. Se ci ripenso mi vengono i brividi... Dio, erano così indifesi su quel letto... E io cosa ho fatto?» la sentii singhiozzare. «Non l'ho aiutata, le ho rovinato la vita un'altra volta. È stata colpa tua, mi hai costretto tu... Per salvare la mia di vita.»

«La tua vita? Sei solo una stupida...»

«Stai zitto!» gridò. «Mi hai minacciato, hai minacciato di uccidermi! Quella mattina sei entrato in casa accecato dall'ira, avevi dormito fuori la notte. Pensavi che ti tradissi, in paese ti avevano detto che mi avevano visto baciare un altro uomo. Era una bugia! Solo una bugia! Mi hai picchiata, mi hai trascinata per i capelli, volevi uccidermi... Io, io non potevo fare altro. Luigi era lì, non sapevo che fare, non volevo morire... Ho pensato che se ti avessi detto di Luigi, mi avresti risparmiata...» biascicò in mezzo ai singhiozzi e alle lacrime.

Le parole di mia madre si impressero a fuoco dentro di me. Chiusi gli occhi e respirai a fondo stringendomi nelle braccia. Quella mattina mio padre aveva fatto irruzione nella mia stanza, non era mai successo prima. Mia madre aveva preso Pietro, se l'era portato via senza nemmeno guardarmi. Ora capivo tutto, ogni cosa tornava al suo posto. Ero stata tradita, presa in giro, umiliata da chi mi aveva messa al mondo. Feci per andarmene, e per errore urtai le scarpe che sbatterono sullo stipite. Sentendo un rumore dal corridoio, mia madre si zittì e aprì la porta.

«Cosa ci fai qui?» balbettò. Non risposi. Le parole mi si impigliavano in gola. «Cos'hai sentito?» continuò facendo un passo indietro, mettendosi una mano sul petto e cercando con l'altra un sostegno a cui appoggiarsi.

La guardai, senza dire una sola parola, poi mi infilai a fatica le scarpe. Non potevo farmi distruggere ancora da loro due. Non potevo farmi calpestare un'altra volta. Dovevo reagire, e subito.

«Ho sentito tutto... Tutto quello che mi serviva per capire che siete una pessima madre...» le risposi con un filo di voce. Stentavo a riconoscere la mia voce.

«Io non ho avuto scelta...» si scusò cercando di avvicinarsi a me. «Cosa potevo fare? Voleva uccidermi. Tu lo sai bene quanto può essere violento. Tu dovresti *saperlo* meglio di me...»

Mi irrigidii. Davanti al suo colpo basso e alla sua insensibilità, inchiodai i miei occhi ai suoi. Doveva vedere tutto il disprezzo e l'odio che provavo. Quella frase era l'ultimo affondo, l'ultima umiliazione che avrei subito. «Non permettetevi di parlarmi così! Lui mi ha...» Mi presi un attimo di tempo per respirare e trovare il coraggio di proseguire. «Dio mio, non riesco nemmeno a dirlo... e voi pretendete che vi capisca, o peggio, vi giustifichi? Mio padre vi vuole picchiare e voi sacrificate la vita di un uomo e volete che io vi comprenda?» inveii contro di lei piangendo. «Ma che razza di donna siete? Vi siete fatta schiacciare da quel lurido porco di vostro marito al punto che non sapete più nemmeno distinguere il bene dal male? Potevate difendervi da lui, potevate colpirlo, potevate urlare aiuto, potevate fare qualsiasi cosa ma avete scelto di far condannare un innocente. Questo no! Non ve lo perdonerò mai. Come non vi perdonerò mai il fatto di non avermi difesa! Perché non siete venuta a salvarmi? Perché mi avete abbandonata quella sera...? Perché non avete denunciato tutto?» e mi bloccai di nuovo incapace di esternare a parole quello che avevo subito. «Santo cielo, perché non siete mai riuscita a reagire?» le chiesi infine, abbassando il tono della voce. «Ditemi, avete una giustificazione anche per quello che mi è stato fatto?»

Mia madre non rispose e si appoggiò al muro, tremante. Guardandola mi resi conto che era una donna senza volontà. Priva di personalità. Una donna debole che aveva permesso a un uomo violento di distruggerla.

«È sempre tuo padre. Sai com'è fatto...»

Una frase così fuori luogo che non potei fare altro che compatirla. «Vi prego, non peggiorate le cose. Mi avete ferita abbastanza, non credete?»

Non c'era altro da aggiungere. Lei era succube di mio padre e io la loro vittima sacrificale. Fu proprio lui a spezzare l'atmosfera sospesa che si respirava nell'aria. Barcollante, ci raggiunse e mi squadrò dalla testa ai piedi. Puzzava di alcol. Ecco perché mia madre si era permessa di parlargli in quel modo: ridotto com'era, non le avrebbe fatto del male. Oramai non era più il grande uomo di casa.

«Adesso lo sai. Che vuoi fare, eh?» e buttò giù una sorsata di alcol dal bicchiere che teneva in mano. «Era un ficcanaso, quel Luigi. Aveva scelto la parte sbagliata. Come suo padre, d'altronde» ringhiò. «È andata così. Io non ho niente da dire» e rise con amarezza. «Sono solo un uomo. La colpa è tutta di tua madre... Prenditela con lei.»

Lei impallidì, poi lo fulminò con lo sguardo. Spostai gli occhi da uno all'altra, incapace di reagire davanti al disgusto che provavo per entrambi. Mi sembrava di vivere in un incubo. Indugiai sul volto di mio padre, quegli occhi e quel naso erano gli stessi di... Un senso di vomito mi chiuse lo stomaco. Scappai via di corsa, senza guardarmi indietro.

«Fermati, Angela, per Dio, dove vai?» gridò mia madre. «Angela! Angela! Non ho avuto scelta! Cerca di capirmi...» ripeteva con voce rotta, rincorrendo il mio perdono. Un'assoluzione che non volevo e non ero disposta a concedere.

Travolta dalle verità che avevo scoperto, corsi lungo il corridoio e per le scale, e solo in giardino mi fermai a riprendere fiato, appoggiata al muro. Mi portai le mani alle tempie e respirando tentai di metabolizzare ciò che avevo sentito. Non ne avevo la *certezza*, non poteva essere...

«Angela, fermati!»

Dovevo muovermi subito, non potevo restare. Con gli occhi cercai Pietro, lo vidi che calciava la palla vicino al fienile. Andai da lui e in malo modo lo presi per mano, staccandolo dal gioco. Mi guardai alle spalle temendo di essere seguita.

«Muoviti Pietro! Dobbiamo andare» lo incitai. In lontananza mia madre continuava a gridare il mio nome.

«Perché nostra madre urla?»

«Non è niente. Vuole parlarmi, ma io non ne ho voglia» gli dissi. «Adesso corri però!» lo spronai accelerando il passo.

«Perché non le vuoi parlare? È arrabbiata con te?»

Quella domanda innocente mi fece salire nuovamente la nausea. Se solo avessi potuto parlare! Le persone che dovevano essere arrabbiate eravamo noi due, e non certo quella donna che non reputavo più mia madre.

«No, Pietro, non è arrabbiata con me! Fila, muoviti» insistetti senza dargli altre spiegazioni. Volevo portarlo lontano da quella casa, dagli inganni e dalle verità che avevo ignorato per tanto tempo.

Pietro, confuso, mi assecondò, anche se spesso si guardava alle spalle. Attraversammo il grande giardino e ci precipitammo fuori dal cancello; percorremmo la strada che portava verso la riva del Po correndo a perdifiato. In giro non c'era anima viva. A quel punto, Pietro, spaventato dal mio comportamento sempre più concitato, cominciò a opporre resistenza. Si impuntava con i piedi, non voleva camminare, iniziò a fare i capricci. Non mi importava: ogni volta che provava a sfilare la mano, io lo tiravo verso di me. Dovevo proteggerlo e condurlo il più lontano possibile da lì. Volevo raggiungere il posto segreto dove io e Luigi ci incontravamo quando era ancora vivo, anche se non ci ero più tornata dopo la sua morte. Poi avrei pensato a cosa fare di noi.

Pietro, sempre più confuso, mi chiedeva che cosa avessi e io piangevo per tutto il male che mi era, che ci era, stato fatto. «Angela, fermati!» gridava lui, arrancando dietro di me. «Mi fai male...» singhiozzava allungando sempre di più il passo per riuscire a starmi dietro.

Ma io no, non lo sentivo. Non sentivo più niente se non il dolore che sembrava spezzarmi il cuore. Ero in balia dei miei sentimenti, sentivo scorrere in me una tale rabbia che non mi rendevo conto con quanta forza strattonassi Pietro. La vista era annebbiata dalle lacrime, non guardavo nemmeno dove mettevo i piedi. Desideravo solo scomparire, ricominciare da capo. Cancellare in un colpo solo tutto l'orrore che avevo subito, che mi appesantiva, che mi offuscava la ragione, che mi impediva di respirare…

La sua mano scivolò via dalla mia. Mi girai per riprenderla ancora una volta, ma non ci riuscii. Lo vidi, provai ad afferrarlo prima che cadesse, allungai il braccio ma ero troppo distante… Un solo passo indietro e non sarebbe successo. Invece la vita era pronta a tendermi ancora un agguato. Senza la mia mano, vidi Pietro cadere tra le rocce che costeggiavano il fiume e colpire con la fronte una pietra aguzza grande quanto il pallone con cui stava giocando poco prima. Ma questa volta non ci sarebbe stato nessun gioco, nessuna risata: il mondo si era fermato sotto i miei occhi. Pietro era lì, il sangue usciva a fiotti dalla sua fronte, le braccia giacevano inerti accanto al busto. Svelta, lo voltai supino, cercando di svegliarlo.

«Pietro, Pietro, mi senti?» Non mi rispondeva, i suoi occhi erano chiusi. Gli misi una mano sul cuore e sentii il battito. Debole, ma c'era. «Pietro, amore, mi senti?» domandai ancora prendendolo tra le braccia.

«Mamma…»

«Sì, sono io, amore» dissi stringendolo forte al mio petto. «Sono qui. Scusa, scusa, è tutta colpa mia» dichiarai, pulendogli gli occhi dal sangue che usciva dalla ferita. «Mi senti, piccolo? Resta qui, resta con me…»

Ma il cuore di Pietro aveva smesso di battere. «No!» gridai al cielo singhiozzando. «No! Perché? No, Pietro, no, resta qui!» continuai finché la mia voce non divenne un sussurro. «Il mio ometto…» e gli baciai le guance.

Piansi, strinsi il mio bambino per non so quanto tempo. Lo cullavo e lo baciavo, come se potessi restituirgli la vita. Volevo ascoltare ancora la sua voce, solo una volta ancora. L'avevo ucciso. Io ero la sola responsabile di quella morte prematura. Io, che avrei dovuto proteggerlo, vederlo crescere e diventare grande, l'avevo ucciso. Non l'avrei più visto. Lacerata dal dolore strinsi ancora più forte il mio bambino.

A un tratto sentii qualcuno chiamarmi in lontananza. Mi guardai attorno e, con la vista sfocata dalle lacrime, vidi arrivare a grandi passi mia madre. Quando comprese cos'era avvenuto, si portò le mani alla bocca per soffocare un urlo.

«Cristo santo, ma cosa… cosa è successo, Angela?»

«È morto. Ed è tutta colpa vostra… Se voi aveste fermato quel bastardo, tutto questo non sarebbe mai avvenuto…»

Mia madre si avvicinò cauta e cominciò a piangere. «Angela, perdonami. Io non volevo» e si inginocchiò davanti a me appoggiandomi le mani sulle spalle e osservando incredula il sangue che era uscito dalla ferita di Pietro. «Cos'è successo? Cos'hai fatto, Angela?» mi chiese scuotendomi.

A quell'ultima domanda una rabbia improvvisa prese il sopravvento. «Che cos'ho fatto io?» gridai furiosa sistemandomi meglio Pietro in braccio. «Siete voi che non mi avete difesa! E adesso guardate il risultato della vostra vigliaccheria. Voi non siete una madre, siete una fallita senza coraggio… ecco quello che siete.» Lei deglutì a fatica e si rimise in piedi senza proferire una sola parola, incapace di contraddirmi. «È stata una disgrazia. È caduto e ha sbattuto la testa su quel sasso, ecco cos'è successo» le dissi indicandolo con un cenno della testa.

«Sì, hai ragione. Sono una vigliacca» ammise lei spostandosi una ciocca di capelli dal viso. «Ma adesso sono io che devo tirarti fuori da questa situazione… difficile.»

«Situazione difficile? E voi avete davvero il coraggio di chiamarla situazione difficile?» gridai furiosa. «È morto mio figlio. Un bambino che non aveva nessuna colpa. Avrei dovuto andarmene. Sì, come… come ho fatto a non capire…» balbettai mentre la disperazione mi invadeva.

Non so quanto tempo trascorsi in quello stato. Mia madre camminava nervosa avanti e indietro, riflettendo. Poi venne dritto verso di me. «Ci penso io, Angela» mi sussurrò con la voce spezzata dal dolore. «Era anche mio figlio...»

Mi scostai infastidita. Non volevo che mi toccasse, che mi parlasse con quella voce dolce carica di senso di colpa. Non la volevo vicino. E Pietro non era suo figlio. «Lui non è mai stato vostro figlio!»

«Sì, è vero, ma gli ho voluto bene. E questo tu non potrai mai cambiarlo... Adesso però dobbiamo trovare una soluzione. Ti scongiuro, Angela, fatti aiutare.»

Che strana la vita: la mia carnefice era diventata improvvisamente la mia salvatrice. La persona che mi avrebbe aiutata era la persona che più mi aveva fatto male. Ma chi avevo al mondo che poteva aiutarmi se non lei? Non potevo affidarmi a nessun altro. Ero sola. Con riluttanza, acconsentii. Non avevo scelta. Con dolcezza, cercò di sfilarmi Pietro dalle braccia. Subito feci resistenza, non volevo separarmi da lui. Lei mi accarezzò una guancia e io, svuotata di ogni volontà, lasciai la presa e mi affidai totalmente a lei.

Mia madre si fece carico di tutto. Adagiò con delicatezza Pietro sul terreno e si soffermò per un attimo sul suo visetto deturpato, pallido e sporco di sangue. Poi fece un respiro profondo e si occupò di me. Mi fece sedere per terra vicino alla sponda del fiume. Tremante e singhiozzante, lavò via dalle mie mani il sangue.

«Aspettami qui. Questa volta farò la cosa giusta...»

La guardai prendere Pietro in braccio e posarlo vicino alla riva. Capii che voleva abbandonarlo nel fiume, lasciarlo alla corrente. Recuperai le poche forze che avevo e mi alzai. «No, non potete farlo!» urlai disperata.

«Vuoi andare in prigione? È questo che vuoi? Angela, tutto questo è colpa di tuo padre... Se quella sera non ti avesse...» Lasciò la frase in sospeso e abbassò lo sguardo. «Mi vergogno a dirlo.»

«*Violentata* è la parola giusta» ebbi finalmente la forza di pronunciare ad alta voce. E adesso, Annabella, dopo tanti anni ho trovato anche il coraggio di scriverla. «Ecco perché quel giorno mi sono svegliata sull'erba. Voi non avete fatto niente per fermarlo...» le rinfacciai di nuovo con un filo di voce.

«Sì, bambina mia. Se quello che ti ha fatto quell'uomo non fosse mai accaduto, Pietro non sarebbe mai nato!» gridò rossa in viso, indicando il mio bimbo steso per terra. «Ma non potevo salvarti...»

«La verità è che voi non avete voluto salvarmi da quel mostro!» ribattei provando un odio che mi divorava l'anima.

«Non è vero, Angela» si difese.

«Allora datemi una buona ragione per cui dovrei concedervi il beneficio del dubbio.»

«Tuo padre era armato! Mentre abusava di te, l'ho visto, stringeva una pistola. Non so perché ce l'avesse dietro, forse temeva di essere scoperto... Se fossi intervenuta avrebbe ucciso tutte e due, ne sono certa. Volevi morire? Era questo che volevi?»

Il respiro mi si bloccò in gola. Davanti alla dura realtà mi ritrassi in un silenzio traboccante di sentimenti contrastanti tra loro: quel particolare poteva scagionare in modo definitivo mia madre? Non lo sapevo e non avevo nemmeno la forza di pensarci. Avevo solo una certezza: non c'era più niente di recuperabile. Il dolore per la perdita di Pietro mi aveva schiantato. Del resto non mi importava più nulla.

«E se fosse di Luigi? Se fosse figlio suo...» sussurrai trattenendo i singhiozzi.

Mia madre mi prese per le spalle e mi scosse. «Angela, l'hai guardato bene?» mi chiese abbassando la voce per poi osservare Pietro.

Sul volto sporco di sangue di mio figlio, vidi quello che avevo sempre ignorato dalla sua nascita. I tratti assomigliavano sorprendentemente a quelli dell'uomo che mi aveva messa al mondo. Mio padre aveva abusato di me, e Pietro era il frutto di quell'incesto.

«No... Non mi importa, non mi importa più. Devo pagare per quello che ho fatto. Dobbiamo chiamare la polizia» dissi affannata.

«Noi non chiameremo nessuno, Angela. Non permetterò che tu venga arrestata. Tu non pagherai per tutti noi. Non ti lascerò commettere questo errore.»

Sotto lo sguardo di mia madre, mi asciugai gli occhi con il dorso della mano. «Va bene, ma devo farlo io, è mio figlio» e mi inginocchiai vicino a Pietro. Gli accarezzai piano il viso un'ultima volta e gli baciai teneramente i capelli. «Amore, perdonami se puoi...» gli sussurrai all'orecchio mentre lo stringevo al petto. Tenendolo in braccio, entrai nell'acqua, feci qualche passo ma le ginocchia mi cedettero. Presto i nostri abiti cominciarono a gonfiarsi di acqua fredda. Lo guardai in viso e con delicatezza gli ripulii per bene la ferita sulla fronte. Lo baciai di nuovo, poi distesi le braccia e lasciai che la corrente lo sollevasse, portandomelo via. Con lo sguardo seguii il suo corpicino allontanarsi, fino a che non scomparve, risucchiato da un mulinello poco distante.

Non so quanto rimasi a fissare il fiume. Il dolore era straziante, la corrente gelida mi intorpidiva il corpo. Con gesti lenti, mi sollevai e tornai a riva barcollante, prima di abbandonarmi inerte sul terriccio umido e freddo. Ero come morta. Non sentivo il freddo, né il bagnato, né i rumori circostanti. Pietro non c'era più.

Anestetizzata dalla tragedia, incapace di reagire, mi ritrovai a casa dove mia madre mi lavò e mi mise a letto. Dormii per giorni. Andò lei alla polizia insieme a mio padre a denunciare il fatto. Quando riuscii a sollevarmi dal letto, il commissario mi convocò per un interrogatorio. Non c'era più De Stefani, era stato sostituito. Attento a ogni parola che usciva dalla mia bocca, mi chiese come fossero andati i fatti. Io gli riferii quello che mia madre mi aveva obbligato a imparare. Era stata una disgrazia: Pietro giocando sulla riva era scivolato e il fiume l'aveva risucchiato verso il basso. Era questa la versione che avevamo concordato in famiglia e alla quale mi attenni, incapace di pensare, decidere. Incapace di continuare a vivere.

Annabella, adesso sai la verità. Ho taciuto a lungo questa storia, ma l'idea di portare ancora sul cuore questo macigno mi era insopportabile. Ripenso spesso a quel giorno: se potessi tornare indietro, farei scelte molto diverse. Andrei a costituirmi. Darei una degna sepoltura a una creatura che non aveva nessun tipo di responsabilità. Scoprire che Pietro era frutto di una violenza non cambiò mai i sentimenti che nutrivo per lui. Era e resterà mio figlio.

Successe tutto troppo in fretta, la complicità di mia madre nella morte di Luigi, la scoperta dell'abuso di mio padre. Tutto era troppo per me. Mi sono lasciata trascinare dalla follia di mia madre? Non ne sono certa. È una domanda che mi sono posta innumerevoli volte durante la mia vita. Ho provato ad analizzare i fatti, a sezionarli, senza mai trovarci un senso. La *violenza* era il filo conduttore degli eventi che mi accaddero. Una violenza che accomunò me e mia madre. Lei era una donna che aveva subito le angherie del marito senza alzare la testa o protestare. E io ero il frutto del loro legame malato. All'epoca ero una ragazza senza gli strumenti per ribellarsi alla situazione in cui si trovava. Ma oggi, che sento l'avvicinarsi della fine, mi rendo conto di quanto in realtà assomigliassi a lei. E questo è ciò che più mi fa soffrire.

Una volta che deposi in commissariato la mia testimonianza, non volli più restare in quella casa. Non c'era spazio per me e il mio dolore tra quelle quattro mura. Con la morte di Pietro, mio padre si chiuse nel silenzio, sempre attaccato alla bottiglia. Non disse mai una sola parola sull'incidente, né sull'abuso. Tra noi non esisteva più nessun tipo di rapporto. Le persone che mi avevano messa al mondo, per me, non esistevano più. Così una mattina, dopo aver dedicato a Pietro una funzione religiosa per commemorarlo, chiesi ospitalità alla madre superiora. Provavo disgusto nel guardare quell'individuo in faccia e non potevo più accettare di vivere con la donna che non aveva fatto niente per fermarlo. L'idea che mia madre avesse osservato mentre mio padre abusava di me mi ripugnava, era insostenibile. Nei giorni che trascorsi alla villa, chiusa nella mia camera, frammenti di una vita che per me non esisteva più acquistarono un significato differente. Capii perché lui mi guardasse in quel mondo indecifrabile: il dubbio divorava la sua mente perversa.

Avermi vista con Luigi lo aveva turbato, il fatto che un altro uomo mi avesse amata carnalmente doveva averlo fatto impazzire.

Quella mattina la madre superiora mi abbracciò, non domandò mai il motivo del mio allontanamento dalla famiglia, ma accettò di aiutarmi. Mi trasferii nel convento del paese, insieme alle suore. Trascorrevo le giornate seduta su una panchina a guardare l'acqua zampillare dalla fontanella nel chiostro. Spesso andavo nella cappella privata del convento e mi accomodavo nell'ultimo banco. Rimanevo lì, a osservare il crocefisso. Non riuscivo a pregare, il senso di colpa per la morte di Pietro non mi abbandonava mai. Chiusa in una sorta di isolamento, non ero nemmeno in grado di ricambiare l'ospitalità della madre superiora insegnando ai bambini che frequentavano la scuola. Vederli mi ricordava mio figlio. Mi davo da fare in cucina o nelle faccende domestiche, attività in cui non ero costretta a parlare e a dare voce al mio dolore.

Dopo alcuni mesi che mi ero trasferita, mia madre venne a farmi visita. Era sola. Con la testa china, mi raggiunse nel giardino accompagnata da suor Teresa.

«Cosa siete venuta a fare?» le chiesi gelida quando si avvicinò e si sedette poco distante da me.

«Angela, volevo vedere come stavi» rispose stringendosi nel cappotto. Faceva freddo e il sole era già basso all'orizzonte.

«Sto bene. Adesso ve ne potete andare.»

«Angela, voglio parlarti. Spiegarti che…»

«Non abbiamo più niente da dirci. Io non ho più né un padre né una madre» dissi asciutta senza permetterle di continuare. «Voi non siete delle persone. Siete animali! Andatevene da qui. Non voglio più vedervi.»

«Angela…» provò a replicare. Davanti al mio sguardo duro, però si arrese. Si alzò e con passi lenti se ne andò. Fu l'ultima volta che la vidi.

Non passò molto tempo che la mia vita cambiò per sempre: conobbi tuo nonno. Arrivò al convento per lavoro. Ci frequentammo poco alla volta e, senza che me ne accorgessi, cominciai a rinascere. Mi disse che abitava a Torino e che aveva perso la sua famiglia durante la guerra. Con pazienza mi conquistò e, in pochi mesi, ci fidanzammo. Io mi trasferii a Torino, i primi tempi alloggiai in un convento grazie all'aiuto della madre superiora e trovai un lavoro come commessa in un negozio di abbigliamento per signore. Imparai presto a vestirmi come le ragazze di città: come puoi immaginare, Annabella, ora che hai visto Fontana a Po, i ritmi e le abitudini cittadine erano ben diversi rispetto alla vita che avevo conosciuto fino a quel momento. Io e tuo nonno ci innamorammo con il tempo, non fu un amore travolgente all'inizio. Le ferite che mi portavo dentro erano troppo recenti e profonde per riuscire ad assaporare appieno la possibilità che mi si era presentata. Pensai di raccontargli tutto, di aprirmi sul mio passato. Poi lui, un giorno, mi sorprese, rivolgendomi delle parole che lenirono le mie resistenze e che ancora conservo nel cuore.

«Non importa quello che è successo prima che mi conoscessi. Non voglio che tu mi dica niente. Ricominciamo da qui. Lasciamoci alle spalle la guerra. Sposami, Angela.»

Sapeva che dentro di me albergavano sentimenti dolorosi con i quali avrei dovuto convivere, ma nonostante questo non voleva perdermi. In quel momento, con un'emozione che mi travolse, lo abbracciai e piansi tra le sue braccia.

«Grazie» gli sussurrai, «sì, ti voglio sposare.»

«Non posso cambiare il tuo passato, Angela, ma posso cambiare il tuo futuro. Farò il possibile per farti felice.»

Non avrei mai immaginato di amare un altro uomo dopo Luigi. Invece ci riuscii. L'amore che ci ha uniti è stato forte e intenso nonostante tutti i silenzi e i segreti che custodivo.

Nel novembre del 1951 i telegiornali raccontarono di un'alluvione catastrofica che aveva spazzato via buona parte della provincia in cui ero nata. Settimane dopo la tragedia, mentre ancora si scavava nei detriti, la polizia mi contattò: i corpi dei miei genitori erano stati estratti dal fango e portati all'obitorio. Mi chiesero di presentarmi per il riconoscimento, ero l'unica parente. Ne parlai con tuo nonno e decisi che era una faccenda che dovevo sbrigare da sola. Partii in una fredda e uggiosa mattina di dicembre. Quando mi presentai all'obitorio un medico mi accompagnò nella fredda sala di quel posto così asettico in cui dimorava la morte. Riconobbi i loro corpi, fu una pratica veloce. Poi organizzai la sepoltura e li feci tumulare nel cimitero del paese. Non volli nessuna cerimonia religiosa per loro, non mi sembrava giusto dopo tutto quello che avevano fatto in vita. Li seppellirono che era già buio, alle sei di sera. Non volevo che qualche curioso di passaggio si interessasse alla faccenda. Il parroco disse una breve preghiera e poi si dileguò in silenzio. Mi limitai a porre un fiore sulla tomba, in nome di Pietro che avevo fatto ricordare sulla lapide. Voltai le spalle e me ne andai.

Nei giorni seguenti, grazie all'aiuto di altri volontari, sgomberai la villa. L'acqua fortunatamente non era arrivata al primo piano. Liberato il giardino e il pianoterra, non restava che occuparsi dei mobili. Quando misi piede in casa, sebbene fossero trascorsi degli anni, ritrovai tutto come l'avevo lasciato. La mia stanza era intatta, solo il materasso era arrotolato e legato con uno spago alla rete del letto, segno che da tempo ormai non ci dormiva più nessuno. Mentre un turbinio di emozioni contrastanti si agitava in me, decisi di spostare la mobilia sopravvissuta all'inondazione in una sola stanza. Diedi gli abiti e quanto di valore che era salvabile in beneficenza. Mentre recuperavo dalle cassettiere e dagli armadi vecchi reperti della mia famiglia, trovai anche le lettere che avevo scritto a Adele. Erano rimaste lì tutti quegli anni, intatte. Pensai di bruciarle, raccontavano di un passato che per me non esisteva più. L'istinto, invece, mi disse di tenerle, il destino aveva in serbo per loro qualcosa di diverso. Così le misi nel cassetto di un armadio. Chissà, potresti trovarle tu, Annabella, ora che sei la nuova proprietaria della villa.

Nell'inverno del 1951 frammenti del mio passato tornavano improvvisamente a galla, a lungo dimenticati in quei mobili che avevano accompagnato la mia infanzia. Forse un giorno avrei fatto pace con me stessa e sarei tornata alla villa. Certo all'epoca non sapevo che avrei avuto una figlia, e poi una nipote come te. Ero ignara di cosa la vita aveva in serbo per me. Così lasciai tutto com'e-ra, accatastato per il futuro. Presi con me solo un album fotografico di famiglia, ma non appena tornai a Torino, capii di aver fatto un errore e lo seppellii in cantina, a Villa Magnolia. Prima di chiuderlo in un baule, strappai in due una fotografia dove tenevo per mano Pietro: presi la sua immagine e la nascosi dentro la Bibbia, per averla sempre con me. Di lui mi era rimasto solo quel pezzo di carta.

Prima di chiudere Villa dei Conti Bramante e tornare da tuo nonno, rimasta sola in quella casa vuota, mi recai un'ultima volta nella sala degli specchi. Osservai la mia immagine su quelle lastre di vetro che avevano visto riflessi uomini e donne dagli abiti sontuosi. Appoggiai la mano su una di esse e mi guardai dritto negli occhi. Davanti a me c'era una donna nuova, che nonostante i dispiaceri, era riuscita a risollevarsi. Una donna che aveva deciso di andare avanti e di riscrivere la propria vita. Accarezzai il mio riflesso con una mano, appoggiandomi con l'altra alla sottile cornice dello specchio, quando mi accorsi di un fiore intagliato che non avevo mai notato. Cominciai a muoverlo lentamente, fino a quando un cigolio improvviso mi fece fare un passo indietro. Lo specchio al quale mi ero appoggiata aveva prodotto un piccolo scatto, rivelando un'apertura segreta. Infilai le dita e lo tirai verso di me, come fosse una porta. Al di là faceva capolino una stanza immersa nel buio. Non capivo, non l'avevo mai vista. Recuperai la pila che mi ero portata via per i lavori alla villa, e l'accesi. Puntai il fascio di luce all'interno. Scaffalature di legno su cui poggiavano mazzette di denaro e scatole chiuse ricoperte da uno strato di polvere riempivano l'intera stanza. Mi portai una mano sulla bocca per soffocare un gemito. Feci qualche passo in avanti e prestando attenzione a non urtare nulla, aprii alcune delle scatole: collane, anelli e altri gioielli brillavano illuminati dalla torcia. Mi sembrava di essere nel caveau di una banca. Non immaginavo che mio padre avesse accumulato tanti soldi: da dove provenivano? Appoggiai la pila allo scaffale così da avere le mani libere: rinvenni orologi d'oro, orecchini, portagioie di argento. Incredula, presi in mano un fascio di banconote e lo soppesai tra le mani, incapace di quantificare la somma. Poi un registro di pelle nera lì accanto attirò la mia attenzione. Rimisi la mazzetta dove l'avevo trovata e lo presi in mano. Un elenco fitto di nomi e cognomi con a lato una cifra riempiva ordinatamente le pagine. Subito non capii: non poteva essere... Era un usuraio, Annabella: mio padre aveva prestato soldi ai paesani durante gli anni di guerra. I gioielli erano di chi non poteva saldare il debito e accettava di pagare con gli ori di famiglia, pur di estinguere la somma e non subire ripercussioni... Mentre sfogliavo quelle pagine, un senso di nausea e di vergogna mi assaliva. Non avevo patito la fame anche grazie a quei soldi: mentre attorno a me la gente moriva di stenti, io ero stata una privilegiata. Ecco perché la gente ci guardava in paese, ci odiava, ci temeva. La mia famiglia aveva portato via loro tutto, anche il coraggio di opporsi.

Decisi che li avrei restituiti, che avrei trovato il modo per consegnare almeno i gioielli ai loro proprietari. Ma come, dopo tutti quegli anni? Pensai alle persone che, per loro sfortuna, avevano chiesto aiuto a mio padre e, con un peso sullo stomaco, ammisi che non avrei avuto il coraggio di farlo. Spostando lo sguardo a destra e a sinistra, in cerca di una risposta, urtai col piede una cassa di legno. Puntai la luce e alzai il coperchio. Dentro c'erano vecchi giornali e libri che parlavano del fascismo. Tirai fuori tutto il contenuto e lo sparpagliai sul pavimento polveroso: non sapevo più cosa aspettarmi e temevo che sul fondo avrei trovato dell'altro. E avevo ragione.

Nell'angolo, nascosta dalle pagine strappate dei quotidiani, vidi una boccetta avvolta da un panno sporco. Spostai la stoffa e la presi in mano, attenta a non far cadere il liquido all'interno. Cloroformio. Posai l'ampolla dove l'avevo trovata e chiusi gli occhi. Mi ero chiesta a lungo, dopo che avevo lasciato la casa dei miei genitori, perché non ricordassi quella notte, quando mio padre mi violentò. Vaghi ricordi, solo immagini confuse. Rumore di passi, e quella mano che mi alzava l'abito, ma poi avevo perso i sensi. La risposta era lì davanti a me: sapevo cosa aveva usato mio padre per stordirmi mentre faceva di me ciò che voleva. Trattenni le lacrime, non avrei pianto, non più.

Aprii gli occhi e continuai a cercare nella cassa. Toccai con le dita un oggetto freddo, lungo, pesante da sollevare. Cercai di fare luce con la torcia: un piede di porco arrugginito era incastrato dietro libri dalla copertina rovinata. In quel momento nella testa rimbombarono le parole di mio padre. Avevano ritrovato il corpo di Davide De Stefani nel gennaio del 1943. «*L'hanno colpito alla testa con un piede di porco*» mi aveva detto con tono asciutto. Tremante, tirai fuori dalla cassa il levachiodi. Delle macchie scure, simili a ruggine, ricoprivano la parte superiore del ferro: il sangue di Davide, non lavato. Ributtai l'attrezzo dentro alla cassa, nascosi tutto con i quotidiani e i libri, e uscii dalla stanza. Non sapevo cosa fare, la verità sul passato di mio padre mi costringeva a fare una scelta. Andare dalla polizia? Certo avrei riscattato Luigi, il suo onore: non era stato lui a uccidere Davide. Ma che prove avevo in sua difesa? Entrambi erano morti... Mi avrebbero fatto domande, avrei dovuto rivivere gli anni più bui della mia vita. Come potevo raccontare di essere stata abusata dal mio stesso padre? Poi un'altra paura, ancora più grande, mi assalì. E se avessero scoperto che avevo ucciso io Pietro? Avevo dato una falsa testimonianza alla polizia, sarei finita in prigione... Non potevo rischiare, Annabella. Mi ero chiusa il passato alle spalle, avevo voltato pagina. Avevo sofferto abbastanza: non spettava a me pagare i crimini di una famiglia che nemmeno più riconoscevo.

Il giorno seguente presi tutto il materiale per sigillare la stanza. Mi ci vollero dei giorni, non avevo mai costruito un muro. Non sapevo nemmeno come si facesse. In qualche modo, riuscii a chiudere l'accesso alla stanza. Non avevo le forze per riaprire le ferite del passato: ho preferito rinchiuderlo là dentro, seppellirlo per sempre. Lasciai lì banconote e preziosi, che erano sporchi quanto la natura infima di mio padre. Poi chiusi la villa, buttandomi tutto alle spalle.

Annabella, sono certa che avrai pensato che il denaro che ti ho lasciato in eredità per ristrutturare Villa dei Conti Bramante venga da quella stanza. Ma non è così, non avrei mai potuto. Quei soldi sono stati il frutto di investimenti che io e tuo nonno abbiamo fatto negli anni. Sono il frutto dei nostri sforzi.

Ora che sono diventata vecchia, se mi guardo indietro, mi chiedo se ho fatto bene a nascondere tutto. Forse, se avessi preso in mano la situazione fin da subito, la mia coscienza mi avrebbe dato pace in tutti questi anni… Forse avrei vissuto una vita senza sentire sempre questo peso sul petto. Voglio che tu sappia che ciò che mi ha impedito di farlo è stata la vergogna. So di averti caricato di una responsabilità enorme da gestire, e per questo mi scuso. Ma ho cercato di fare del mio meglio per sopravvivere.

Un'ultima cosa, Annabella. Vivi, bambina mia. Non farti mai abbattere dagli eventi. I tuoi genitori e io vogliamo saperti felice. Devi combattere. Fai quello che ti piace. Sei giovane e cogli le possibilità che il mondo ti offre. Ama Annabella, ama con tutta te stessa e, quando troverai la persona della tua vita, non fartela sfuggire.

Lasciati trasportare.

Se puoi, ricordami con affetto.

Con tanto amore,
nonna Angela

28

Estate 2018

Annabella spalanca le imposte della camera. Sono le otto del mattino e il sole è alto in cielo, l'aria è già carica di umidità e di afa. Villa dei Conti Bramante splende davanti a lei in tutta la sua magnificenza. Appoggiata al balconcino della casa sul retro, osserva la grande aia e il fienile, da poco sistemato e adibito a studio fotografico. Sbadigliando, si gira verso il letto. Francesco dorme supino, un leggero lenzuolo lo copre fino alla vita. Vicino a lui un bambino di otto mesi riposa beato. *Il mio piccolo*, pensa Annabella. *Il mio bambino.* Con il cuore gonfio di emozione si stende vicino a loro due e senza svegliarlo accarezza le guance rosee di Pietro.

«Sei proprio un batuffolo morbido e dolce» sussurra con gli occhi lucidi.

Francesco si volta sul fianco, poi allunga una mano sulla schiena di Pietro e si avvicina delicatamente a lui. Annabella si alza e prende la macchina fotografica. *Gli uomini della mia vita*, pensa osservandoli dall'obiettivo prima di scattare. Dà un bacio sulla guancia a entrambi e poi, con addosso una leggera vestaglia di seta, scende di sotto in cucina. Il sole che entra dalle imposte bagna di luce il grande tavolo al centro. Mentre attende che il caffè sia pronto, sposta di lato le tende della finestra e si ferma a guardare l'esterno. Sospira, il momento è arrivato.

Da un cassetto della credenza prende un blocco e una penna ed esce in giardino. Il sole è abbacinante, l'aria calda le accarezza la pelle. Cammina verso la grande magnolia, l'allegro canto dei passerotti l'accompagna fino alla panchina che ha fatto sistemare sotto l'albero. Si siede, poi comincia a scrivere.

Cara nonna,

sono passati tre anni da quando ho letto il diario che mi hai lasciato. Un lungo periodo in cui sono successe molte cose. Anni in cui la mia vita è cambiata radicalmente. Ti voglio immaginare seduta qui, accanto a me, e raccontarti tutto. È un modo per sentirti più vicina. Ti scrivo questa lettera dallo stesso giardino in cui giocavi da piccina e in cui da grande hai cercato di portare lontano il tuo bambino. Dallo stesso posto in cui hai visto morire l'uomo di cui eri innamorata.

Dopo avere fatto tesoro della tua esperienza, ho deciso di prendere in mano anch'io la mia vita. E ho finalmente trovato me stessa. Ho fatto tutto il possibile per cogliere le occasioni che il destino mi ha presentato, proprio come volevi. È grazie a te se mi trovo qui alla villa. Ed è merito tuo se ho conosciuto Francesco, un uomo paziente che mi ha aiutata e mi è stato vicino in tutto. Ci siamo sposati l'anno scorso, nella chiesa di Fontana a Po, e abbiamo organizzato una grande festa qui alla villa. La tua casa, nonna.

Vorrei che fossi qui con me, ti mostrerei quanto è cambiata. Buona parte dell'edificio è stata restaurata, a parte l'ala destra che oggi è ancora un cantiere. A volte temo che i lavori non termineranno mai, ma poi penso: va bene così. Servirà il tempo che servirà. E poi mi piace avere mille cose a cui pensare, nonostante Pietro mi faccia impazzire. Nonna, ho voluto chiamare così il mio bambino. È stato un modo per non dimenticare un altro Pietro, tuo figlio. Il parco è diventato un vero e proprio gioiello. La magnolia, sotto la quale sono seduta ora, domina i fiori e le piante tutte attorno. È stata testimone della rinascita di questa dimora di cui mi sono follemente innamorata. È divenuta il mio angolo sicuro nel mondo. Ho fatto come mi hai chiesto: Villa Magnolia, a Torino, l'ho tenuta. L'ho affittata a una famiglia sorridente con due bambine adorabili, che l'hanno amata sin dal primo momento.

La mia carriera di fotografa è ricominciata: ho accettato nuovi incarichi ed è stato bello poter tornare a fare ciò che più amo. Da quando è nato, Pietro è diventato il mio soggetto principale. I suoi sorrisi sono la cosa più bella che potesse capitarmi nella vita. Ha dato un senso alla mia esistenza. Spesso, mentre lo stringo tra le braccia e annuso il suo profumo, penso a te, a quanto tu debba avere sofferto nel mostrare tuo figlio al mondo come un fratello. Non so se ne sarei capace…

Da quando è di nuovo agibile, l'ala sinistra della villa è diventata un museo dedicato alla guerra. Molte fotografie del passato e testimonianze scritte sono riuscita a recuperarle con l'aiuto di compaesani e vecchi archivi comunali. Quando hanno saputo del progetto, in molti si sono fatti avanti ancora prima che io chiedessi la loro disponibilità. Mi hanno portato oggetti, mostrato dei diari e raccontato storie che sarebbero andate perdute. Non ce l'avrei fatta se non avessi potuto contare su una persona straordinaria: Adele. Nonna, Adele ha ricevuto le tue lettere e tra le lacrime mi ha detto che se avesse saputo ti avrebbe aiutata. Ti vuole bene come allora, non ti ha mai dimenticata.

Il salone degli specchi è tornato al suo antico splendore. Tutti i visitatori che arrivano per vedere il museo ne restano affascinati, stregati. Nonna, io e te sappiamo cosa si nascondeva dietro una di quelle specchiere: mi hai lasciato libera di decidere cosa farne. E io ho fatto quello che mi sembrava più giusto: ho riaperto la stanza che avevi murato. Purtroppo non ho potuto donare i soldi in beneficenza perché dopo tanti anni non avevano più alcun valore, ho preferito chiuderli in una scatola che ho riposto in uno sgabuzzino. Invece ho restituito tutti i beni ai legittimi proprietari o agli eredi. Non è stato facile, ma molte famiglie non se ne sono mai andate da Fontana a Po. Ho spiegato loro che nemmeno tu, all'epoca, eri a conoscenza di quella stanza, emersa solo con i lavori di restauro. Era giusto così, spero che questo gesto ti restituisca almeno in parte la serenità perduta. Ho compreso il motivo per cui te ne sei andata via senza fare niente. Eri scossa e impaurita dalle conseguenze. Portare tutto a galla ti sarebbe costato troppo. La paura di ripercorrere il passato deve in qualche modo averti immobilizzata, spaventata. Non ti giudico per questo. Sappi che ho sistemato tutto io.

Vorrei che fossi qui, per parlarti, ascoltarti. Ti avrei abbracciata forte: non hai colpe, nonna, non devi portare il peso di nessuna vergogna. Sei stata una donna forte, che ha lottato contro la violenza.

Nonna, mi mancate tutti quanti, tu, il nonno, la mamma e il papà. Spero che tutto quello che ho fatto ti renda felice. Confido che tu abbia trovato un po' di pace. Ti prometto che farò il possibile per rendere bella questa casa. Porterò il sereno in questo luogo che ha visto tanta sofferenza e ingiustizia.

Sarai sempre nel mio cuore.

Con amore,
Annabella

Annabella posa la penna. Stacca il foglio dal blocco, poi lo piega, lo mette in tasca e sorride. Una brezza estiva, salita all'improvviso, le accarezza una guancia. Le sembra di sentire la mano di sua nonna sfiorarle il viso. Avvicina le dita al volto, lacrime calde le inumidiscono i polpastrelli. *Nonna*, pensa mordendosi il labbro inferiore.

«Annabella!» Francesco le sta andando incontro con Pietro in braccio. «Ci stavamo chiedendo dove fossi finita» scherza.

Pietro gorgheggia e allunga le braccia vedendola. Lei si alza e va verso di loro.

«Sono qui. Non vado da nessuna parte.» *Sono qui, nonna.*

Nota dell'autrice

Questo romanzo è un'opera di finzione, a cui ho lavorato molto per renderla credibile e in armonia con gli eventi storici realmente accaduti nel Polesine durante la Seconda guerra mondiale. Eventuali imprecisioni (per le quali chiedo scusa in anticipo) derivano dalla mia natura di scrittrice di romanzi, non di studiosa storica.

Desidero ora condividere con voi, cari lettori, come è nata l'ispirazione per questo libro. In una splendida giornata primaverile di qualche anno fa, ho visitato un paese il cui nome ho volutamente cambiato nella narrazione nel rispetto della sensibilità degli abitanti testimoni delle atrocità del passato. In questo paese ho avuto il piacere di vedere una villa storica facente parte dei Beni del FAI. L'imponente dimora, sebbene necessitasse di restauro, mi ha colpito profondamente e da quel momento la storia ha cominciato a prendere forma senza che me ne accorgessi. Una guida del luogo mi ha raccontato alcuni episodi legati alla Seconda guerra mondiale (separati dalla trama del mio romanzo ma fonte di ispirazione), e il giorno successivo ho iniziato una ricerca approfondita in biblioteca, studiando numerosi libri sulla Resistenza nel Polesine. Le testimonianze toccanti che ho letto mi hanno molto colpita, motivo per cui ho scelto di non rivelare la reale ubicazione della villa e del paese.

Dopo un'attenta analisi degli eventi storici e delle testimonianze dei sopravvissuti, ho intrecciato i personaggi da me creati con la realtà, un lavoro meticoloso che mi ha permesso di esplorare ulteriormente un periodo storico difficile e doloroso che è parte della nostra storia. Ho profondo rispetto per coloro che hanno sacrificato la propria vita in nome della libertà.

In seguito alla stesura del romanzo, ho cercato una casa in quel paese per allontanarmi dalla mia città, ma purtroppo la ricerca non è andata a buon fine. Tuttavia ho continuato a visitare la zona, passeggiando lungo l'argine del Po e osservando la villa. Avevo la sensazione di scorgere i personaggi del mio romanzo muoversi all'ombra degli alberi secolari. Frequentavo spesso il ristorante affacciato sul giardino (lo stesso descritto nel libro) per pranzare e immergermi nell'atmosfera del luogo.

Per me, questo romanzo è stato un viaggio nel passato che mi ha arricchita e commossa, un viaggio nella memoria storica che nessuno di noi dovrebbe mai dimenticare.

Ringraziamenti

I miei più sinceri ringraziamenti vanno allo staff della Antonio Vallardi Editore al completo e in special modo a Marcella Meciani e Flavia Fratini, che hanno creduto in me fin dal primo momento. *Vi ringrazio di cuore per l'opportunità che mi avete dato di pubblicare questo romanzo, per la vostra professionalità, positività e il supporto in questo percorso che è stato emozionante e costruttivo per il mio lavoro di autrice.*

Ringrazio Cecilia Scomazzon per la sua generosa assistenza. *Grazie per il lavoro svolto e i suggerimenti che mi hai dato. Lavorare con te a questo progetto è stato un vero piacere.*

Un ringraziamento speciale va a mio marito, l'uomo che da sempre mi sta vicino appoggiandomi in tutto e per tutto. *Grazie per la fiducia che riponi in me. Non ti ringrazierò mai abbastanza per il tuo sostegno. Sei e sarai sempre la mia roccia. Il mio pilastro.*

Un grazie speciale infine a mio figlio, che fa sempre il tifo per me. *Grazie per il tuo incoraggiamento e il tuo entusiasmo per questa mia nuova avventura, per i tuoi abbracci nei momenti giusti. Per essermi sempre stato vicino. Ricordati che i sogni, se ci credi con tutte le tue forze, si possono realizzare.*

Sommario

Finito di stampare
nel mese di marzo 2024
da Grafica Veneta S.p.A.
Trebaseleghe (PD)